記念碑に刻まれたドイツ

戦争・革命・統一

松本 彰

東京大学出版会

Germany Engraved in Monuments:
Wars, Revolutions and Unifications

Akira Matsumoto

University of Tokyo Press, 2012
ISBN 978-4-13-021075-1

0-1 ドイツ連邦議会議事堂（ベルリン）

〈帝国議会議事堂〉(1894) は、1990年のドイツ統一後、久しぶりに議場として用いられることになり、ガラスのドームを冠した〈連邦議会議事堂〉1 2 3 に生まれ変わった。議事堂の前にはナチ時代に殺害された議員の名前を刻んだ記念碑 5 がある［第一、六章］。

1

2

3

4

5

1

2

0-2 ブランデンブルク門（ベルリン）

〈ブランデンブルク門〉（1791）[1] の上の馬車〈クワドリガ〉を駆る女神が掲げるのは、解放戦争で勝利したプロイセンの標章〈鷲とオークの葉の冠と鉄十字〉[2] である。1961年、「ベルリンの壁」が築かれ、門は分割と統一の象徴となった［第一、六章］。

3

0-3 新衛兵所とドイツ歴史博物館（ベルリン）

左が〈新衛兵所〉、右が〈ドイツ歴史博物館（旧武器庫）〉[1]。将軍像[2][3]に囲まれた〈新衛兵所〉（1818）はドイツの戦争記念の中心だった。第一次世界大戦後に置かれた〈銀のオークの葉の冠〉[4]は、現在、隣の博物館にある。1993年からはコルヴィッツ〈ピエタ〉[5]が置かれている［第一、三、四、五、六章］。

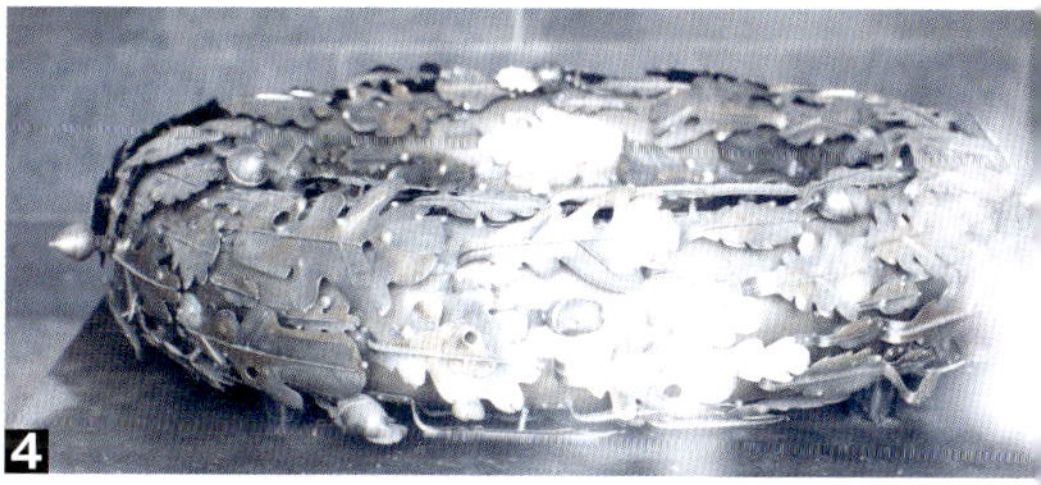

0-4 城門（ウィーン）

オーストリアではウィーンの〈城門〉(1824)③が戦争記念の中心だった。第一次世界大戦後、〈栄誉ホール〉①と〈英雄記念碑〉④が作られ、第二次世界大戦後にも新たな記念碑⑤が除幕された［第一、三、四、五章］。

1

2

3

4

5

0-5 英雄広場と合邦50年記念碑（ウィーン）、強制収容所（マウトハウゼン）
〈城門〉の先は〈英雄広場〉[1][2]で、1938年にオーストリアをドイツに併合したヒトラーは、ここに凱旋した。ナチ時代、オーストリア最大の強制収容所はマウトハウゼンにあった[3][4]。併合50年を記念して、1988年、ウィーン国立歌劇場の裏にフルドリチカ〈戦争とファシズムに対する警告の碑〉が完成した［第一、四、五、六章］。

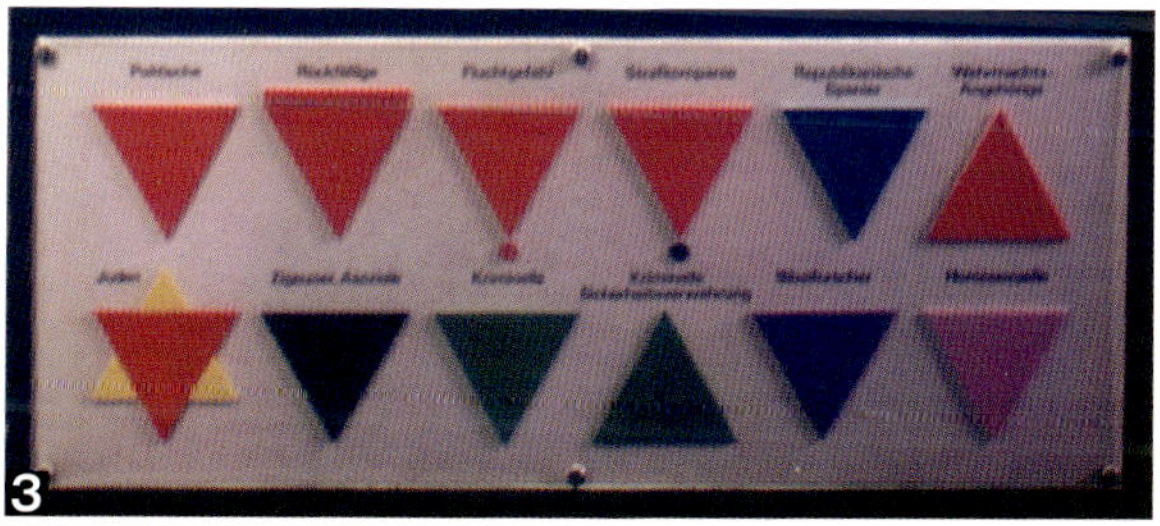

0-6 凱旋門と将軍堂、カロリーネ広場のオベリスク（ミュンヘン）
ミュンヘンの「勝利の道」は、〈凱旋門〉①から〈将軍堂〉③前のオデオン広場に至るルートヴィヒ通りで、ヒトラーのミュンヘン一揆の舞台だった。〈オベリスク〉②は1812年にナポレオンと共にロシアと戦い、斃れたバイエルン兵を記念している［第一、三、四章］。

1

2

3

0-7 パウロ教会（フランクフルト・アム・マイン）、大聖堂・鉄道・国王像（ケルン）

1848年革命のドイツ国民議会は〈パウロ教会〉1で開かれた。革命50年を記念する白い塔をはじめ、教会の壁や周囲に多くの記念碑23がある。〈ケルン大聖堂〉は1880年、プロイセンの支援によって完成した。〈大聖堂・鉄道・国王像〉4は19世紀の「プロイセンによるドイツ統一」の記念碑になった［第一、二章］。

4

0-8 宗教改革記念碑（ヴィッテンベルク、ヴォルムス）

宗教改革の発火点となったヴィッテンベルクには1821年に最初の〈ルター像〉[1]が建てられ、1858年にはゆかりの〈城教会の扉〉[2]に記念の装飾が施された。ヴォルムスの〈宗教改革記念碑〉(1868) [3] は、ヨーロッパ各地の改革者がルターを囲んでいる［第二章］。

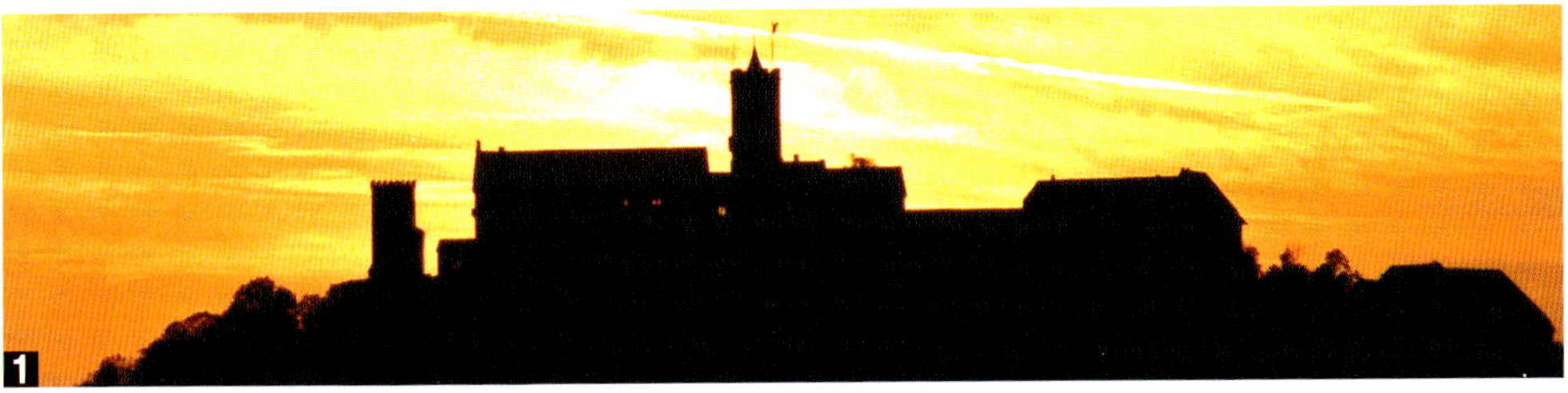

0-9 ヴァルトブルク（アイゼナハ）、ヴァルハラ（レーゲンスブルク）、解放堂（ケルハイム）
18世紀には廃墟となっていた古城〈ヴァルトブルク〉1は19世紀に修復された。バイエルンでは、ギリシア神殿風のドイツの偉人の廟〈ヴァルハラ〉（1842）23に続いて、解放戦争50年の1863年に〈解放堂〉45が完成した［第一、二章］。

0-10 シラー像（ヴァイマル、ベルリン、ウィーン）
シラーはドイツ文化国民の象徴だった。1857年にヴァイマルの国民劇場前に〈ゲーテ、シラー像〉が作られ、1859年には各地で生誕100年が祝われた。1871年にはベルリン3、1876年にはウィーン2の〈シラー像〉が除幕された［第二、三章］。

0-11 バルラッハとハンブルク記念碑論争
第一次世界大戦後、ハンブルク市庁舎前にバルラッハ〈戦没兵士栄誉の碑〉[1]が建ち、対抗して〈兵士の行進〉[2]が作られ、論争が続いた。ケルン、アントニター教会のバルラッハ〈漂う天使〉[3]の下には二つの世界大戦の年が刻まれている[4]［第四章］。

0-12 戦争墓（ランゲマルク、ボン）
戦没兵士の個人墓はヨーロッパ諸国で第一次世界大戦期に一般化した。フランドルの〈ランゲマルク兵士墓地〉[1]はヒトラーユーゲントの聖地となった。ドイツ、オーストリア国内にも多くの戦争墓がある。〈ボン北墓地の戦争墓墓地〉[3]は西ドイツの戦没兵士記念の中心、外交儀礼の場だった［第三、四、五章］。

0-13 ナチ党大会場の栄誉の碑（ニュルンベルク）、オリンピック・スタジアム（ベルリン）

〈ナチ党大会場〉の中心だった〈第一次世界大戦戦没兵士栄誉の碑〉[1]は、現在ではナチの犠牲者も記念している[2]。〈オリンピック・スタジアム〉[4]のマラソン塔には1936年大会の勝者の名が刻まれている[3]［第四、五、六章］。

1

0-14「ドイツの角」の皇帝ヴィルヘルム一世像（コブレンツ）

「ドイツの角」①の〈皇帝ヴィルヘルム一世像〉（1897）は第二次世界大戦で破壊され、残った台座②が〈ドイツ統一の警告の碑〉とされていた③。像は1992年に復活し④、〈ベルリンの壁〉⑤も運ばれ、二つのドイツ統一の記念碑となった［第一、六章］。

2

3

4

5

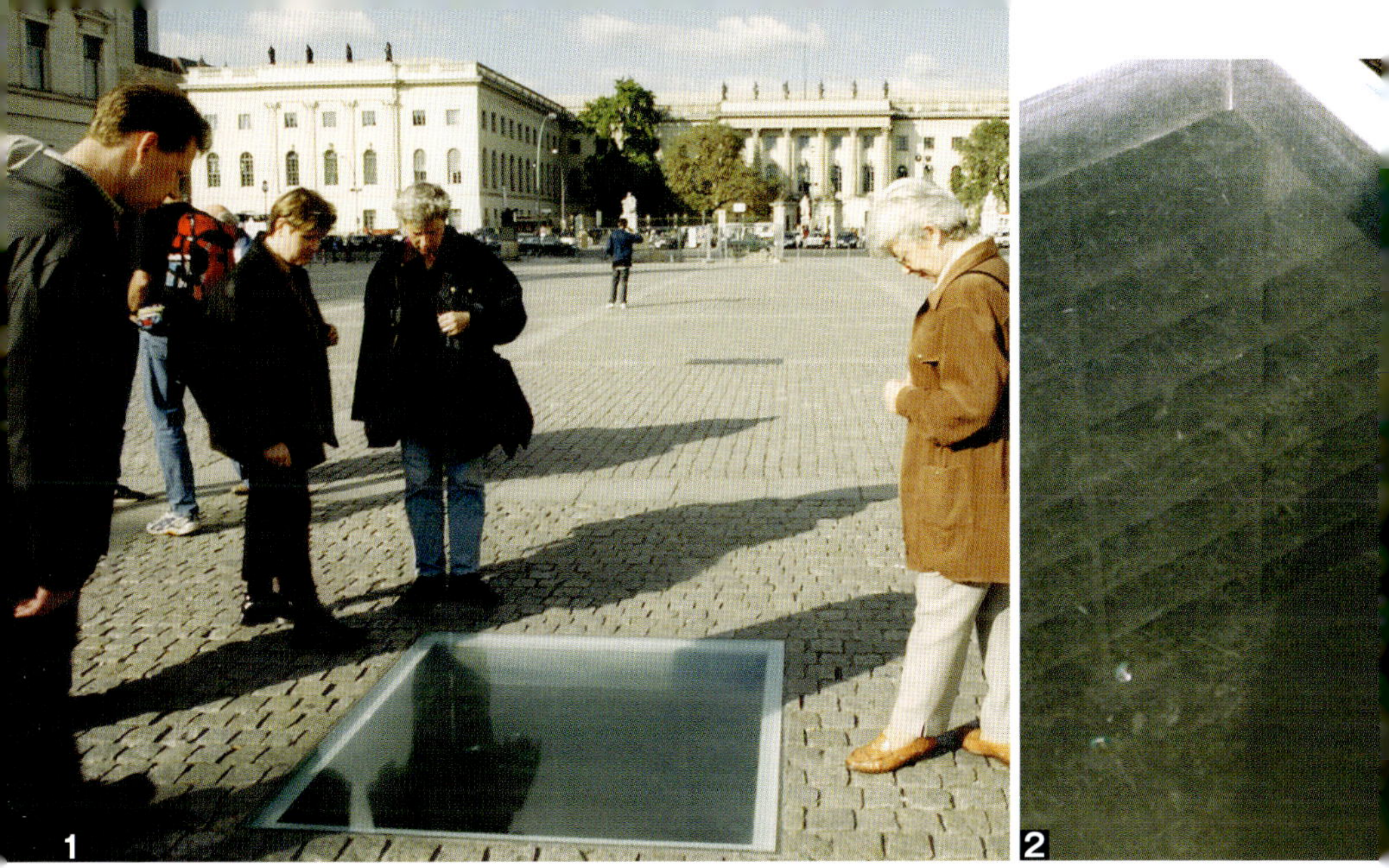

0-15 図書館（ベルリン）、躓きの石（ケルン）

「芸術作品としての記念碑」が注目されている。フンボルト大学向かいのナチによる焚書の記念碑〈図書館〉(1995) 1 は、地下に空の書棚 2 が見える。〈躓きの石〉3 4 は、小さな真鍮のプレートで、ナチに迫害された人々が住んでいた家の前の路上に埋められている［第六章］。

0-16 ドイツ・デンマーク国境の記念碑
〈スカムリングの丘の柱〉、〈デュベル（デュペル）の風車〉、〈農民兵の像〉には、厳しい民族対立と戦争の歴史が刻まれている［終章］。

目次

第二章　ドイツの表象＝国民記念碑……………………………55
――長い一九世紀（一七八九―一九一四）その2

第三章　第一次世界大戦と戦没兵士の記念碑……………………85
――現代の三〇年戦争（一九一四―一九四五）その1

凡　例

1　本文中、記念碑、記念碑的建造物は〈　〉で囲った。続いて示したのは、完成あるいは除幕された年である。

2　図版はテーマごとにまとめたが、説明が別の章になる場合もある。図版番号は、カラーは0、モノクロは章のローマ数字（終章はⅦ）、続けて図版頁、図版ごとの番号で示す（例えば、**II-2-3**は第二章の図版2頁の3）。巻末に、「図版データ一覧（撮影年月、出典）」と「記念碑索引」を置いた。

3　［　］は筆者松本の注記で、本書の参照頁、注番号、図版番号などを入れた。

4　本文および注の傍点は、断りがないかぎり、筆者松本による。

5　注は巻末にまとめ、その後に文献目録を日本語、欧文ごとに置いた。日本語文献は著者と文献名の略記で、欧文文献は著者と発行年で示し、欧文文献で翻訳があるものはそれを用いたが、筆者が訳した場合もある。

図 1　現在のドイツ、オーストリアと周囲の諸国家

序章　記念碑の歴史学

はじめに

ドイツには、大都市の中心に、村のはずれに、または小高い丘の上に、異常と思えるほど多くの記念碑がある。ビスマルクやゲーテなどドイツの偉人を記念する彫像やプレート、歴史的事件を記念するために作られた塔や門、記念碑的な建造物、そして戦争やナチズムの犠牲者の碑など……。それらは何かを「記念する」といっても、顕彰し、栄誉を讃えるものから、反省し、警告するものまで、実に多種多様である。

歴史を研究する者にとって記念碑は重要な史料である。石に刻まれた記念碑は、最も古い時代から残っており、近代歴史学は記念碑の碑文の解読から始まった。しかし近現代史研究では、記念碑についての関心は最近までそれほど高くはなかった。啓蒙書や教科書には図版として掲載されるが、研究者が本気で記念碑研究に取り組むことは稀だった。近現代史では、紙に書かれたり印刷された文字史料が膨大にあり、過去の事実を明らかにするために記念碑に頼る必要はなかった。史料といえば文字史料を意味し、書籍が収集されている図書館と公文書や手書きの書類、製本されていない印刷物なども保存されている文書館が歴史研究者の仕事場になった。ドイツは文字史料が実によく整備されていてありがたい。図書館や文書館に籠もって黴臭い書籍や文書を漁り、大事な史料を探し出した時の喜びは格別で、それこそ歴史研究の醍醐味である。しかし、史料は図書館と文書館の中にだけあると思い込み、その外、建物のすぐ隣にもあるかもしれない、土地の人なら誰でも知っている記念碑に一瞥もしないとしたら、歴史研究として一面的なのではないか。ドイツ各地をめぐって記念碑を調査する作業を続けるうちに、そう考えるようになった。

文字史料にもいろいろあり、当時は非公開だったが歴史家が発見し、歴史認識を変えさせたものもある。そのような史料の発掘は大いに意味のあることだが、誰でも見ることのできる、いや、見せるために作られた記念碑の意味を考えることも重要であろう。抽象的でわかりにくい記念碑もあるが、それも記念の一つの在り方である。記念碑は最初から、後世に残し、広く伝えるために作られたメッセージであり、そこには当時の人々の誇りや期待、無念の思いや悔恨が込められている。記念碑は多くの人々の協力によって作られる。歴史的な事実を伝えている史料には違いないが、かなりのバイアスがかかっており、その意図も含めて「集団的記憶」を分析することが課題となる。戦争や革命などの政治的大事件については、国家や地方自治体などが作った公立の記念碑も多くあり、それらは公文書と同じ公的な性格を帯び、ある時代を象徴する意味を持つ。記念碑は近現代史研究でも相当に重要な史料のはずである。記念碑とは何か、については、第二章で改めて問題にする。ここではまず、「記念」とは何か、最近の「記憶」をめぐる議論との関係で考える。

第1節　記憶、記録、記念

1　ノラ編『記憶の場』

一九八〇年代以降、学際的、国際的に「記憶」についての議論が盛んになっている。岩崎稔はそこに見られる「知の配置のなかの本質的な変化」を「記憶論的転回」とし、「「記憶」や「想起」という補助線が引かれたことで歴史の議論に何が加わり、それによってわたしたちの歴史理解にどのような次元が付け加わったのか」、問うている。[1]

フランス革命二〇〇年の一九八九年に「ベルリンの壁」は崩壊した。以後、世界は大さく動き、歴史が問われ続けている。「記憶論的転回」はその激動の中での知の構造転換を象徴している。変化は一九八〇年代の中葉から始まっていた。一九八五年に、西ドイツ、ヴァイツゼッカー大統領の戦後四〇年記念演説があった。ヤン・アスマンによれば、「四〇年とは、集合的記憶の中のひとつの時代的境界である。生きた想起が消失に直面しており、文化的記憶の形式が問題になっている」。[2] ドイツでは「文化的記憶」をめぐる議論が活発になり、一九八四年にフランスで刊行され始めたノラ編『記憶の場』は、ヨーロッパ中に「記憶の場」ブームを呼び起こした。[3] この壮大な研究プロジェクトを締め括るノラの論文（一九九二）は、「コメモラシオンの時代」と題されている。「コメモラシオン commémoration」、つまり「一緒に記憶する」とは、戦没兵士への追悼、偉人の顕彰のように、共通の「記憶」を確認し、「想起」することを意味する。論文は次のように始まる。

『記憶の場』というこの書物は、奇妙な運命をたどった。この書物は、問題へのアプローチの仕方にしても、方法にしても、さらにはタイトルそのものにしても、コメモラシオンとは対抗的なタイプの歴史書であろうとしたのだが、コメモラシオンの方がこの本を捕らえこんでしまったのだ。［中略］記憶の及ぼす影響力は今日きわめて強力で、そのため、コメモラシオンを求める今という時代の激しい欲求が、コメモラシオン現象の統御を目的とした試みまでをも呑みこんでしまった。そして、「記憶の場」という表現が世に出されるやいなや、批判的な距離を取って解明するためにつくられたはずのこの武器が、すぐれてコメモラシオンの役に立つ道具に転化してしまったのだ。だとすれば、今度は、この回収の原因を理解しようと努める以外にすべきことはあるまい。[4]

概嘆しているかのような口調ながら、ノラは自らの敗北を認めているわけでは決してない。逆に「コメモラシオンの時代」だからこそ「記憶の場」の方法が重要、と力説する。「逆転したのは、コメモラシオンの力学そのものであり、歴史に基づくモデルに対して、記憶に基づくモデルが勝利を収めたのだ」。高らかな勝利宣言である。『記憶の場』プロジェクトは従来の歴史学が注目してこなかった史料、すなわち文学、絵画、音楽、建築、そして様々な概念など、多彩な「文化」を広くとりあげ、歴史と「記憶」の関係をラディカルに問い直し、「記憶」が「記録」され、「記念」され、歴史的過去が文化遺産とされていく、そのプロセスを問題にした(5)。

文字史料を「記録」とし、それを手がかりに事実を解明しようとしてきた歴史学は、実証主義を掲げ、一九世紀に「科学」となった。しかし今や、事実の意味が問われている。ルービンは、「それが本当にどうであったか」だけでなく、「それが、彼や彼女、彼らにとって、どうであったか」を問うことを、「文化史的転回」としている(6)。二一世紀に入りメディア環境は大きく変化し、インターネットによるグローバル化と情報化が進んでいる。「記憶」は今ではコンピューターの「記憶装置（メモリー）」の中に蓄積されている。音や画像、さらに動画も容易にデジタル化し、記録し、伝達できる時代になって、人々の「記憶」が果たして「テキスト」だけに頼っていたのか、その関係が改めて問題にされている。一九世紀には、記念碑は活字以上に重要なメディアだった。ラジオもテレビもインターネットも無い時代、戦争などの大事件の記憶を伝えたのは、メロディーを付けて歌われた詩、そして記念碑だった。

2　感情記憶、事実記録、政治記念

二〇〇一年に中国史家の古厩忠夫が、日中戦争の「記憶」について、「「感情記憶」と「事実記録」を対立させてはならない」という一文を『世界』に書いている(7)。日本と中国との、加害者と被害者との「感情記憶」に齟齬がある中で、共通の歴史認識を獲得していくためには対話が必要であり、「事実記録」にこだわる歴史家の責任が重いことを指摘している。「記憶と記録」は、歴史家が考えなければならない問題であると同時に国民の歴史意識の問題であり、現実の政治問題である。そして、政治問題となるのは、過去の「記憶」以上に現在の「記念」である。

『世界』の次の号に、モーリス＝スズキが「記憶と記念の強迫に抗して――靖国公式参拝問題によせて」で書いた。「過去五年間ほど、［オーストラリアでも］こうした儀礼に対する関心が復興してきた。［中略］実際の戦闘に参加した者たちが消えていくにつれ、こうした矛盾を孕んだ複雑な記憶も消えていき、アンザック・デイ［四月二五日、オーストラリアの第一次世界大戦戦勝記念日］はますます抽象的な「国家の死者」を共同で尊崇する癒しの儀式となっていく。［中略］記念の役割は記憶［傍点は原著者］することではなくなり、儀式に参加する生者のなかの「我々」を都合よく造りあげることに益々なってくる[8]」。彼女は「ノラは、一九八〇年代に「歴史による記憶の征服」を嘆いた。そして、一九九〇年代末のいま、私たちは「記憶による歴史の征服」を論じているといえるかもしれない[9]」と、書いていた。

「記憶」に関係する用語は、日本語と各国語でニュアンスに相違があり、それぞれ多義的で難しい。日本語の「記憶」は、一人一人の個人の、心の中の「記憶」を意味するが、例えば英語の「メモリー」は、より広く、「記念」「記念の品」などの意味でも用いられる。一般的に言って、「記憶」は個人の、内面の問題であるのに対し、「記念」は集団の、社会的な問題であり、国家や社会が意識的に、主体的に、「記憶」を残そうとする行為である。「感情記憶」「事実記録」と並べるなら、モーリス＝スズキが「「記念」のプロセスが記憶の裏切りと化す」として「記念の政治力学[10]」を問題にしているように、「記念」は「政治記念」となろう。「記念」されることにより、「記憶」が「想起」され、歴史となっていくその関係性こそをテーマにしなければならない。そのためには、「記念」「想起」など「記憶」に関係する多様な用語に注意を払う必要がある。ドイツ語の用語も多義的で訳語に苦労するが、本書では Gedächtnis を「記憶」、Erinnerung、Gedenken を「記念」あるいは「想起」とし、訳し分けている[11]。

『記録と記憶の比較文化史』の最後に編者の羽賀祥二は歴史意識のプロセスとして、「記録すること」「公認すること」「記憶すること」に加えて、「敬礼すること」を挙げ、「人々は歴史的遺跡や歴史上の功労者、あるいは戦争の犠牲者に対して、〈敬礼〉の感情を共有し、そして儀礼的な行為を継続的に続けることになった」としている[12]。また、アメリカの地理学者フットは『記念碑の語るアメリカ』で、「暴力と悲劇の場」がどのように「景観」となっていくかを考える場合の、聖別、選別、復旧、抹殺のパターンに注目している。「聖別のパターンは英雄的行為や共同体のための自己犠牲など、人々が記憶し続けたいと思うような積極的かつ永続的な意味あいを、事件が有している場合にのみ生じる。このパターンの場合、現場には慰霊碑や記念碑が建立されることになる」[13]。「敬礼」「聖別」は「記念」のための行為である。

一九八〇年代以降の「記憶論的転回」を考察するためには、その前提として一九四五年以後の「記念の政治力学」の歴史を知ることが不可欠である。ドイツでも「コメモラシオン」=「一緒に記憶する」ことの意味が問われてきたが、ドイツでの「記憶」をめぐる議論の焦点はナチズムであり、それは「顕彰」ではありえない。反省や警告を含んで「一緒に記憶する」ことは「記念」である[14]。

第2節　ドイツ統一、戦争、革命

1　三回のドイツ統一

本書は、記念碑の歴史を追いながらドイツ史を再検討すること、「記念碑に刻まれたドイツ」について考えることをテーマとする。ホブズボームの時代区分[15]を用いて、第一、二章でフランス革命から第一次世界大戦までの「長い一九世紀」を、第三、四章で「短い二〇世紀」の前半、「現代の三〇年戦争」としての二つの世界大戦の時代を、第五章でその後の一九九〇年までを、第六章で一九九〇年以降を扱う。終章ではドイツ・デンマーク国境を取り上げる。

岩崎稔は「「記憶の場」の展開の中には、当初あったその暗黙の国民主義的な限界を徹底的に脱国民化する、つまり「ナショナルヒストリーを学び捨てる」という課題を含んで」いた、としている[16]。確かに「記憶論的転回」は国民国家をめぐる議論と関わって展開してきた。それはドイツ史研究にとって、特に複雑で重い課題である。

現在のドイツ国歌《ドイツ人の歌》は、一八世紀末にハイドンが皇帝賛歌として作曲し、オーストリア帝国国歌となったメロディーに合わせて、一八四一年に詩人ホフマン・フォン・ファラスレーベンが作詞したもので、一九世紀のドイツ統一運動から、長い間歌い継がれてきた。(17) しかし、現在のドイツでは第一節は歌うことが禁止されている。「ドイツのワイン、ドイツの女性」を歌う第二節も国歌にふさわしくないとされ、「統一、正義、自由」で始まる第三節だけが歌われる。第一節と第三節の歌詞は以下のとおりである。

一　ドイツ、すべてに冠たるドイツ
世界に冠たるドイツ
ドイツが自らを護るために常に
兄弟のように一つになるならば
マース川からメーメル川まで
エッチュ川からベルト海峡まで
ドイツ、すべてに冠たるドイツ
世界に冠たるドイツ

三　統一、正義、そして自由を
祖国ドイツのために
これこそ我等みなの求めるもの
兄弟のように、全身全霊を込め
統一、正義、そして自由を

これこそ幸福の礎
栄えよ。この幸の輝きに包まれ
栄えよ。祖国ドイツよ(18)

第一節で歌う「ドイツ」の範囲は、西はマース川(ベルギー、オランダ、フランス領)、東はメーメル川(ロシア、リトアニア領)、南はエッチュ川(イタリア領)、北はベルト海峡(デンマーク領[終章図4])と、今のドイツの領域から大きくはみ出している[図2参考地図X]。《ドイツ人の歌》は第一次世界大戦後の一九二二年にドイツ国歌とされた。ナチ時代になると一番だけが歌われ、すぐにナチ党歌《ホルスト・ヴェッセルの歌》が続いた。

「ドイツ語を話す人々」という意味での「ドイツ人」は、中世以来、中欧、東欧に植民、移民を行ない、かなりの広がりを持って住んでいた(19)。それらの「ドイツ語を話す人々」は「ドイツ文化国民」と呼ばれた。ドイツでは「国民」は、「ドイツを構成する諸国家の国民(20)」、「ドイツ帝国国民」、「ドイツ文化国民(21)」の三重の意味で用いられ続けた[第一、二章]。

ドイツ統一問題は、歴史的には「ドイツをめぐるオーストリアとプロイセンの抗争」だった。そして、どこまでがドイツか、様々な考え方があった中では、それは中欧問題とならざるをえなかった。中欧(22)は西のラテン文化圏、東のスラヴ文化圏の間のゲルマン文化圏とされがちだったが、「ドイツ語を話す人々」だけが住んでいたわけではない。多言語で暮す人々も多く、ユダヤ系の人々を含め政治的、文化的、宗教的、民族的に多様な要素が交錯し、交流する場だった。一九世紀以来の三回のドイツ統一(23)の範囲は大きく異なっている。現在ではドイツとオーストリアは別の国家であり、プロイセンという国家は存在しない。「ドイツの領域」の歴史について、確認しておく必要がある。以下、図2(**地図1-4、参考地図X、Y**)で説明する。

地図1(第一、二章)　一八一五年に成立したドイツ連邦は、統一国家としての連邦国家 Bundesstaat ではなく、ドイツ諸国家の連合 Staatenbund だった。ドイツをめぐって争い続けた二つの大国、オーストリアとプロイセンは、どちらも、そのドイツ連邦領域の外に広く領土を持ち、現在のハンガリー、ポーランドなどの地域を支配していた。

参考地図X　当時、ドイツ連邦領域は、「ドイツ人居住地域」として統一ドイツのモデルとなったが、現在のポーランド（部分）、チェコ、オーストリア、スロヴェニア、イタリア（部分）、ルクセンブルクなどの領域も含んでいた。

地図2（第一、二章）　一八六六年の普墺戦争でプロイセンが勝利した結果、一八六七年にオーストリアはオーストリア＝ハンガリー二重帝国として再編され、一方、一八七一年にはプロイセンを中心にドイツ帝国（ドイツ・ライヒ）が成立し、プロイセン国王がドイツ皇帝となった。それが第一回目のドイツ統一、「小ドイツ」としての「一八六七、七一年のドイツ統一」だった。

参考地図Y　第一次世界大戦でドイツ帝国は敗北し、植民地と多くの領土を割譲し共和国として再出発したが、引き続きドイツ・ライヒとされた。オーストリア＝ハンガリー二重帝国も崩壊した。ハンガリーなどが独立し、オーストリア共和国はほぼ「ドイツ語を話す人々」だけの小国になった。ドイツ・ライヒとオーストリア共和国は統合を望んだが、許されなかった。中欧、東欧に広く居住しているドイツ民族は分断されて「ドイツ文化は危機にある」と意識され、「民族自決」が切実な課題となっていく[24]。

地図3（第三、四章）　オーストリア出身で一九三三年にドイツ首相となったヒトラーは、「一つの民族、一つのライヒ、一人の総統」を主張し、一九三八年にオーストリアをドイツ・ライヒへ併合（「合邦」）し、「オストマルク」とした。二回目のドイツ統一、ヒトラーによる「大ドイツ」としての「一九三八年のドイツ統一」である。その後、ズデーテン地方を併合、かつてドイツ連邦領域だったチェコを保護領とし、東方にドイツ民族の「生存圏」を確保するために一九三九年九月、ポーランドに侵攻、戦争を開始した。戦線を広げると共に第一次世界大戦後に割譲した地域を再び領土に加え、支配領域の拡大は続いた。

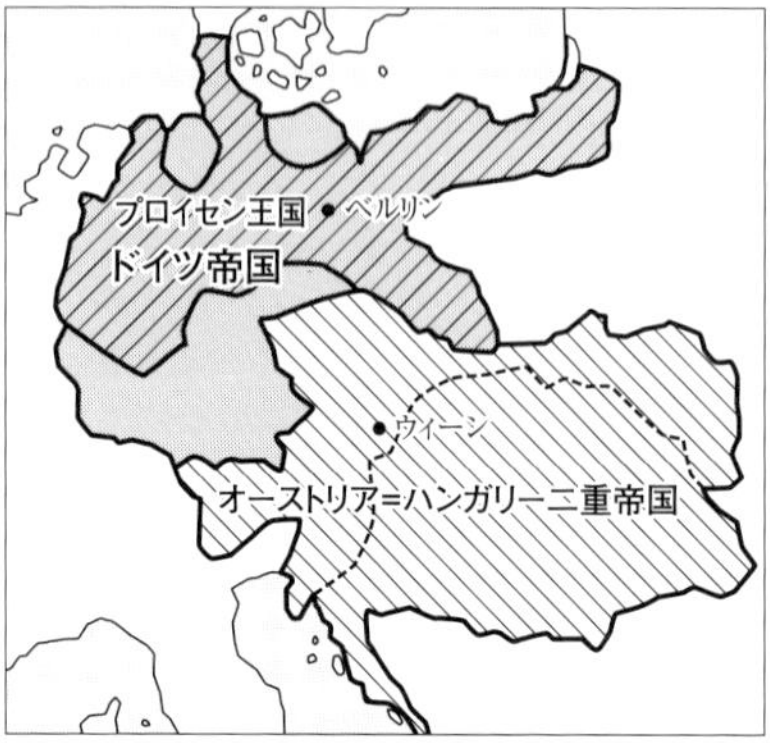

地図2　1867, 71年のドイツ統一

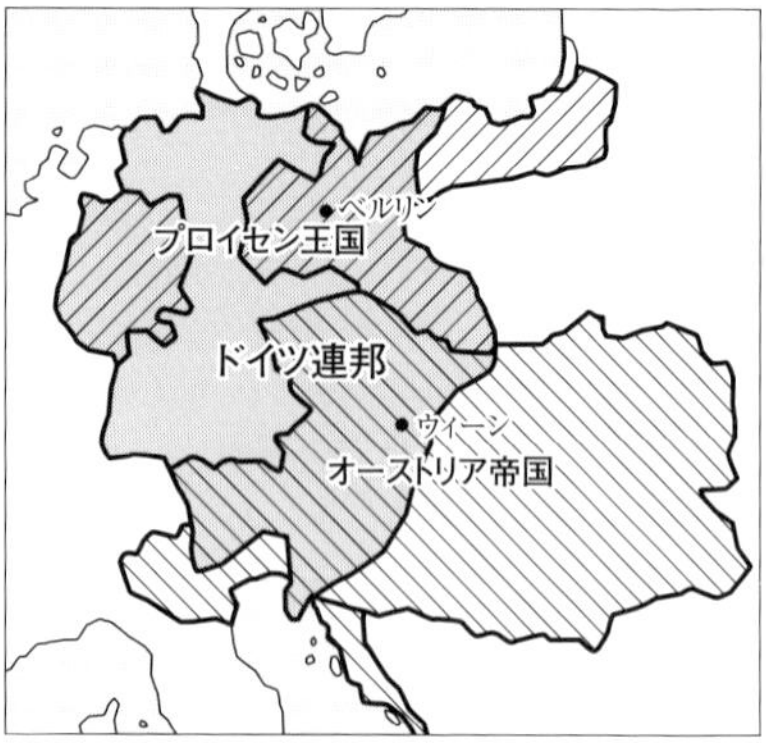

地図1　1815年

ドイツ　プロイセン　オーストリア

参考地図X　ドイツ連邦領域(1815)と現在のドイツ

図2　三回のドイツ統一（地図1-4、参考地図X、Y）

地図4　1990年のドイツ統一

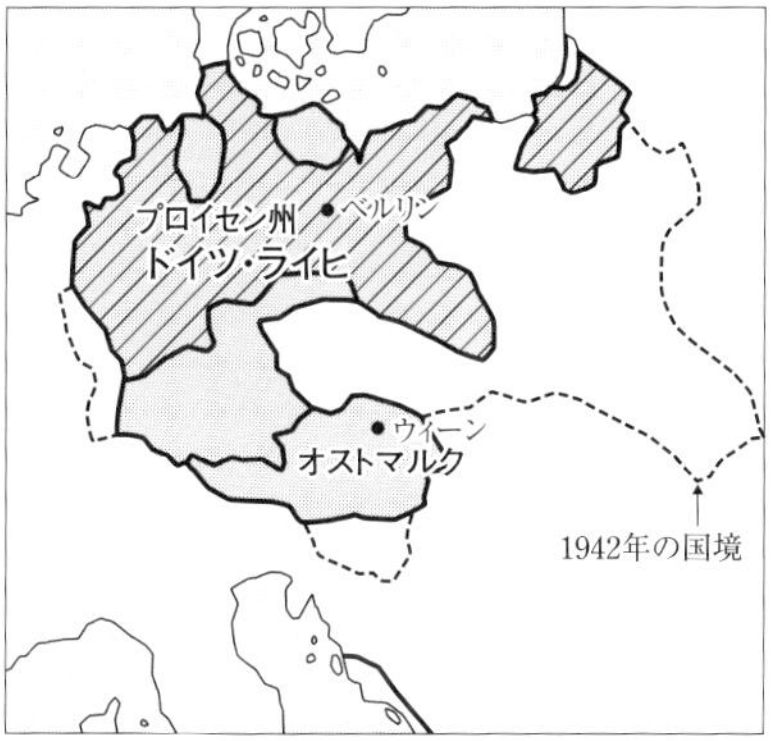

地図3　1938年のドイツ統一

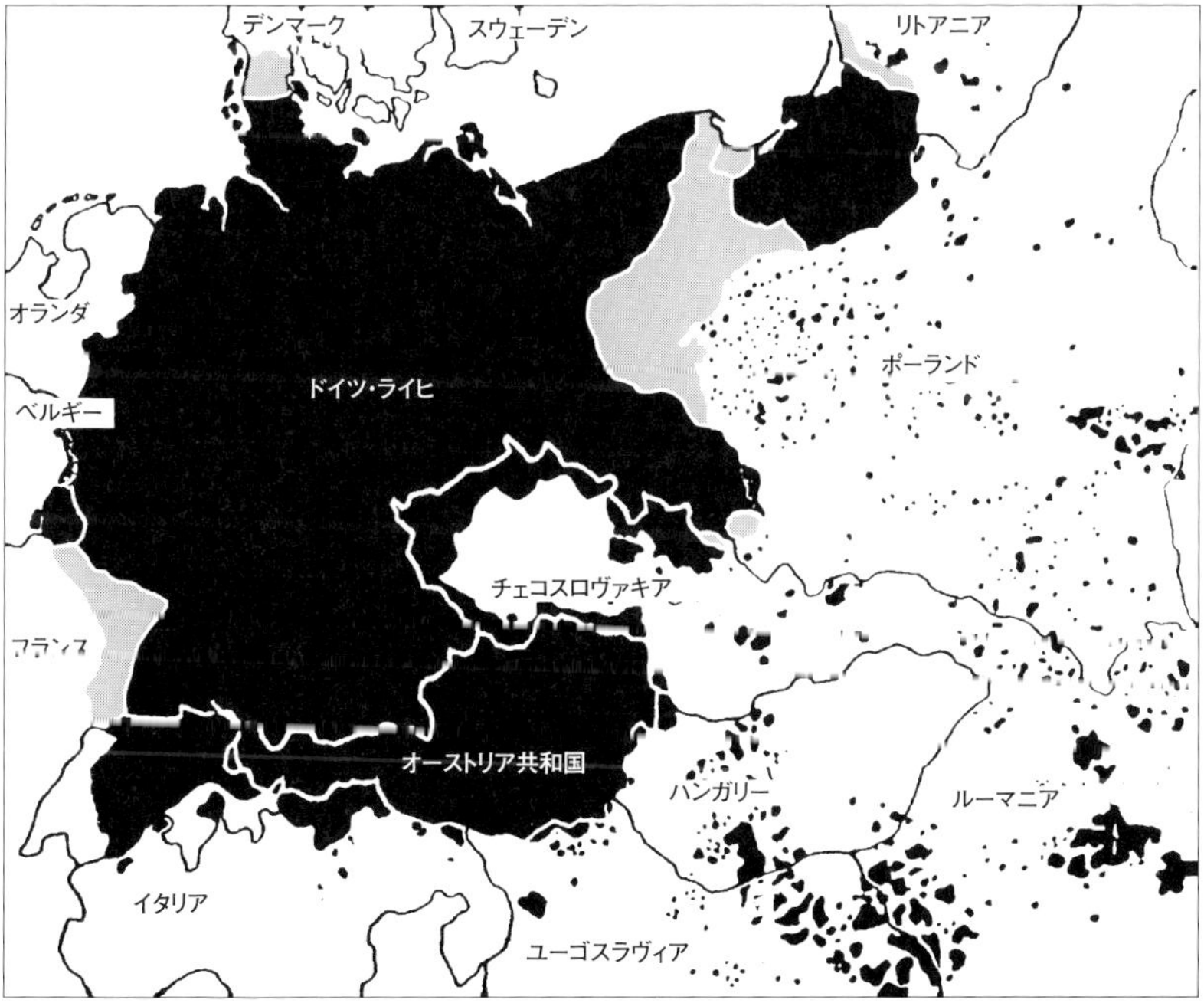

参考地図Y　第一次世界大戦後に割譲した地域 とドイツ語地域（ドイツ系住民の分布）

地図4（第五、六章） 一九四五年、「大ドイツ」は瓦解し、四分割された。ドイツの東部国境は西に大きく移動し、旧プロイセン領（D）はソ連領、ポーランド領となり、近世以降のドイツを牽引してきたプロイセンは消滅した。「第二次世界大戦とナチズム」後の国境変更は、中欧、東欧に住んでいた「ドイツ語を話す人々」の「民族大移動」をもたらした［一七〇頁］。西ドイツ（A）と東ドイツ（B）の統一としての「一九九〇年のドイツ統一」の端緒は、オーストリア（C）・ハンガリー国境の開放であり、統一後、東西対立で失われていた中欧の復活が議論されるようになる。

2 「平和な一九世紀」と「戦争の二〇世紀」

ドイツの国境の移動、統一と分割は、多くの場合、戦争の結果だった。フランス革命後一九四五年までのドイツは、一八一三年のライプツィヒ諸国民会戦を頂点とする解放戦争から、一八四八―五〇年の第一次ドイツ・デンマーク戦争、ドイツ統一戦争（一八六四年の第二次ドイツ・デンマーク戦争、一八六六年の普墺戦争、一八七〇―七一年の独仏戦争の三つを総称）、そして一九一四―一八年の第一次世界大戦、一九三九―四五年の第二次世界大戦まで、戦争が続いた。戦争、革命にとって統一という大義は重要な意味を持ち、戦争と革命も関係していた。解放戦争はドイツの国民意識を目覚めさせ、ドイツの「統一と自由」の運動の起点となった。一八四八年の革命は対デンマーク戦争を誘発し、対デンマーク戦争を引き継いだビスマルクのドイツ統一戦争は「上からの革命」となった。第一次世界大戦は一九一八年、革命によって終結したが、ヒトラーの「国民革命」は「大ドイツ」と「生存圏」確保のために総力戦に突入した。ドイツは統一のために戦争し、革命を起こし、結果として統一と分割を繰り返してきた。そして、戦勝を祝うため、戦死者、戦争犠牲者を悼むため、革命を記念するために、多くの記念碑が建てられた。

戦争が続いた、といっても、解放戦争より後の一九世紀の戦争は比較的小規模で短かった。ポラニーは、一七、一八世紀には一世紀に六〇年ないし七〇年の大戦争があったが、一九世紀には、ヨーロッパ内でわずか一八ヵ月しか戦争が無かったとして、西ヨーロッパ文明の年代記に前代未聞の現象、すなわち平和の一〇〇年をもたらし、それによって未曾有の物質的繁栄が生み出された(25)、としている。言うまでもなく平和だったのはヨーロッパの中心部であって、周縁部と非ヨーロッパはヨーロッパ諸強国の軍事的侵略の標的になった。産業革命後の軍事技術の進歩は著しく、軍拡競争も激しくなった。長い平和の後で、絶望的な二つの世界大戦が起こった。

3　記念碑のトポグラフィー

ドイツは、首都の無い国と言われる。フランスのパリ、イギリスのロンドンのような圧倒的中心を持たなかったのは、中世以来の分邦主義の伝統であると共に、ドイツ統一をめぐる角逐と「不完全な統一」の結果だった。

歴史的諸王朝を基本に考えれば、オーストリアの帝都ウィーン、プロイセンの王都ベルリン、バイエルンの王都ミュンヘン、ザクセンの王都ドレスデンがバロック以来のドイツの宮廷政治と文化を継承する代表的な都市である。四都市はドイツ、中欧の大都市に成長し、一九世紀末には爛熟した世紀転換期文化の舞台になった。しかし続く二〇世紀には、オーストリアのドイツとの国境の町ブラウナウに生まれたヒトラーが、一九二三年にミュンヘンで一揆を起こし、一九三三年にベルリンで政権を奪い、一九三八年にオーストリアを併合してウィーンに凱旋した。美しい四都市は第二次世界大戦で爆撃を受け、徹底的に破壊された。再建された各都市には、戦争の傷跡と悲劇の記念碑が多くある。

四都市だけでドイツを代表させるわけにはいかない。ハンブルクなど帝国自由都市の伝統を持つ諸都市、ヴァイマル、コーブルクのような小邦の宮廷都市、マインツなど大聖堂のある都市、テュービンゲンのような大学都市など、様々な性格の大中小の諸都市が政治、経済、文化の多元的な構造を形成した。「ドイツ統一」を目に見えるものにするために、諸都市、そして地方の見晴らしの良い山や丘、古戦場など、津々浦々に記念碑が作られていった。
地域構造としては、ケルン、ボンなどを中心とする西部ライン川沿いのカトリックの地域は産業革命の中心であり
ドイツの心臓部だった。それに対し、ゲーテやバッハゆかりのヴァイマルやライプツィヒ、ハレなどを含む中部ドイツのプロテスタントの地域はドイツの頭脳部だった。一九四五年以後、前者は西ドイツ、後者は東ドイツに分かれ、西ドイツの首都はボンになった。一九九〇年以降、統一されたドイツ連邦共和国の首都をベルリンに移すことが、連邦議会での激論の末、僅差で決まった。しかし、ベルリンが首都になった後も、交通、金融、ジャーナリズムの中心はフランクフルト・アム・マインであり、憲法裁判所は南部のカールスルーエにある。現在、ドイツの政治、経済、文化の拠点となっている各都市は航空、鉄道、アウトバーンの交通網によって緊密に結ばれ、その多元的構造は、巨大都市東京、さらに地方ごとの大都市への一極集中が顕著な日本とは対照的である。ヨーロッパ統合が進み、国民国家が相対化され、ドイツの分邦主義、連邦主義の伝統や、宗教的にも複雑な多元主義的な文化が再評価されている。それぞれの記念碑の意味を考えるためには、記念碑が置かれた「記念の場」を訪ねてみなければならない。

4　アイデンティティの重層・複合

ドイツ統一は、それぞれの個人にとっては、アイデンティティの問題である。ドイツでは「国民」が三重の意味で用いられたことに象徴されるように、国家と民族の関係が複雑で、どこまでがドイツか、誰がドイツ人か、様々な理解があり、人々のアイデンティティは重層的かつ複合的だった(26)。平時ではアイデンティティは重層的、複合的、あるいは分裂的であっても差し支えないが、戦時にはそれは許されない。「ドイツは一つ」にならなければならない。人の命は一つであり、その一つの命を国家に捧げることが求められる。例えば、ドイツ系ユダヤ人の多くは、ドイツ語を話し、ドイツ文化を担い、ドイツ国民としてのアイデンティティを持っていた。一九世紀末以降、彼らへの差別が

厳しくなるが、第一次世界大戦が勃発した時、かなりの数のユダヤ人が志願兵として戦場に向かった［一二一頁］。また、ドイツの国境は時代によって移動しており、住民の国籍はそのたびごとに変更させられた［終章］。

強力な国家のために、誇り高い市民＝国民＝「兵士としての男」が必要とされ、ジェンダー的、民族的、宗教的、階級的な弱者、マイノリティは差別され、抑圧され、それに対する抵抗は社会運動を生み出した。ドイツでは統一のため、強いドイツのために戦争が繰り返され、行き着いた先がナチズムによる破局だった。ドイツ中に蔓延する「勇敢な兵士、強い男」「倒れた兵士を悼む、やさしい母と娘」というステレオタイプ化された戦争記念碑の表象は、「ゲルマン以来の伝統」とされたが、明らかに「創られた伝統」だった[27]。

第3節　記念碑研究の課題

記念碑は実に様々であり、多面的な分析が必要である。本書では特に次の三つの分析視角から記念碑を取り上げる。

記念碑の政治学

前述のように、記念碑は「政治記念」のために建てられる。まずは誰が何のために作り、どのように受けとめられたのか、その政治的意味を分析することが課題となる。巨大な記念碑の建造には莫大な費用がかかる。それはどのようにして調達されたのか、どのような団体がそれを支えたのか、「記念碑の経済学」「記念碑の社会学」も当然重要である。

ドイツでは、一九世紀以降、「協会」という自主的な組織の活動が盛んになり、現在でも活発である。記念碑にも、国家や地方公共団体、教会などと並んで、協会によって建てられたものが多い。巨大な記念碑を作る場合、「記念碑設立協会」を立ち上げて名士が名を連ね、広く資金を募るために協会が積極的に活動した。記念碑建設運動は、除幕式という祭典、つまり「敬礼」「聖別」のための式典で頂点を迎える。その後も、周年祭や、協会員による記念碑の「巡礼」「遍歴」が記念碑ブームを定着させていく。一九世紀ドイツの集団的記憶＝歴史意識の形成を考える上で、「協会、記念碑、祭典」三者の関係が焦点となる。(28) ナチズムは一九世紀の運動を引き継ぎ、二〇世紀の大衆運動として発展した。

記念碑は政治的に作られる以上、政治責任を伴う。特に一九四五年以後、東西ドイツとオーストリアに分割された中での「第二次世界大戦とナチズム」の記念は、犠牲者の補償問題と深く関係していた。

記念碑の美学

記念碑で大事なのは碑文のテキストだけではない。デザイン、設置場所なども都市計画や公共空間の創造と関係し、時代の美意識を象徴するものとして重要である。記念碑の研究は、これまで主に美術史研究、建築史研究で蓄積されてきた。(29) あるシンボルが様式的にどのような意味を持つのか、どのような素材や技法を用いて作られたのか、専門家による検討が欠かせない。記念碑には、現代から見れば相当に趣味が悪いと思われるものも少なくない。ドイツではそのような趣味の悪さ、まがいものに「キッチュ」という言葉が使われることがある。記念碑の「美」の性格を分析するためには「キッチュの社会学」「キッチュの心理学」も必要になる。(30)

記念碑の宗教学

記念碑の中で、数の上で圧倒的に多く、政治的、社会的に重要な意味を持ち続けたのは戦争記念碑だった。戦争記念碑は戦死者、戦争犠牲者の墓と関係しつつ作られた。(31) 墓は、埋葬、追悼などの祭祀を伴い、政教分離が原則とされる近代国家も宗教と関係せざるをえなかった。ドイツ統一をめぐるオーストリアとプロイセンの対抗は、カトリック対プロテスタントの宗教対立と重なり、そこにユダヤ教が関わり、政治と宗教の関係が問われ続けた。

第4節　記念碑の歴史と現在

記念碑の歴史を具体的に考える上で、特に注意すべき五点を挙げておく。

第一に、記念碑には事件の後、かなり経ってから建てられるものがあり、作られた時代が重要となる。解放戦争記念碑は一〇年後、五〇年後と作られ続け、ライプツィヒに〈諸国民会戦記念碑〉[I-II-3]が完成したのは、一〇〇周年の一九一三年だった。第二次世界大戦とナチズムに関わる記念碑の建設も戦後六〇年以上が過ぎた現在まで続いている。

第二に、記念碑のその後にも注目すべきである。記念碑は建てられて終わり、ではない。石でできた記念碑も手を入れなければ碑文は読めなくなり、忘れられてしまう。ブロンズ像など金属製の記念碑の多くは戦時に武器製造のために供出させられた。時代によって記念の意味が変化し、改装されたり、壊されたりすることもある。木下直之は「世の途中から隠されていること」に注目している[32]。興味深いのは、記念碑のあるところに記念碑が建てられることであり、記念碑の調査中に別の記念碑を見つけ、フィールドワークの重要性を再認識させられた。

第三に、建てた側の「意図」だけでなく、見る側の「受容」[33]も問題にしなければならない。「記念碑を建てる」とは、過去に対する一つの意味づけを公表することであり、記念碑に対して、賛成、反対の激しい論争が起こる場合も多い。記念碑はメッセージ性の強い「作品」であり、記念碑がどのように「受容」されたか、現在どうなっているのかを問うことは、特に重要である。杉本淑彦はモニュメント研究では「無関心への関心」が必要なことを強調している[34]。

第四に、記念碑の様式や意味の変化を追っていくことが重要になる。記念碑は「ゴシック」「表現主義」など、美術、建築の様式をめぐる議論から大きな影響を受けた。歴史意識の変化も記念碑を変えていく。戦争記念碑は伝統的に「栄誉の碑」として建てられてきたが、一九四五年以後には「警告の碑」とされるものも多くなる。

第五に、重要な記念碑は既存の記念碑、それもかなり遠方の記念碑や外国の記念碑なども意識して作られる。記念碑相互の関係について、長い歴史の中で総合的に検討する必要がある。

「ベルリンの壁」が崩壊した後、記念碑をめぐって激しい論争が起こった〔第六章〕ことが、この研究を始めるきっかけだった。それから二〇年以上、毎年のようにドイツに出かけて調査し、写真を撮り続けてきた。「記念碑の歴史」が本書のテーマだが、まずは「記念碑の現在」である。最も重要な記念碑を巻頭にカラーで紹介したので、本文に進む前に見ていただきたい。

歴史は「現在と過去との絶えざる対話[35]」である。ドイツの各地を訪ね、各時代の様々な記念碑を見ながら、ドイツの歴史を再考すること、それを本書の課題とする。

第一章　中欧の二つの帝国
——長い一九世紀（一七八九—一九一四）その1

はじめに

長い一九世紀はイギリス産業革命とフランス革命とによる「二重革命の時代」として始まった。イギリスとフランスから強い外圧を受け、ドイツの諸国家は国制の改革を急がなければならなくなった。なにしろ、フランス国内で革命後の混乱を収拾したナポレオンは、瞬く間に東隣のドイツに侵攻し、ライン同盟を成立させた。プロイセンではナポレオン軍が王都ベルリンに進駐し、国王が遠く離れたケーニヒスベルク（現ロシア領）に逃亡している中で、教育、軍事、行政の改革が始まった。一八〇九年にはオーストリアが単独でナポレオン軍と戦い敗退したが、ナポレオン軍は一八一二年のロシア遠征で大敗を喫し、翌一八一三年には、プロイセン、オーストリア、ロシアなどの連合軍がナポレオンに挑んだ。対ナポレオン戦争の最後のハイライトは、一〇月一六日から一九日にかけてライプツィヒで戦われた諸国民会戦だった。数十万の軍隊が激突し、ナポレオン戦争中最大の戦闘となり、多くの戦死者を出した。テイラーは「諸国民会戦」という名称はナポレオン自身による創作で、神話だった、としている。[1]「一方には旧秩序の職業的軍隊が、他方にはフランス皇帝の多言語の徴集兵達がいた」だけで、「国民国家は存在しなかった」からである。実は諸国民会戦の戦場になったライプツィヒの地元のザクセン王国軍はナポレオン側で戦った。ドイツ諸国家の君主と国民がすべて一致団結してフランス軍と戦い勝利した、というわけではなかった。それにもかかわらず、一八一三年以降の一連の戦闘はドイツがフランスの支配から解放された画期的事件、「解放戦争」とされ、多くの記念碑が作られていく。[2]

改めて確認しておきたいのは、国民国家だったかどうか、が問われていたのは、オーストリア、プロイセン、バイエルン、ザクセンなどのドイツを構成する諸国家であって、ドイツ国民国家ではなかったことである。それらの内、オーストリアとプロイセンは、イギリス、フランス、ロシアと並んでヨーロッパの五大国に数えられる強国だった。ドイツでは解放戦争後、「国民の形成」が本格化するが、序章で説明したように、ドイツでは「国民」は三重の意味で用いられた。本章では「ドイツ諸国家の国民」と、「ドイツ帝国国民」を問題にし、「ドイツ文化国民」については第二章で扱う。

第1節　解放戦争の記念碑（一七八九―一八四八）

一九世紀にドイツの諸都市はその景観を大きく変貌させた。中世以来の城壁が撤去され、道が拡張され、公共の記念碑的建物が建造された。君主国の首都の中心である宮殿のすぐ近くに解放戦争記念碑が作られ、英雄としての将軍たちの彫像が置かれ、そこに向かう道の入口に凱旋門が作られる。プロイセン王国、オーストリア帝国、バイエルン王国の首都、ベルリン、[3]ウィーン、[4]ミュンヘンについて、見ていく。

1　プロイセン王国

第二次世界大戦後のドイツの分割、東西対立の象徴だった〈[0-2-1]ブランデンブルク門[5]〉は、一九八九年一一月九日の

「壁」の崩壊以降、激動の続くベルリンのニュースが届く度にテレビに映し出された。一九九〇年一〇月三日にドイツは統一され、一九九一年の夏に〈ブランデンブルク門〉は二〇〇年を祝った。この門は、ベルリンを「シュプレー川沿いのアテネ」とすべく、アクロポリスの丘の入口の門をモデルに一七八九年に建設が始められ、一七九一年に完成した。一七九三年、門の上にヨハン・ゴットフリート・シャードウ作の彫刻〈クワドリガ（四頭立ての馬車）〉[I-1-1]が置かれた。〈クワドリガ〉は一八〇六年、ナポレオンがベルリンを占領した際、戦利品としてパリに持ち去られ、ライプツィヒ諸国民会戦後、ベルリンに戻り[I-1-2]、帰還の祝典が一八一四年に盛大に行なわれた。この時、〈クワドリガ〉を駆る女神が持つ勝利の標章として、カール・フリードリヒ・シンケルの設計した〈鷲とオークの葉の冠と鉄十字〉[0-2-2](6)が付けられ、鉄十字には国王フリードリヒ・ヴィルヘルム三世の頭文字「F・W」と「一八一三」が刻まれた[I-1-3]。

独仏戦争戦勝祭での装飾に見られるように[I-1-4]、〈ブランデンブルク門〉はプロイセンの、ドイツの栄光のシンボルだった。しかし第二次世界大戦でベルリンは廃墟と化し、門も無惨な姿をさらす。東ドイツ領内に入った門の上には東ドイツ国旗が翻った。この時代の写真[I-1-5]には、〈クワドリガ〉の女神が掲げる勝利の標章は「オークの葉の冠」だけで「鷲」と「鉄十字」は無い。プロイセン軍国主義の根絶を課題とした東ドイツではそれらを掲げることはできなかった。〈クワドリガ〉は壁崩壊後の一九八九年の大晦日、よじ登った群衆によって傷つけられて修復のために下ろされ、一九九一年、二〇〇年祭で再び門の上に戻った時、「鷲」と「鉄十字」は復活した(7)。一九九一年一〇月三日、「統一」一周年の記念日には、トルコ人が「ベルリンの壁」の破片や東ドイツ・グッズを売っていた[0-2-3]。

〈ブランデンブルク門〉から〈宮殿〉に到るウンター・デン・リンデンは、かつては華やかな軍事パレードの舞台だった。軍隊の行進で最も重要な場所は、通りの左側のフンボルト大学に続く、〈新衛兵所〉[0-3-1; I-1-6](8)［左の建物］だった。解放戦争を記念してシンケルが設計した小さなギリシア神殿風の建物は、一八一八年に完成してから一〇〇年後の第一次世界大戦の終結まで、国王の警備にあたる衛兵の詰所[I-1-7]として用いられた。右隣は〈武器庫（旧軍事史博物館、現ドイツ歴史博物館）〉だった。〈新衛兵所〉を囲むように、クリスティアン・ダニエル・ラウフ作の五人の将軍像が置かれた。当時の図[I-1-6]でわかるように、両脇に〈ビューロー像〉[0-3-2]（一八二二）と〈シャルンホルスト像〉[0-3-3]（同）の二体の大理石像が、向かいの歌劇場の横に〈ブリュッヒャー像〉（一八二六）、〈グナイゼナウ像〉（同）、〈ヨルク像〉（一八五五）の三体のブロンズ像があった［現在はすべて通りの向かい側にある］[9]。近くに有名なラウフ〈フリードリヒ大王像〉[I-1-8][10]（一八五一）もあり、栄光のプロイセン史を想起させる場だった。〈新衛兵所〉の外観は当初からほとんど変わっていないが、内部は時代ごとに大きく変化していく。

ベルリンには解放戦争の記念碑としてもう一つ、これもシンケルの設計による〈クロイツベルク解放戦争記念碑〉[I-2-1][11]（一八二一）がある。シンケルは他にも多くの有名な建築を残しており[12]、解放戦争記念大聖堂案として、壮大なゴシック様式の教会の図もある。提案書では記念大聖堂が持つべき性格として、宗教的モニュメント、歴史的モニュメント、国民の内に生きるモニュメントの三点を挙げ、特に第三の点について、「設立方法を通して、長生きし、実りをもたらすものが国民の内に基礎を置かれるように」すべき、としていた。ゴシック様式の教会の尖塔を模した〈クロイツベルク解放戦争記念碑〉は、実現しなかった解放戦争記念大聖堂案を元にしている。当時、「ゴシック」はドイツ的であるとされ、ドイツ国民を表現するにふさわしい様式と考えられていた。ベルリンでの解放戦争記念碑の建設は、市民層の運動として始まり、ラウフが設計を依頼されていたが、プロイセン国王フリードリヒ・ヴィルヘルム三世が関心を示し、結果として「ドイツのため」のではなく、「プロイセンのため」の記念碑になった。一二体の鋳鉄製の人物像は、解放戦争の一二の会戦の功労者をそれぞれ「戦いの精」として表現したもので、ラウフら当時の代表的作家が制作した。一八四八年革命の際には、市民層、労働者が〈クロイツベルク解放戦争記念碑〉に集まり、黒赤金の旗を掲げた[I-2-2]。ドイツの「統一と自由」を求める「一八一三年」は、一八四八年には革命派のシンボルとなった。

I-1　ブランデンブルク門、新衛兵所（ベルリン）

2　オーストリア帝国

ウィーンの〈城門〉[0-4][13]は、現在ではリング通りに面し観光客で賑わっているが、一九世紀前半には市の城壁から宮殿に入る正門として重要だった。ウィーンではこの〈城門〉が凱旋門であると同時に解放戦争記念碑だった。説明のプレート（一九三四）には次のように書かれている。「一六八三年の第二次トルコ包囲の際、トルコ軍からの攻撃の的となった。ここはまさにその場所である。オスマン軍の西洋への前進はここで最終的に阻止された。一八二一年から一八二四年にかけてその場所にペーター・フォン・ノビレの設計による城門が兵士たちによって建てられ、ライプツィヒ諸国民会戦記念日［一〇月一八日］に除幕された」。〈城門〉は二層になっていて[0-4-3]、上層には竣工時に掲げられたラテン語の銘、外側に「オーストリア皇帝フランツ一世　一八二四年」、内側に「法を統治の基礎とせよ」がある。〈城門〉もベルリンの〈新衛兵所〉と同じく、時代ごとに改装されていく。

門を抜けると〈英雄広場〉に、アントン・ドミニク・フェルコルン作の騎馬像、〈大公カール像〉[0-5-1]（一八六〇）と〈サヴォイア公オイゲン像〉[0-5-2]（一八六六）がある。前者は対ナポレオン戦争の、後者は一七世紀の対トルコ戦争の英雄である。〈大公カール像〉の台座の両側には、「オーストリア軍の英雄的指導者へ」「ドイツの栄光のために頑強に戦った者へ」と二つの銘が書かれ、この時代のオーストリアとドイツの関係の複雑さを象徴している。オーストリアにとっても「一八一三年」は大事だったが、それはドイツにとって、という以上に、オーストリアとハプスブルク家の栄光にとって、だった。オーストリアはドイツ連邦の議長国だったが、ドイツをまとめることに熱心だったわけではない。ウィーン体制を率いたメッテルニヒにとっては、ヨーロッパ諸強国の体制を守ることが何より重要だった。

ティロールのアンドレアス・ホーファーも対ナポレオン戦争で民衆を率いて戦い、最後は捕えられ銃殺された。ウィーンから遠く離れたティロールの入口、インスブルック郊外のベルクイーゼルの戦場跡には、堂々たる山並みを望む〈ホーファー像〉[1-2-3]、〈フランツ・ヨーゼフ一世像〉、射撃場と様々な記念碑、そして〈ベルクイーゼル博物館〉［写真[1-2-4]

I–2　クロイツベルク解放戦争記念碑（ベルリン）、ベルクイーゼル

は館内のホーファーの肖像画」があり、オーストリア軍の「記念の場」になっている。博物館の案内ではベルクイーゼルは、(1) ホーファーに率いられたティロールの対ナポレオン戦争の象徴、(2) 二つの世界大戦において命を捧げた数万のティロールの人々を記念する聖なる場、(3) 一八一六年から一九一八年まで軍のエリートであったティロールの帝国猟兵隊のための〈栄誉の森〉、とされている。ホーファー自身はティロールという地域のために戦った。しかし、彼はオーストリアのため、ドイツのために戦ったことにされ、その後の戦争と関係づけられていく。

3　バイエルン王国

バイエルン王国の王都ミュンヘンでは、「勝利の道」はルートヴィヒ通りである。国王ルートヴィヒ一世は宮殿脇の〈オデオン広場〉に〈将軍堂〉[0-6-3](14)を、通りの入口に〈凱旋門〉[0-6-1](15)を作らせた。

〈将軍堂〉は一八四四年一〇月一八日の諸国民会戦記念日に除幕された。解放戦争の将軍〈ヴレーデ像〉、三〇年戦争の将軍〈ティリー像〉の二体が置かれている。さらに独仏戦争後に記念のプレートが掲げられ、一八九二年にバイエルン軍を讃える像も加えられた。一八五〇年に完成した〈凱旋門〉の上には〈四頭のライオンを駆る勝利の女神像〉がある。ベルリンの〈ブランデンブルク門〉の上の〈クワドリガ〉が「勝利を持って帰る」という意味を込めて、内側の、宮殿の方向を向いているの[0-2-1,3]に対し、こちらは外を向いている。ミュンヘンの人々は「プロイセンの方向」と言うが、実際、バイエルンは普墺戦争でプロイセンと戦った。門は第二次世界大戦で損傷を受け、修復されたが一部はそのまま残され、「勝利のために捧げられ、戦争のために破壊され、平和のために警告している」の言葉が付けられている。

〈カロリーネ広場〉にはレオ・フォン・クレンツェ〈オベリスク〉[0-6-2]がある。将軍ヴレーデはライプツィヒ諸国民会戦ではナポレオン軍に対し戦ったが、前年の一八一二年にはライン同盟条約によりナポレオン軍と共にロシアに遠征した。バイエルン軍三万三〇〇〇人の内、残ったのはわずか三〇〇〇人だった。台座には「ロシアにおける戦争で命を落とした三万人のバイエルン人へ」「彼らもまた祖国の解放のために死んだ」「バイエルン国王ルートヴィヒ一世一八三三年一〇月一八日［諸国民会戦二〇年記念日］に完成」とある。

第2節　ドイツの「統一と自由」を求めて（一八四八―一八六六）

これまでに紹介した一九世紀前半に作られた解放戦争記念碑は都市の中心部にあり、また第3節で扱うドイツ帝国成立後の巨大な戦争記念碑やビスマルク像はいやでも目につくが、一八四八年革命と一八六〇年代のドイツの「統一と自由」をめぐる抗争の記念碑は目立たない場所にあるものも多く、〈パウロ教会〉以外はほとんど知られていない。しかし、一九世紀のドイツ史を考える上で、この時代の記念碑を見過ごすわけにはいかない。

1　一八四八年革命

一八四八年はヨーロッパでは「諸国民の春」と呼ばれた。パリの二月革命の火花はドイツ各地に飛び火し、ウィーンではメッテルニヒが失脚し、ミュンヘンでは国王ルートヴィヒ一世が王座を追われ、ベルリンでは国王フリードリヒ・ヴィルヘルム四世が憲法制定に同意し、「プロイセンのドイツへの解消」によるドイツ統一をめざす、と宣言した。

一八四八年革命の中心はプロイセンでもオーストリアでもない、自由都市フランクフルト・アム・マインだった。ドイツ憲法制定のための国民議会[I-3-1]はフランクフルトの〈パウロ教会〉[0-7-1][16]で開かれた。〈パウロ教会〉と周囲にはその後、多くの記念碑やプレートが作られた。直接革命に関係するものだけでなく、アメリカのケネディ大統領の記念碑などもあり、「記念碑のあるところに記念碑が建てられる」代表的な例と言えよう。ヴァイマル共和国初代大統領〈エーベルト記念碑〉[0-7-2]は一九二六年に置かれ、ナチ時代に撤去され一九五〇年に復活した。台座に強制収容所の名前が刻まれた〈ナチ犠牲者の記念碑〉[I-3-4]は一九六四年に作られた。一八四八年革命時に臨時政府摂政となったオーストリアの〈大公ヨハン像〉[0-7-3]は、生誕二〇〇年の一九八二年にオーストリアのグラーツから贈られた。[17]

教会の前には一八九八年の革命五〇年を記念して建てられた〈ドイツ統一の先駆者〉[0-7-1]（一九〇三）［写真右側の白い塔］がある。愛国詩人アルントの解放戦争を讃える詩が刻まれ、一八四八年革命はもっぱら「統一」のために評価されている。現在では失われているが元は三つのブロンズ像が添えられていた。その一つ、〈兵士と竪琴を持つ男の像〉[I-3-2]があった台座には「統一と自由を歌う者たちへ」[I-3-3][18]の銘が残り、当時の男声合唱運動の広がりを示している。

ベルリンでは一八四八年三月一八日、王宮前の発砲事件に端を発し多くの犠牲者が出た。翌日、遺体が各方面から王宮の中庭に運び込まれ、国王夫妻は哀悼の意を表した。三月二二日には〈ジャンダルメン広場〉[II-8-5]の〈ドイツ大聖堂〉[19]［写真では左端の建物］で市主催により一八三の棺を並べた葬儀が行なわれ、二万人の市民が参加した。棺は数千人の行進と共に〈フリードリヒスハイン墓地〉[20]に運ばれ、埋葬された[I-4-1]。墓地は革命の「記念の場」となり、毎年、集会が行なわれるようになる。現在、墓地は市民公園の一角にあり、「一八四八年、一九一八年革命で倒れた英雄の墓」という案内がある。ソ連占領地域だった一九四八年に、一八四八年革命一〇〇年[21]を記念して整備されたもので、墓地の中央の〈石碑〉[I-4-6]には裏に犠牲者の名が、表に次の銘が刻まれている。

> 君たちは、君たち自身が記念碑となった。この石碑は、真剣に次のことを警告しているにすぎない
> 我々人民は、君たちが統一と自由のために死んだ、ということを、決して忘れまい、と

当時の墓標[I-4-3,4]には「一人の無名の男」と書かれた墓石[I-4-5]もある。一九四八年には、〈ベルリン傷病兵墓地〉にあった〈国民兵士記念碑〉[I-4-2][22]（一八五〇）が撤去された。革命後、最初に作られたのは、革命を弾圧したプロイセン軍兵士のた

I-3　1848 年革命 その 1

めの記念碑で、一〇〇年後にそれが無用のものとされたのだった。一九四八年のポスター[I-4-7]には、一八四八年革命時のドイツの三色旗を掲げた市民層の図像の前に、赤旗を持つ労働者が描かれている。

ウィーンでは〈中央墓地〉二六群の「一八四八年三月一三日」と刻まれた墓石が〈一八四八年革命記念碑[I-3-5]〉(23)となっていく。「三月一三日」はメッテルニヒが退陣した日で、皮肉にも一九三八年のこの日、「オーストリアのドイツ・ライヒへの合邦」が宣言された。

一八四九年に革命の最後の舞台となったバーデンの〈ラシュタット要塞〉は、軍事史博物館として公開され、「統一、正義、自由」と題した常設展示が行なわれている(24)。

2　一八六〇年代のドイツ——産業革命後のドイツ社会（貴族層、市民層、労働者）

革命後の一八五〇年代は、政治的には反動の時代、経済的には飛躍の時代となった。ベルリンの〈シンケル広場〉(25)に並ぶ〈ボイト像〉（一八五四）、〈テーア像〉（一八六〇）、〈シンケル像〉（一八六九）[I-5-1][写真の左からボイト、シンケル、テーア]は、東ドイツ時代には撤去されていたが、一九九〇年以降に復活した。シンケルは先に紹介した建築家で、ボイトはプロイセン工業の父、テーアはドイツ農学の父として知られる。

ウィーン会議後プロイセンが領有することになったライン地方の中心都市、ケルンの〈ホイ広場〉に建てられた〈フリードリヒ・ヴィルヘルム三世像〉[I-5-2]（一八七八）の台座には、ライン・ブルジョワジーの指導者で一八四八年革命期に活躍したカンプハウゼンやハンゼマン、蒸気機関車製造のボルジッヒなど、同時代の人物の群像と、その下に彼らの活動の様子を描いたレリーフ[I-5-5]がある(26)。ライプツィヒ駅にはドイツ鉄道の礎を築いた二人を記念し、〈リスト像[I-5-3]〉と〈ハルコルト像[I-5-4]〉がセットで置かれている(27)。

一八四八年革命から十数年、一八六〇年代に再燃したドイツの「統一と自由」に向けての運動の中心となったのは

I-4　1848 年革命 その 2（ベルリン）

Heute Abend
geöffnet.
FRIEDRICH
LIST
1789-1846
INITIATOR DER
GUSTAV
HARKORT
1795-1865
INDUSTRIELLER UND
BANKIER
1. VORSITZENDER
DER

I-5　産業革命と労働運動

コーブルクだった。現在バイエルン州に属するコーブルクは、当時はザクセン＝コーブルク公国の宮廷都市だった。当主エルンスト二世はドイツではザクセン＝コーブルクとザクセン＝ゴータという二つの小国を支配しているに過ぎなかったが、叔父がベルギー国王、弟が英国ヴィクトリア女王の夫カール・アルベルト（チャールズ・アルバート）、弟の娘がプロイセン皇太子フリードリヒ三世（一八八八年にプロイセン国王、ドイツ皇帝）の妃だった。宮殿前の丘に〈エルンスト二世像〉[I-6-1]、市庁舎広場に〈カール・アルベルト像〉[I-6-2]がある。エルンスト二世はドイツ統一のために諸侯に働きかけると同時に市民層の運動、労働者の運動を支援し[28]、コーブルクがそれらの運動の中心になった。〈馬術ホール〉[I-6-3]にはドイツ国民協会の第一回総会[I-6-4]をはじめ、合唱、体操、射撃の祭典などの記念のプレートが掲げられている。

「体操の父」ヤーンがベルリンのハーゼンハイデ公園で体操運動を始めてから五〇年の一八六一年、〈ヤーン像〉[I-6-5]の礎石が置かれ、像は一八七二年に完成した。台座にはドイツ各地方のみならず外国の組織からも石が届けられた[I-6-6, 7]。[29]体操運動の活動家には一八四八年革命後アメリカへ亡命し、北軍の指導者として活躍した者も少なくない。

一方、産業革命の進展に伴って社会問題が深刻化し、労働者の組織化が進んだ。一八六三年にラサール派が成立し、一八六九年にアイゼナハの〈金獅子亭〉でアイゼナハ派が結成された。ドイツ帝国成立後の一八七五年、ゴータの〈ティヴォリ〉[I-5-6]の一室で開かれた大会で、ラサール派とアイゼナハ派は合同した。両会場は東ドイツ時代に「国民の記念の場」となり、一九九〇年以降はドイツ社会民主党が管理している。

3　一八六三年、解放戦争五〇年

戦争の記念にとって五〇周年は大きな転機である。戦争を直接に体験した者が少なくなり、記念碑を残す運動が高揚する。ライプツィヒでは、市民テオドール・アーペルが一八六一年から六四年にかけて、戦闘のあった地に〈アーペルの石〉[I-11-1]を置いた[30]。諸国民会戦五〇年を記念した一八六三年のライプツィヒでの体操祭には、八〇〇の地域から二

万人が参加し、協会員は旗を掲げて町中を練り歩き、祭典を盛り上げた。[I-6-8]

ウィーンでは、〈英雄広場〉の英雄像を制作したフェルコルンが、一八五八年に〈アスペレンのライオン〉[I-6-9](31)を残している。ライオンは戦没兵士記念の重要なモティーフだった。台座には、「一八〇九年五月二一、二二日に戦死した栄誉あるオーストリアの戦士たちの記念に」とある。

《ラデツキー行進曲》で有名なラデツキーも解放戦争を率いたオーストリアの将軍である。彼の下で兵站の仕事を請け負った商人が、一八四九年に自らの敷地内に皇帝とその家族、軍を支えた将軍たちの立像、胸像を並べ、軍の栄光を讃える記念碑として、〈英雄の山〉[I-7-1](32)と名付けた。ラデツキーが一八五八年に亡くなると彼の墓所となり、〈英雄の山〉は皇帝に捧げられ、〈ラデツキー像〉[I-7-2]が置かれた。中央の建物には、「この家は、祖国の栄えある息子たちに、彼らが一八四八年と一八四九年に示した揺るがぬ忠誠心と英雄的な勇敢さに捧げられる」とある。ラデツキーもイタリア、ハンガリー革命を鎮圧した。ここでは解放戦争以上に一八四八年革命への対抗が重要だった。

バイエルン国王ルートヴィヒ一世は、〈ヴァルハラ〉[0-9-2, 3]［七三頁］の除幕式の際、ドナウ川沿いのケルハイムに〈ヴァルハラ〉に続く第二の解放戦争記念碑、〈解放堂〉[0-9-4](33)建設の礎石を置いた。〈解放堂〉は〈ヴァルハラ〉と同じクレンツェの設計で、諸国民会戦五〇年の一八六三年に除幕された。円柱形の外側には一八体の女性像が高い柱の上に立ち、それぞれが「ドイツ諸国家の国民」＝種族［序章注（20）］の名、あるいは地域名の付いたプレートを持っている。「オーストリア人、プロイセン人、ハノーファー人、メーレン人、ザクセン人、シュレージエン人、ブランデンブルク人、ポンメルン人、メクレンブルク人、ヴェストファーレン人、ヘッセン人、テューリンゲン人、ラインラント人、シュヴァーベン人、フランケン人、ベーメン人、ティロール人、バイエルン人」である。メーレンとベーメンは現在ではチェコの領域だが、当時はドイツ連邦に属していた。

内部は巨大なドーム空間で、壁と天井には様々な色の大理石を組み合わせた装飾が施されている。ここにも一八本

I-6　1860 年代の協会運動

の柱があり、純白の大理石の勝利の女神像が手に手をとり、二人で一つの円盤に手を添えている。[0-9-5]女神たちはドイツ連邦諸国家の連帯を象徴し、円盤には解放戦争の経過、各戦場の名が記され、床の中央には「ドイツ人よ、なぜ解放戦争が必要になり、どのようにしてドイツ人がそれに勝利したかを決して忘れることのないように」とある。柱の上のプレートには、解放戦争で活躍した一八人の将軍の名が挙げられている。〈解放堂〉は、「解放戦争からドイツ統一へ」「ドイツ諸国家の国民の連合」という、当時のドイツ統一理念を表現している。

4　普墺戦争

プロイセンとオーストリアの対立は結局、兄弟戦争と呼ばれる普墺戦争で決着がつけられた。両国は解放戦争では共に戦ったが、一八世紀には何度も戦火を交えており、一八六三年は、プロイセンにとって七年戦争に勝利し強国と認められたフベルトゥスブルク条約一〇〇年でもあった。一八六〇年代以降の三つの戦争は、後にまとめてドイツ統一戦争と呼ばれるようになるが、最初からドイツ統一の方向が決まっていたわけではなかった。一八六〇年代のプロイセンは議会と政府の対立で深刻な政治危機に陥っていた。そこに登場したビスマルクは「鉄血演説」を行ない、議会での議論ではなく戦争こそが問題を解決する、と述べた。ビスマルクにとって大事なのは、ドイツ以上にプロイセンだった。ドイツの統一という大義のための戦争をプロイセンの力を誇示する好機と捉え、一八四八年革命時以来の懸案を解決すべく、第二次ドイツ・デンマーク戦争に突入する［二七〇頁］。次の普墺戦争はオーストリア、ザクセン、ハノーファーなどからなるドイツ連邦軍との戦争になった。参謀総長モルトケ［二六四頁］のもと、鉄道や電信、最新式の武器で戦争を準備していたプロイセン軍は、オーストリア側を次々と撃破した。一八六六年七月三日のケーニヒグレーツ（現チェコ領フラデツ・クラーロヴェー）の会戦では二〇万人以上の軍隊が激突し、オーストリア側は敗退した。[I-7-3]〈見晴台の鉄塔〉から戦場となった平原が見え、〈記念館〉と多くの[I-7-4]〈普墺戦争戦没兵士記念碑〉が残っている。

I-7　英雄の山、ドイツ統一戦争記念碑、ブルシェンシャフト記念碑

第3節　二つの帝国の時代（一八六七―一九一四）

普墺戦争の翌年の一八六七年、ドイツから排除されることになり再編を余儀なくされたオーストリアは、皇帝フランツ・ヨーゼフ一世がハンガリー国王を兼ねるオーストリア＝ハンガリー二重帝国となった。一方、プロイセンはハノーファー王国などの領土を獲得してより強大になり、北ドイツ連邦を結成した。ビスマルクは策略によって独仏戦争を勃発させ、一八七〇年九月二日にセダンで皇帝ナポレオン三世を降伏させた。ドイツ軍はパリを包囲、一八七一年一月一八日、パリ砲撃が続く中、ヴェルサイユ宮殿鏡の間でドイツ帝国の成立が宣言された。[34]プロイセン国王ヴィルヘルム一世がドイツ皇帝に、プロイセン首相ビスマルクがドイツ帝国首相になった。中欧にドイツ人の皇帝を戴く二つの帝国が成立した。

イタリアが統一し、ドイツがプロイセン主導のドイツ帝国として統一された結果、五大国体制はイギリス、フランス、ドイツ、オーストリア、ロシア、イタリアの六大国体制となった。[35]ヨーロッパ内の勢力均衡、協調の体制はより安定し、諸列強は海外に進出、植民地を獲得し、帝国主義の時代となっていく。

戦争をしてまでドイツの覇権を争って成立した二つの帝国だったが、六大国体制の中で絆を強めた。それぞれ軍備を拡張し、特にプロイセンが牽引するドイツ帝国では、「社会の軍事化」が進んだ。戦争によって成立した国家を正当化し、その記憶を伝える上で重要な役割を担うことになったのが軍事史博物館だった。君主や将軍たちの立像と多くの兵器、巨大な戦争画や地図を並べた展示は、「国民の歴史」を「戦争の歴史」として理解させ、国民に兵士になることを実感させる歴史教育の場となった。ベルリンでは、一八四八年革命で襲撃されたウンター・デン・リンデンの〈武器庫[I-1-6]（現ドイツ歴史博物館[0-3-1]）〉に〈ブランデンブルク＝プロイセン軍の栄誉ホール〉ができ、[36]ウィーンでも南駅近くのトルコ風の建物、アルセナル（武器庫）[37]が一八九一年に〈軍事史博物館〉[I-13-4, 5, 6]となった。ここは現在もアルセナルの名を受け継ぎ、サライェヴォ[I-13-7]事件の車も展示されている。ミュンヘンでも二〇世紀初めに〈軍事史博物館（現州庁舎）〉[III-11-1]が建設され、ドレスデンにも〈ザクセン軍事博物館〉ができた。後者は一九九〇年以降、〈ドイツ連邦軍軍事史博物館〉となり、新館が二〇一〇年に開館した。

　戦没兵士の埋葬、記念のあり方も、この時代に変化していく。解放戦争の時代には、貴族身分の将軍の墓は戦場に作られ、首都にも彼らを英雄として讃える像が建てられたが、一般兵士の遺体は放置され、後に塚となった集団墓に記念碑が置かれた。その後、「徴兵の義務」に対応するものとして、「選挙の権利」が男にだけ与えられ、国家のために「男らしく戦う」こと[38]、「国のために死ぬ」ことを最高の名誉とする倫理が教育で徹底され、「兵士としての国民」による国民国家が確立していく。デンマークでは、第一次ドイツ・デンマーク戦争後に、将軍ではなく一般兵士をモデルとした初めての戦争記念碑〈農民兵の像〉[0-16-3]が建てられた〔二六九頁〕。ドイツ統一戦争の時代になると、一般兵士のための個人墓が作られるようになった[VII-5-2, 3][39]。独仏戦争後のフランクフルト講和条約では、第一六条で「ドイツとフランスの両政府は、それぞれの領土に埋葬された兵士の墓を尊重させ、保持させる義務を負う」[40]とされた。

　ドイツ統一戦争とほぼ同じ時代にアメリカでは南北戦争があった。一八六三年一一月一九日、リンカン大統領は新しく作られたゲティスバーグ国立墓地で演説した。「ここで戦った人々が、これまでかくも立派に進めてきた未完の事業に、ここで身を捧げるべきは、むしろ生きているわれわれ自身であります。［中略］これら戦死者の死をむだに終わらしめないように、［中略］人民の、人民による、人民のための政治を地上から絶滅させないため[41]」と述べたのだった。戦没兵士の埋葬の「民主化」は、国民国家を実現するための前提だった。

1　ドイツ統一戦争とドイツ帝国

映画《ベルリン天使の詩》で、天使が翼を休めてベルリンを見渡すのは、巨大な〈戦勝柱〉[42]の上である。現在は公園ティーアガルテンの「大きな星」と呼ばれるロータリーに立っているが、かつては〈国王広場（現共和国広場）〉にあった[I-8-1; I-9-5]。移動させたのはヒトラーである。一八六四年の第二次ドイツ・デンマーク戦争直後に計画されたこの戦勝記念碑は、対オーストリア戦争、対フランス戦争と続いたため、三つの戦争の勝利を記念する三段の記念碑となり、ヒトラーが移動した際に一段増やして四段になった[I-8-2]。各段は大砲の砲身を束ね、柱の上にフリードリヒ・ドラーケ〈ボルシア（プロイセンの女神）〉が載っている。台座にはアントン・フォン・ヴェルナーの絵に基づく三つの戦争の各場面のレリーフとモザイクがある。〈戦勝柱〉は一八七三年九月二日、独仏戦争の「セダン戦勝記念日」に除幕された。ドイツ帝国では「諸国民会戦記念日」の「一〇月一八日」とこの「九月二日」、二つの対フランス戦争の記念日が盛大に祝われ続けた。独仏戦争の戦場には〈戦争墓墓地〉が作られ、各地に〈戦勝記念碑〉[I-7-5]［写真は南ドイツ、フライブルク］が建てられていく。ミュンヘンでも一八九九年に〈平和の天使〉[I-8-5][43]が除幕された。

一八九四年には、〈戦勝柱〉と向かい合う場所にパウル・ヴァロット〈帝国議会議事堂〉[0-1][44]ができ、一九〇一年には二つの建築物の間に〈ビスマルク像〉[I-8-4]が建てられ[I-8-1]、一九〇四年には近くに、陸軍大臣〈ローン像〉と参謀総長〈モルトケ像〉[I-8-3]も完成した。解放戦争が五人の将軍たちの英雄物語として語り継がれていったように、ドイツ統一戦争の記憶は、ビスマルク、ローン、モルトケの三人の名と共に伝えられた。二〇世紀初めには〈戦勝柱〉から真っ直ぐ南に〈戦勝大通り〉[I-9-2, 5]が作られた[45]。〈ビスマルク像〉はその後〈戦勝柱〉と共に移動されたため、現在は公園の木々に囲まれそれほど目立たない。しかし、〈戦勝柱〉〈ビスマルク像〉〈帝国議会議事堂〉が東西に並んで置かれていた時、地球を支えるヘラクレスやスフィンクスで飾られた〈ビスマルク像〉は、「世界強国ドイツ」のシンボルとして相当のインパクトがあったと思われる。

　これらベルリンの記念碑群と並んで統一戦争後の時代を象徴する記念碑は、彫刻家ヨハネス・シリングと建築家カール・ヴァイスバッハによる〈[II-6-1]ニーダーヴァルト記念碑〉[46]（一八八三）である。独仏戦争直後から国民記念碑として計画され、多くの寄付金と帝国政府の支援によって完成した記念碑は、風光明媚なライン川に沿ったワインの名産地リューデスハイムにあり、除幕された翌年には登山電車もでき（現在はケーブルカー）、絶好の観光名所となった。「一八七〇、七一年のドイツ国民の一致によって勝ち得た勝利の高揚とドイツ帝国の再興を記念して」と書かれた台座の上に、右手にドイツ帝国の帝冠を高く掲げ、左手に剣を持つゲルマーニアが立ち、その下には両側に「勝利」と「平和」、前面に「〔戻ってきた〕若き娘〔モーゼル川〕を迎える年老いた父〔ライン川〕」のアレゴリーのレリーフがある。台座には皇帝ヴィルヘルム一世とビスマルクを中心に二〇〇体近い群像が描かれ、群像の下には軍歌《ラインの護り》の歌詞が掲げられている。

　雷鳴のような叫び声が聞こえる
　剣が打ち合う音、逆巻く波のような叫び声だ
　「ラインへ、ラインへ、ドイツのラインへ
　誰がこの大河を護るのか？」
　愛する祖国よ、安らかであれ
　ラインの護りは堅固で忠実である[47]

「たとえ我が心張り裂け死のうとも　おまえラインよ　決してフランスのものとなるな」と歌うこの歌は、独仏戦争で大流行し、非公式の国歌と呼ばれた。第一次世界大戦の前線で歌われ、ヒトラーユーゲントの愛唱歌となり、第二次世界大戦でも歌われた。

　独仏戦争におけるドイツの勝利と戦後処理は、両国の関係を最悪のものにしてしまった。なにしろドイツ帝国の成

I-8　戦勝柱、帝国議会議事堂、ビスマルク像（ベルリン）

I–9　戦勝大通り（ベルリン）

立式典は戦争中の敵国フランスの宮殿で行なわれ、フランスは五〇億フランの償金を三年間で払わなければならず、経済的にも文化的にもかけがえのないアルザス＝ロレーヌ（エルザス＝ロートリンゲン）をドイツに割譲させられた。ライン川で向き合う両国は「不倶戴天の敵」になってしまった。この時代に建てられた多くの戦勝記念碑は、「過去の記念」以上に、来るべき戦いに向けての「未来への誓い」の意味を持っていた。

解放戦争とドイツ統一戦争の記憶を繋ぐ上で、ブルシェンシャフト（学生組合）の存在は大きかった。エリートである学生が志願兵として戦った解放戦争の記憶は、学生歌に歌われて語り継がれた。一八一七年一〇月一七、一八日、アイゼナハ近郊の古城〈ヴァルトブルク〉[0-9-1]にドイツ中から五〇〇人の学生が集まってヴァルトブルク祭を開き、反ドイツ的な本の焚書を行なうなど過激な行為で気勢をあげ、ハイネがそれを批判している［二五四頁］。その後の戦争でも学生は戦場に馳せ参じた。一九〇二年に戦没学生を記念する〈ブルシェンシャフト記念碑〉[I-7-7][48]がヴィルヘルム・クライスの設計により、〈ヴァルトブルク〉の向かいの山に完成した。内部にはヤーンやアルントなどの像が置かれていたが、東ドイツ時代に破壊され閉鎖されていた。一九九〇年以後、修復され、オットー・グスマン作の天井画[I-7-6]も二〇〇七年に再建された。

ブルシェンシャフト運動の中心は、中部のライプツィヒ、ハレ、イエナの三大学だった。三大学からほぼ等距離に位置し、名門ギムナジウム、プフォルタ校のあるバート・ケーゼンは集会の地となり、〈皇帝オベリスク〉〈独仏戦争記念碑〉〈若きビスマルク像〉などが建てられた[49]。東ドイツ時代に破壊されたり、銘板が削除されたりしていたが、一九九〇年以降、修復された。スイスの画家フェルディナント・ホドラーが解放戦争一〇〇年を記念して一九〇九年に描いた〈一八一三年の自由戦争におけるドイツ学生の行進〉[I-7-8]は、現在もイエナ大学の教室に掲げられている[50]。

2　二つの帝国の表象

一八七一年に成立したドイツ帝国は自らの正統性の根拠を、一方では「ドイツ民族を統一した国民国家」としての「近代性」に求め、他方ではドイツにおける「帝国の連続性」としての「歴史」に求め、両者を使い分けようとした。しかし、この二つの根拠はどちらにもかなりの無理があった。「オーストリアを含まない小ドイツ」はドイツ民族の国家としていかにも不完全だったし、ドイツ帝国は一八〇六年に解体した旧帝国、「ドイツ国民の神聖ローマ帝国」の復活とされたが、一九世紀のドイツ統一を牽引したプロイセンは神聖ローマ帝国に属してはいなかった。

プロイセン国王の名にこだわり、いやいやながらドイツ皇帝になったヴィルヘルム一世だったが、一八八八年に没すると、ドイツの多くの都市の中心に、帝国中の山の上に、彼の彫像が建てられていく。

中部ドイツの「魔女の山」ハルツの山岳地帯とテューリンゲンの森の間のキュフホイザーに、中世の神聖ローマ帝国皇帝フリードリヒ一世バルバロッサ（赤髭）が眠るという伝説の洞窟がある。一八八四年に結成された帝国軍人同盟はその近くの皇帝居城跡を軍の聖地にすべく、ブルーノ・シュミッツの設計により[I-10-1]〈キュフホイザー記念碑〉[51]を建設した。一八九八年に完成し、完成と同時に記念碑運営のためのドイツ在郷軍人団キュフホイザー同盟が作られた。同盟は一九〇三年には二万五〇〇〇の協会を持ち、会員数は二〇〇万人を数えた。巨大な記念碑は上方にブロンズ製の〈ヴィルヘルム一世騎馬像〉があり、土台の石に長い髭をたくわえた[I-10-2]〈フリードリヒ一世像〉が彫り込まれている。「赤髭のフリードリヒが帝国の再興を待ち望むという伝説のあるキュフホイザーに、その伝説を実現した白髭のヴィルヘルムが立つ」と銘がある。ハプスブルク帝国を追い出して成立したドイツ帝国は、ハプスブルク家より伝統のある、中世のシュタウフェン朝との関係を連想させる図像で自らの正統性を主張した。[52]キュフホイザーから北西に約七〇キロ、世界遺産に登録されている古都ゴスラーの神聖ローマ帝国〈皇帝居城〉は、一八七九年に復元、再建された。[I-10-4]城の前に〈フリードリヒ一世像〉と〈ヴィルヘルム一世像〉が置かれ、内部にも[I-10-3]〈二人の皇帝を描いた壁画〉〔手前

I-10　皇帝記念碑（キュフホイザー）、皇帝居城（ゴスラー）

がヴィルヘルム一世」がある。

ビスマルクが一八九八年に没した後、彼を記念する像などの建設がブームになり、ドイツ帝国の表象として皇帝ヴィルヘルム一世像以上の広がりを見せた[53]。ハンブルクの自治の象徴ローラント像としての〈ビスマルク像〉（一九一六）など、多くの像が残っている。ドイツの北端、シュレースヴィヒにもクニフスベルクに〈ビスマルク像〉[VII-2-2, 5]が建設された。「見張り」としての〈ビスマルク塔〉も流行し、〈ブルシェンシャフト記念碑〉を設計したクライス作の塔をモデルに、帝国全土の高台に七〇〇基も作られた。一九四五年以後、東ドイツ領内の〈ビスマルク塔〉は閉鎖され、「平和の塔」とされていたが、一九九〇年以後に多くが修復され、名前も戻された。例えば、ハレ近郊ペテルスブルクの〈ビスマルク塔〉[I-8-6]は、一九〇二年に完成し一九四五年に破壊され、二〇〇〇年に再建されている。

プロイセンの、そしてドイツの女性の象徴として崇敬されたのが、解放戦争の時代のプロイセン国王フリードリヒ・ヴィルヘルム三世の妃、ルイーゼだった。占領下でナポレオンと堂々と渉りあったルイーゼは、夫を継いだプロイセン国王フリードリヒ・ヴィルヘルム四世と、皇帝ヴィルヘルム一世の母だった。若きルイーゼと妹をモデルにしたシャードウ〈二人のプリンセス像〉[I-9-1][54]（一七九七）は多くのレプリカが作られ、市民の家庭に置かれた。

オーストリア＝ハンガリー二重帝国では、皇帝フランツ・ヨーゼフ一世が一九一六年に没するまで君臨した。多くの絵画が描かれ、レプリカやメダルが帝国中に飾られ、その意味では彼自身が「帝国の表象」だったと言えようが、彫像は生前には建てられなかった。ヨーロッパでは伝統的に支配者の記念像は死後に建てられる。フランツ・ヨーゼフ一世の妃エリーザベトはシシィの愛称で知られ、今でも映画や舞台作品のヒロインとして人気がある。市民公園の一角に没後、〈皇妃エリーザベト像〉[II-7-3]（一九〇四）が作られた。

一八八八年にはリング通りの〈城門〉の前、美術史博物館と自然史博物館の間に、高さ一九・四メートルの巨大な〈マリア・テレジア像〉[II-7-2]が完成した。ライバルだったフリードリヒ大王のベルリン、ウンター・デン・リンデンの

1. キュフホイザー記念碑(キュフホイザー) **I-10-1**　2. 戦勝柱(ベルリン) **I-8-2**　1939年に一段高くなった[40頁]
3. 皇帝ヴィルヘルム一世像(コブレンツ) **0-14-4**　4. 諸国民会戦記念碑(ライプツィヒ) **I-11-3**
5. ニーダーヴァルト記念碑(リューデスハイム) **II-6-1**　6. ヘルマン記念碑(デトモルト) **II-6-3**

図3　巨大記念碑の比較

〈フリードリヒ大王像〉《I-1-8》と同様、ハイドン、モーツァルトなど同時代人が台座に配されている。

3　ドイツ帝国と解放戦争一〇〇年

〈ライプツィヒ諸国民会戦記念碑〉《I-11-3》[55]の除幕式は、会戦一〇〇周年の一九一三年一〇月一八日に盛大に行なわれた。〈キュフホイザー記念碑〉《I-10-1》やコブレンツの〈皇帝ヴィルヘルム一世像〉《0-14-4》と同じシュミッツの設計で、六〇〇万マルクの巨費をかけ、この時代の巨大記念碑の中でも最大の、九一メートルの高さを誇り、容積でも他を圧倒している(図3)。

一八九五年に「戦勝記念碑建設のためのドイツ愛郷者同盟」が作られたが、ここでも実際に募金活動を担ったのは多くの協会のネットワークだった。二つの帝国が成立した後、協会運動の目標は、「統一と自由」から、帝国の強大化、つまり帝国主義化、軍国主義化に転ずる。第一次世界大戦勃発の前年に完成したこの記念碑は、巨大なだけでなく、いかにも威圧的で男性的だが、逆にそれは大戦前のドイツの不安を象徴するかのようでもある。記念碑内部の巨人像《I-11-4》のモティーフは北欧神話のもので、デフォルメされた意匠は、表現主義の様式である。[56] 広い空間には、この記念碑がナチ時代、東ドイツ時代に政治的に利用された歴史が展示されていた。

I-11　1913 年、解放戦争 100 年

本章冒頭でも説明したように、ザクセン王国は一八一三年の諸国民会戦ではナポレオン側で戦った。国王は捕虜になり、戦後、国土の半分がプロイセン領になった。ライプツィヒの戦場で斃れた兵士の遺体が埋められた[57][I-11-2]〈リンデンタールの集団墓〉には次のように書かれている。「この共同墓には、一八一三年一〇月一六日に、リンデンタールの野で斃れ、英雄として死んだ戦士たちが眠っている。友も敵も死においては一つになる」。

ライプツィヒにはロシア戦没兵士のためにロシア正教の教会も建てられた。他の戦場にも様々な記念碑が作られていく。八月二三日の会戦を記念する[I-11-5]〈グロースベーレン解放戦争記念碑〉には「一八一三」と「一九一三」の数字が並べられ、九月六日の会戦を記念する[I-11-7]〈デネヴィッツ解放戦争記念碑〉は将軍ビューロー[0-3-2]の活躍を記念している。

解放戦争一〇〇年はなぜこれほど盛り上がったのだろうか。ドイツ統一戦争からもすでに半世紀近くが経過し、「平和の時代」のはずだった。しかし、ヨーロッパの諸強国の対立はいよいよ深刻になっていた。戦争への不安と期待が高まる中で、一世紀前の解放戦争は、ドイツ国民成立の起点として改めて意識され[58]、近代ドイツの建国神話の核となっていく。その象徴が、二二歳の若さで戦死した詩人テオドール・ケルナー[I-12-1]だった。シラーの友人として知られるクリスティアン・ケルナーの息子としてドレスデンに生まれ、ライプツィヒ大学で学んだ後、ウィーンのブルク劇場の座付き作者になり、女優と婚約し、将来を嘱望されていた。その彼が、解放戦争が勃発するやいなや志願してプロイセン軍のリュッツォーの猟兵隊に入隊した。猟兵隊の軍服[I-12-1]は黒地に赤い襟、金ボタンで「黒赤金」のドイツの三色旗の元となった。ケルナーは一八一三年六月に負傷し、快復して再度参戦するが、七月にメクレンブルクで戦死した。彼が戦場で作った多くの詩は、父によって編集され、『竪琴と剣』と題して出版された。詩にはシューベルト、ヴェーバーなどが曲を付け、広く歌われた。ザクセン王国は普墺戦争でもプロイセンと戦ったが、ドイツ帝国が成立した一八七一年には、[I-12-5]〈ケルナー像〉がドレスデン市庁舎前に除幕され、一八七五年には〈ケルナー博物館〉も開館した［遺跡のみで現存しない］。一九一三年には、ライプツィヒ郊外の彼が負傷した場所に「一八一三、一九一三」と

I-12　ケルナー記念碑

書かれた〈ケルナー記念碑〉[I-12-2]が、シラーが《ドン・カルロス》を書いたドレスデン郊外の小屋の前に〈シラー、ケルナー像〉[I-12-4]が作られた。左側の子供がケルナー、その隣がシラーである。

解放戦争はその後も現代史と関係づけられ、大きな影響を与え続けた。第二次世界大戦時の独ソ戦は、ソ連そして現在のロシアでも「大祖国戦争」と呼ばれる。「祖国戦争」とされていた一八一二年の対ナポレオン戦争に対応するものとして、スターリンが名付けた。東ドイツ時代には、一八一三年の諸会戦は、前年の祖国戦争に続いてドイツ人とロシア人が共に戦った「連帯の証」として、また人民武装による軍隊の成果として重視されていた。「ベルリンの壁」崩壊の前年の一九八八年は一八一三年から数えて一七五年で、多くの記念碑が修復され、案内板なども新しくなった。私がグロースベーレンを訪ねたのは一九九六年の八月で、一八三回目の勝利祭が行なわれた直後だった。村役場の職員が送ってくれた写真[I-11-6]では、子供が戦争の場面を演じている。〈グロースベーレン解放戦争記念碑〉[I-11-5]内部の展示には、次のように書かれていた。「一八一三年から一八一四年にかけての同盟軍の戦争において、ドイツ民族とロシア諸民族の兵隊たちは共に肩を寄せ合い民族的抑圧に対抗し、戦争を遂行した。(これこそ、ドイツとロシアの郷土を愛する者の武器による兄弟愛の伝統の証である)〔この部分はテープで隠されていた〕」。

4 オーストリア＝ハンガリー二重帝国と解放戦争一〇〇年

一八八三年にはウィーンの聖シュテファン大聖堂内部に〈トルコ包囲解放二〇〇年記念碑〉[I-13-1][59]〔第二次世界大戦で焼失〕が除幕された。一九〇六年には、ショッテンリングに〈ドイツマイスター連隊記念碑〉[I-13-2]が完成した。正面に「ウィーン市民から彼らのドイツマイスターたちへ」、裏に「神と共に、皇帝と祖国のために」の銘があり、ウィーンで初めて、将軍にではなく一般の兵士に捧げられた記念碑だった。ウィーン西駅脇の〈ヘッサー記念碑〉[I-13-3]は下オーストリア第四九歩兵連隊の記念碑で、一八〇九年の戦闘から一〇〇年の一九〇九年に除幕された。

I-13　軍事史博物館、解放戦争 100 年（ウィーン）

一九一三年、ウィーンでの記念行事は、一〇〇年前に宣戦が布告された三月一六日に、かつてテオドール・ケルナーが住んでいた家の前での式典[I-12-3]で始まった。ウィーン市参事は、「祖国とドイツ民族のために」戦い死んだ詩人の徳をウィーンの子供たちに伝えることこそが我々の使命である、と述べた[60]。様々な行事が続き、皇帝フランツ・ヨーゼフ一世の即位六五年記念日の一二月二日には、ウィーンで作られ、ライプツィヒの戦場に置かれた〈諸国民会戦記念碑[I-11-8][61]〉の除幕式が行なわれた。双頭の鷲が載ったブロンズ製の記念碑だった。

フランス革命と共に生まれた国民国家という理念が定着し、国家は国民あってのものとなった。しかし、一九世紀にはフランス以外の国民国家はほとんどが君主国だった。ダーウィンの生物学の理論を「国民」に強引に適用した社会進化論が世界的に流行し、諸国民は厳しい生存競争の中で戦争で勝利しうる強国に「進化」しなければならなくなった。強国となるために産業革命によって近代化された兵器を持つことのできる経済力が重要となり、「文明化の使命」として植民地を持つことになった。「富国強兵」政策は、一九世紀後半に開国した日本が、一足早く国民国家＝帝国となった国々から学んだことだった。ドイツ帝国も一八八〇年代以降、植民地を獲得し、帝国主義国として発展していく。「中欧の二つの帝国」は世界に雄飛する強国となり、全ドイツ主義、汎ゲルマン主義が蔓延していく。

第二章　ドイツの表象＝国民記念碑

——長い一九世紀（一七八九—一九一四）その2

はじめに

君主像、墓、戦勝記念碑などは、紙に書かれた文字史料よりはるかに古い時代からの記憶を伝えている。ラテン語の monumentum には記憶、記録、記念、記念碑、記念物、遺跡などの意味がある。ドイツ語の Denkmal も狭義の「記念碑」だけではなく、より広義でも用いられる。以下の四つに整理することができる(1)。

（1）記念碑　戦争、革命などの記念のために立てられる墓、碑、偉人の彫像など
（2）歴史的建造物　文化遺産、歴史遺産、史跡
（3）記念碑的建造物　新しく建てられる重要な意味を持つ建物
（4）文化遺産集成　史料集、楽譜集など、文化遺産、古典を保存すべくまとめて、書物にしたもの

(1)のうち、欧米では兵士の個人墓、戦争墓が一九世紀に作られ始め、第一次世界大戦で一般化していく。(2)は、ユネスコの世界遺産とも重なる概念で、古代の考古学的な遺跡から現代の戦争遺跡までを含む。歴史的建造物についてはヨーロッパでも関心が高く、一九九一年から九月の第二週末が「ヨーロッパ文化遺産の日」、ドイツでは「記念碑公開の日」とされ、各都市で様々なイベントが行なわれている。

世界遺産には、広島の〈原爆ドーム〉や〈アウシュヴィッツ強制収容所〉も登録されている。しかし一九世紀は「国民国家の時代」であり、文化は「国民の誇るべき、継承すべき遺産」として意識され、「恥ずべき負の遺産」は問題になりようがなかった。一九四五年以後、「忘れてはならない負の遺産」も重要とされるようになった。

(3)は、〈帝国議会議事堂〉のように、やがて(2)となることを期待して作られる建物である。一九世紀には市庁舎、劇場、博物館など多くの公共的施設が建てられた。それらに囲まれた空間としての広場が、ベルリンの〈ジャンダルメン広場〉[0-10-3; II-8-5]、ミュンヘンの〈オデオン広場〉[0-6-3; IV-1-2]のように、集会、祭典の場となり、歴史的な事件の現場として記念され、「記念の場」が成立していく。

(4)の例としては、『記念碑 Denkmäler（Denkmal の複数形）』と題された楽譜集のシリーズがある。一九世紀のドイツでは大音楽家の楽譜の個人全集が刊行されるようになり、一八九三年からはドイツ帝国政府任命の刊行委員会によって『ドイツ音楽芸術の記念碑』が編集、刊行され、オーストリアでも『オーストリア音楽芸術の記念碑』が、バイエルンでも『バイエルン音楽芸術の記念碑』が刊行された。三つのシリーズが並行していくことは、「ドイツ音楽」概念の重層性を象徴している。[2] シリーズの編集、刊行のために音楽の学問的研究が始まり、音楽学が成立する。

一八二六年に第一巻が出版された古ドイツ歴史学協会による史料集『ゲルマン歴史遺産集成』刊行は、プロイセン主導によるドイツ統一の歩みと深く関わった国民的プロジェクトだった。その編纂、刊行事業は曲折を経て、現在まで続いている。同様の努力はドイツの各地方でも様々なレベルで行なわれ、またドイツの大学や研究所は、ギリシア、ローマ古典古代の発掘事業や碑文集成の刊行でも先頭に立った。歴史学での史料批判の方法は、音楽学での楽譜集編纂事業などのモデルとなった。ここでの『記念碑』や『遺産集成』は、整理され、多くの人が利用できるように注釈や解説などを付けて出版された「書籍や楽譜集のタイトル」である。読者層が飛躍的に広がり、作家、学者などの全集が競って刊行された時代に、長期計画で発刊される高価な史料集は、個人ではなく大学、公立図書館、博物館などが購入し、国民の文化遺産についての学問的研究の基礎となった。

1　国民国家と記念碑

一九世紀のドイツは記念碑の時代だった。戦争、革命などの記念碑、偉人の記念像が建てられ、国民の文化遺産を後世に残すための努力が始まり、ドイツ統一という大事業を象徴する記念碑的建造物が作られた。その国民国家創建の時代に、ドイツの近代歴史学は国民史として出発した。大学の中だけでなく、市民層が参加した歴史協会の活動も盛んになり[3]、歴史学は市民社会と国民国家に不可欠なものと意識された。王侯貴族が収集してきた美術品を展示する美術館が一般に公開され、書籍を収蔵する図書館、書籍になる以前の史料を収集する文書館が整備されると共に、文字史料以外の遺物を収集、研究、展示する各種の博物館が各地に設立され、歴史的建造物の確認、保存の運動も始まった[4]。

折しも鉄道が敷設され、近代ツーリズムが勃興し、市民層が旅行を楽しむ時代になっていた。町の市庁舎、教会、市場の建物が修復、再建され、一八世紀には忘れられていた城郭や古い教会なども、誇るべき遺産として残されるようになった。故郷の町全体が歴史的町並保存の対象となり、都市と郷土の「美化」が課題とされた[5]。都市化が急速に進み、自然保護、郷土保護の運動も盛んになる[6]。グローバル化の進む二一世紀の今日では「世界遺産」が注目されているが、一九世紀のヨーロッパ、特にドイツでは「国民記念碑」が重要だった。

バッハの最初の評伝『ヨハン・ゼバスティアン・バッハの生涯、芸術、および作品について』（一八〇二）の序言で、フォルケルは、国民の課題として「記念碑を建てる」ことを強く訴えている[7]。

> J・S・バッハが我々に残してくれた作品は、他のどんな国民もこれに類するものを提示することのできない、きわめて貴重な国民的遺産である。それが誤った写しによって歪められたり、そのようにして次第に忘れ去られ、

> ついには隠滅したり、という危険から救い出そうとする者は、この芸術家のために、不滅の記念碑を建て、祖国のため事を為すことになる。このような郷土愛に基づく企画を支持し、可能な限りそれを促進することは、少しでもドイツの名誉を思う者すべての責務である。［中略］この際、私の目的とするところは、ただただドイツの芸術にふさわしい記念碑を建てる企てに、読者の注意を促すことに他ならない。

フォルケルがここで「記念碑を建てる」と書いているのは、バッハの信頼できる楽譜集を刊行するという意味だが、一九世紀のバッハ復興で、楽譜集の刊行以上に社会的影響力を持ったのは、各地での〈バッハ像〉の建設だった［六七頁］。

一九世紀のドイツで文化遺産、歴史遺産の保護、継承が特に強調されたのは、自らの歴史、文化への自覚が弱く、あえて注意を喚起せざるをえなかったからである。近世まで、ヨーロッパ文化の中心は南欧、西欧だった。大学での学問や教会での典礼はラテン語で行なわれ、貴族の生活文化は家具や服飾、料理から美術、音楽まで、圧倒的にイタリア、フランス趣味で彩られていた。フリードリヒ大王はサン・スーシ宮殿でフランス語で生活し、オペラの多くはイタリア語で歌われ、ドイツ語は「馬の言葉」とされていた。一八世紀中葉以降、市民層を中心にドイツ文化の創造をめざす「ドイツ運動」が勃興し、ゲーテ、シラーの文学、カントの哲学、ハイドン、モーツァルトの音楽が生まれた。現在、それらはドイツ文化を代表すると同時に、ヨーロッパ文化の古典とされている。しかし、一九世紀の初めにはバッハはまだ「次第に忘れ去られ、ついには隠滅したり、という危険」な状況にあったのである。

2　ドイツ文化国民

一八七一年のドイツ帝国の建設によって、「ドイツ帝国国民」が政治的にはドイツ人、ドイツ国民ということになった。ただし、第一章で述べたように、プロイセン王国やバイエルン王国など「ドイツ諸国家の国民」意識は根強く、ドイツ帝国成立以後もそれは存続した。また、帝国以外のオーストリアやバルト海沿岸などに住む「ドイツ語を話す人々」は、「ドイツ文化国民」と呼ばれ続けた。ドイツ人は、中世の東方植民以来、さらには一八世紀以降のロシア、バルト海沿岸、アメリカなどへの移民によって、広くヨーロッパの中欧と東欧、そして新大陸にも居住していた[8]。一九一三年に成立するドイツ帝国の国籍法をめぐる議論でも、そのような帝国外のドイツ人の存在が意識され、出生による民族性が重視された[9]。マイネッケが『ドイツ国民国家発生の研究』を副題とする『世界市民主義と国民国家』（一九〇八）で「国家国民」と「文化国民」を区別しているように[10]、「政治概念としてのドイツ国民」と「文化概念としてのドイツ民族」＝「ドイツ文化国民」とは別とされていた。「ドイツ諸国家の国民」「ドイツ帝国国民」「ドイツ文化国民」という三重の「国民」概念を示す例として、バイエルンの三つの博物館を挙げておきたい。

一八五八年に開館した〈バイエルン国民博物館〉は、現在もその名で呼ばれているが、ここでの国民は「バイエルン国民」であり、博物館はバイエルンの文化遺産を展示している。一方、一九〇三年にミュンヘンに〈ドイツ博物館〉の礎石が置かれた。第一次世界大戦のため、正式開館は一九二五年になったが、独仏戦争後の科学技術立国ドイツを代表する博物館は、「ドイツ帝国国民」の博物館だった[11]。

これら二つより早く、一八五三年にニュルンベルクに〈ゲルマン国民博物館〉が開館していた[12]。ここでは「ゲルマン」と「国民」とが重ねられ、国民とは「ドイツ文化国民」を意味した。ゲルマン学は、現在ではドイツ文学・語学研究を意味するが、一九世紀には、ドイツ民族の言語、歴史、法の研究として民間の民俗学研究とも連動し、中欧、東欧各地に居住してきた「ドイツ語を話す人々」＝「ドイツ文化国民」の文化遺産を研究する学問として成立していく。フランスの「文明」に対抗するためにも、ドイツでは「文化」が決定的に重要だった[13]。ゲルマン学は、世紀末には自然科学の発展と共に自然地理学、心理学、考古学の成果を取り入れ、ドイツ人の歴史的起源を自然科学的に探求する学問になった。「民俗学」から「民族学」が発展し、民族を「人種」として生物学的に研究することも盛んになる。

第1節　ドイツ統一と宗教対立

一六世紀にルターの宗教改革が行なわれたドイツでは、一五五五年のアウクスブルクの宗教和議によって領邦教会制が確立し、諸邦の政治的対立が宗教と連動する複雑な状況が続いた。一八世紀以降のドイツの覇権をめぐるオーストリアとプロイセンの抗争は、カトリック対プロテスタントの宗教対立でもあった。さらに一九世紀初頭のユダヤ人解放以後、ユダヤ人問題も重要な政治、社会問題になっていく。一九世紀にドイツ統一が具体的な政治課題となり、ドイツの歴史的建造物、文化遺産の再発見、再創造が意識されるようになった時、ドイツ統一は三つの宗教と複雑な関係に置かれた。

1　ケルン大聖堂

ゴシック様式の代表的建造物として知られる〈ケルン大聖堂〉[0-7-4; II-1-1][14]は、起工式は一二四八年だが完成は一八八〇年である。六〇〇年以上かかったことになる。建築の中断と再開には、ドイツならではの事情があった。工事は、宗教改革中の一五六〇年に中断し、巨大な遺跡になっていた[II-1-2]。ハイネは、『冬物語――ドイツ』（一八四四）で書いている。

ところがそこへルターがやって来て
「中止！」と大声で怒鳴った――
その日から工事は中断し
ドームは完成しないままになった――それでいいのだ
というのも、この未完成のドームこそ

ドイツの力とプロテスタントの使命の記念碑なのだから[15]

ハイネが「未完の大聖堂」にこだわったのは、大聖堂建設再開の機運が盛り上がっていたからだった。未完の〈ケルン大聖堂〉は侵攻したフランス軍によって用いられ、ゲーテが一八一五年にケルンを訪れた時も荒れるにまかされていた。一七七二年、若きゲーテは〈シュトラスブルク大聖堂〉[16]を訪ねて感激し、次のように書いていた。

［ゴシックは］けちな趣味だ、とイタリア人は言って通りすぎよう。子供だましな、とフランス人は口まねして、得意然としてギリシア趣味の小函をはじいてみせるだろう。ばかにするのも結構だが、では君たちは何をしたというのか。［中略］聖なるエルヴィン［フォン・シュタインバッハ、一三世紀にシュトラスブルク大聖堂を設計した］よ、ドイツの芸術学者が嫉妬深い隣国人の口車にのって自己の長所を見そこない、ゴシック［傍点は引用訳文］というわけのわからぬ言葉であなたの作品をけなしたとしても、私は怒るべきではない。これがドイツの建築だ、われわれの建築だ、フランス人はもとよりイタリア人も誇るべき自己の建築を持たぬと、声を大にして告げうることをドイツ人は神に感謝すべきだからだ[17]。

ゴシック教会の尖塔をモデルにしたベルリンの〈クロイツベルク解放戦争記念碑〉[I-2-1, 2]がドイツ的、とされたように、当時は「ゴシック」こそが統一ドイツにふさわしいとされていた。それは「西」のフランス、「南」のイタリアに対抗する「ドイツ的な美の発見」を意味した。

大聖堂の建築を再開し完成させるという夢は、折よく設計図が発見されたこともあって現実のプランとなった。大聖堂建設は、当時の様々な勢力の期待、思惑、利害が関わり、重層的な意味での「国民のプロジェクト」になった。一八四二年九月に改めて〈ケルン大聖堂〉の起工式が行なわれ、プロイセン国王フリードリヒ・ヴィルヘルム四世と共にオーストリアからも大公ヨハンと首相メッテルニヒが列席した。市民の自主的な組織である大聖堂建設促進協会が各地に作られ、革命の年一八四八年の起工六〇〇年祭など、建設途中で何度も祭典が繰り返され、運動は盛り上がった。

そもそもプロテスタントのプロイセンがカトリックの大聖堂の完成に熱心に取り組むようになったのは、この地が一八一五年のウィーン会議でプロイセン領になったからだった。大司教座の置かれたケルンは、ローマ時代から西欧への玄関口だった。一九世紀前半にはライン地方で産業革命が展開し、その中心都市ケルンは、ドイツ統一を主導し躍進するプロイセンの力を示す舞台になった。

ライン川に架かる〈ホーエンツォレルン鉄橋〉を渡ってケルン中央駅に着いた旅行者は、〈ケルン大聖堂〉を見上げ、その威容に圧倒される。新鉄橋が完成した一九一一年の絵ハガキ[II-1-4]から、鉄橋の〈四人のプロイセン国王像〉の歴史を知ることができる。一八五九年にできた旧鉄橋の両岸に、一八六四年にフリードリヒ・ヴィルヘルム四世（在位一八四〇—六一）とヴィルヘルム一世（在位一八六一—八八）の騎馬像が置かれ、新鉄橋の完成時にフリードリヒ三世（在位一八八八）とヴィルヘルム二世（在位一八八八—一九一八）の像が加わって鉄橋の四隅を固めた。すぐ近くの〈ホイ広場〉には、この地方がプロイセン領になった時の国王の〈フリードリヒ・ヴィルヘルム三世（在位一七九七—一八四〇）像〉[I-5-2]があり、一九世紀の五人のプロイセン国王すべての像が揃っている。[18] 国王像の脇を通って、鉄橋をベルリンの方向に疾走する列車[0-7-4]を見ていると、当時、大聖堂、鉄道、国王像という三つのシンボルが一体となって「プロイセンが主導するドイツ統一」への気運を高めていたことを実感する。

〈ケルン大聖堂〉は幅広い運動とプロイセンの支援によって完成し、一八八〇年一〇月一六日に竣工式[II-1-3]が挙行された。しかしその祝典に、大聖堂を代表するカトリックの大司教は参加しなかった。当時、カトリックはビスマルクと文化闘争と呼ばれる政治的対決の最中だった。竣工式で高く翻っているのは、「黒白赤」のドイツ帝国旗である。

一九世紀ドイツのゴシック様式による建造物としては他に、ウィーンの〈ヴォティーフ教会〉[II-2-1]（一八七九）がある。襲撃されたオーストリア皇帝フランツ・ヨーゼフ一世の無事を神に感謝して作られたカトリック教会である。

II-1　ケルン大聖堂、ホーエンツォレルン鉄橋、四人のプロイセン国王像

2　プロテスタントとルター、宗教改革記念碑

ウィーン会議以後、宗教改革ゆかりの地、ヴィッテンベルクなどもプロイセン領になった。プロイセンはプロテスタントの聖地での記念碑の建設、歴史的建造物の保存にも精力的に取り組む[19]。一八一七年、国王フリードリヒ・ヴィルヘルム三世は宗教改革三〇〇年を記念して、ヴィッテンベルクに〈ルター像〉0-8-1[20]の礎石を置いた。像は一八二一年に完成し、その後の彫像記念碑のモデルになった。制作はベルリンの有名な二人の作家、シャードウが人物像の本体を、シンケルがゴシック風の天蓋を担当した。一八五八年にはルター生誕三七五年を記念して、フリードリヒ・ヴィルヘルム四世が、九五ヵ条の論題を刻んだブロンズ製の〈城教会の扉〉0-8-2を贈った。一八六五年には〈ルター像〉の隣に〈メランヒトン像〉が置かれ、ゆかりの地は「記念の場」として修復、整備されていく。ヴォルムスの〈宗教改革記念碑〉0-8-3（一八六八）は、ルターとウィクリフ、フスなどヨーロッパ全体の宗教改革者が並ぶ群像である。ルター生誕四〇〇年の一八八三年には、生まれ没したアイスレーベンに〈ルター像〉が建てられた。

一九〇五年にはベルリン王宮前に巨大な〈ベルリン大聖堂〉II-2-2が完成した。プロテスタントのプロイセンを象徴する大聖堂については、一九世紀初頭以降ゴシック様式の教会をモデルに様々なプランが練られていたが、普墺戦争に勝利し、〈ケルン大聖堂〉も完成した後には、新しい様式が求められた。ネオ・バロック様式は〈帝国議会議事堂〉I-8-1と同様である。宗教改革四〇〇年の一九一七年は第一次世界大戦中だった。フライベルクの〈ルター像〉II-2-3（一八八三）などに「一五一七」「一九一七」の年号が刻まれた。

ルターゆかりの地の多くは第二次世界大戦後、東ドイツ領内に入った。ルター生誕五〇〇年の一九八三年には関係する教会や記念碑が大規模に修復された[21]。

II-2　三つの宗教

3　ユダヤ教とシナゴーグ

一九世紀初頭のユダヤ人解放は、不十分ながらも彼らの市民権を認めたため、多くのユダヤ人が東欧からドイツの都市に流入した。産業革命の進展によってユダヤ人の一部は富裕化し、ユダヤ教の宗教生活の中心となるシナゴーグを建築しようとする動きが活発になった。その際に好んで採用された様式がイスラーム教寺院をモデルにした「ムーア式シナゴーグ」だった。ユダヤ教は長い間、迫害されてきたため、シナゴーグに固有の建築様式は存在せず、ユダヤ教の革新を訴える改革派がオリエント起源の「民族性」を強調し、新しい様式を推奨した。一九世紀後半には、最先端の技術を用い、様々に意匠を凝らした華麗な「ムーア式シナゴーグ」(22)が次々に建てられた。

代表的なものに、一八六六年に完成したベルリン、オラーニエンブルク通りの〈新シナゴーグ〉(23) II-2-4 がある。エドゥアルト・クノプラウフが設計し、各種の石材を用いた横縞模様のファサードと黄金で飾られた丸天井は、当時の市民に強烈な印象を与えた。〈新シナゴーグ〉はユダヤ人のシンボルとなる一方、経済力を増すユダヤ人に反感を抱く人々にとっては、ユダヤ人の「異文化」性を告発する具体的な対象となっていく。〈新シナゴーグ〉は他の多くのシナゴーグと共に一九三八年一一月九日の「水晶の夜事件」でナチの襲撃を受けて炎上し II-2-5、戦時中の空爆で崩壊した。一九九五年に外観が再建され、〈ベルリン・ユダヤ文化センター〉となった。金色に輝く丸天井はかなり遠くからでもよく見える。

第2節　「ドイツの偉人」の記念碑

1　郷土の偉人像

ドイツでは、住所は「……通り」で表し、人名が付けられている通りも多い。公共ホールや飛行場など重要な建築物、場所に人物の名を冠することもあり、有名人が住んだ、滞在した、などのプレートはいたるところで見かける。一九世紀にはドイツ諸国家の君主たちの像が各地に建てられる一方、都市を代表する芸術家などの人物像も市庁舎前や広場に作られていく。それらは「市民層の時代」を象徴するものとして、「ドイツ文化国民」意識の形成に寄与した。代表的なものとして、前記のヴィッテンベルクの〈ルター像〉[0-8-1]（一八二一）、マインツの〈グーテンベルク像〉[II-3-1][24]（一八三七）、ニュルンベルクの〈デューラー像〉[II-3-2][25]（一八四〇）、ボンの〈ベートーヴェン像〉[II-3-3][26]（一八四五）、ヴァイマルの〈ゲーテ、シラー像〉[0-10-1]（一八五七）、ハレの〈ヘンデル像〉[II-3-5][27]（一八五九）、リガ（現ラトヴィア領）の〈ヘルダー像〉[II-3-4][28]（一八六四）、ボーツェン（現イタリア領ボルツァーノ）の〈ヴァルター・フォン・デア・フォーゲルヴァイデ像〉[II-3-6][29]（一八八九）などを挙げることができよう。いずれもそれぞれの都市のシンボルとして、現在でも市民や観光客に親しまれている。

2　バッハ像の変遷

ドイツには各地に音楽家の彫像記念碑がある。もっとも「一八六七、七一年のドイツ統一」によってオーストリアが政治的にはドイツから排除された結果、ハイドン、モーツァルト、そしてボンからウィーンに出たベートーヴェンも、ドイツ人なのかオーストリア人なのか、という不毛な議論が続くことになった。ウィーンの音楽家の記念碑は本章の最後に紹介するとして、ここではバッハ像を取り上げる。一九世紀の劇的なバッハ復興[30]には様々な要因が絡んでいる。

一七五〇年にヨハン・ゼバスティアン・バッハが亡くなった後、《インヴェンションとシンフォニア》《平均律クラヴィーア曲集》などは鍵盤楽器の練習曲として用いられ続けたが、実用音楽である宗教曲は演奏される機会がなくなり、当時バッハといえば、新しい作曲様式で脚光を浴びていた息子たち、特に次男のカール・フィリップ・エマヌエルと末子のヨハン・クリスティアンを指すようになっていた。そのような中で、フォルクルがバッハを「ドイツの芸

II-3　郷土の偉人像

術家」として讃えるために「記念碑の建設」を呼び掛けたことはすでに触れた。その評伝には「真の音楽芸術の郷土愛的崇拝者のために」と副題が付され、本文中でもバッハ音楽の「国民的」性格が強調されている。この「郷土的」「国民的」は何を意味したのだろうか。この本は、ハイドン、モーツァルトとも親しかったファン・スヴィーテン男爵に捧げられている。男爵はオランダ出身のオーストリアの外交官だった。また、フォルケルと並んでバッハ復興に大きな役割を演じ、男声合唱運動の指導者としても有名なネーゲリはスイス人だった。この時代に、「郷土愛的」「国民的」は、「文化国民」の意味で用いられていたことに注意する必要があろう。さらに当時、バッハ芸術の歴史的性格について、今日のように「バロック」ではなく、「ゴシック」という概念が用いられたことが注目される。〈ケルン大聖堂〉の完成とバッハ復興とは「ドイツ国民の芸術」を求める熱い思いでつながっていた。

一八二九年にメンデルスゾーンの指揮によりベルリン・ジングアカデミーで行なわれた《マタイ受難曲》の一〇〇年後の劇的再演をきっかけとし、没後一〇〇年の一八五〇年以降本格化したバッハ研究の進展は、バッハの全体像を次第に明らかにしていった。各地のバッハ協会など市民によって支えられた運動も活発になった。バッハ復興の歩みは、プロテスタントのプロイセンがドイツ統一を牽引していく過程と並行していた。最初の本格的伝記を著したビッターはプロイセンの大蔵大臣を務めた官僚だった。一八七三年にシュピッタの画期的な評伝『バッハ』第一巻が出版［第二巻は一八八〇年に出版］されると、二年後にシュピッタはベルリン大学音楽学教授、ベルリン音楽大学学長に任命され、バッハ研究、ドイツ音楽学研究をリードした。

一九六二年にブルーメが「新しいバッハ像の輪郭」を書いている(31)。ブルーメが論じる「バッハ像」はバッハ音楽の理解についてだが、目に見える「記念碑としてのバッハ像」は、時代によってどのように変化したのだろうか。各地の代表的な六つの〈バッハ像〉を紹介する。

(1) ライプツィヒa(32)（一八四三） II-4-1 トーマス教会の前にひっそりと立つこの記念碑は、メンデルスゾーンがトーマス教会でオルガン演奏会を開催した資金で建てたもので、一九世紀のバッハ復興運動の起点を象徴している。

(2) アイゼナハ[II-4-2] a[33]（一八八四） 一八五〇年、バッハが亡くなったライプツィヒでバッハ協会が作られ、『バッハ全集』の刊行が始まった。一方、生地アイゼナハでも一八六四年に地元の有力者によって記念碑委員会が設立され、フォン・ビューロー、ヨアヒム、リストなど当時を代表する音楽家が建設のために尽力した。一八八四年には〈楽譜ペンを持ったバッハ像〉が完成し、一万人が参加した除幕式でヨアヒムがバッハ《ロ短調ミサ》を指揮した。アイゼナハはルターともゆかりが深く、背後のバッハが洗礼を受けたゲオルク教会には、ルターの有名なコラール《神は我がやぐら》の文字が見える。像は現在、バッハ記念館の横にある。

(3) ライプツィヒ[II-4-3] b[34]（一九〇八） トーマス教会の脇にあり、最も有名なこの〈バッハ像〉の建設に先立ち、バッハの遺骨発見という事件があった。一九世紀末、バッハが埋葬されたヨハネ教会が改築され、墓地からバッハのものと思われる頭蓋骨が発見された。ライプツィヒ大学解剖学教授ヒスが彫刻家カール・ゼフナーの協力で肉付けを試みたところ、生前のバッハ肖像画と酷似した像ができあがった。[II-4-6] この問題を審議した委員会は、「一八九四年一〇月二二日に発見されたオークの棺の老人男性の頭蓋骨がバッハのものであるという見解は、ほとんど間違いない」と結論を出した。ゼフナーが彫像を完成し、一九〇八年のバッハ記念祭で除幕された。

(4) アイゼナハ[II-4-4] b（一九三九） 第二次世界大戦が始まった年にゲオルク教会内に置かれた。いかにも強そうな、時代を象徴するバッハで、これが置かれたため、〈楽譜ペンを持ったバッハ像〉（アイゼナハa）は、バッハ記念館脇に移動した。

(5) ケーテン[II-4-7][35]（一九五二） レリーフの下には「ヨハン・ゼバスティアン・バッハは、一七一七年から二三年にかけてここで不滅の芸術作品を創作した。祖国よ、彼を誇れ、しかしまた、彼に価するものであれ」と書かれている。「祖国よ」以下は、フォルケルのバッハ評伝の末尾の文である。記念碑は東ドイツが建国されて三年後に置かれた。

①
②
③
④
GRILL-SERVICE
⑤
⑥
JOH. SEB. BACH
SCHUF HIER IN DEN
JAHREN 1717-1723
UNVERGÄNGLICHE
KUNSTWERKE
SEI STOLZ AUF IHN VATERLAND
ABER SEI AUCH SEINER
⑦
⑧

II-4　バッハ像

(6) アルンシュタット[36]（一九八五）[II-4-5] アルンシュタットは一八歳のバッハがオルガニストとして勤めた町で、生誕三〇〇年を記念して、市庁舎広場に若々しいバッハ像が置かれた。高い台座から降りた「等身大のバッハ」は、一九四五年以前のあまりに「偉大なるバッハ」へのアンチテーゼとも言えようか。

第3節 ドイツの表象

ドイツを統一するためには、「ドイツの表象」が必要だった。現在の国歌、国旗はドイツという国家が存在しない時代から「ドイツの象徴」として用いられていた。記念碑にも事件や人物ではなく、「ドイツ」「ドイツ国民」「ドイツ文化」を表象するために作られたものがある。多くは第2節で扱った人物像とは異なり、都会から離れた自然の中に建てられた。見晴らしのよい丘に立つ巨大な記念碑は、遠くからでもよく見えたし、もちろん記念碑からの眺望もすばらしかった。協会運動では有名な記念碑を「巡礼」することが流行し、記念碑の図像は絵ハガキやパノラマ、記念写真によってドイツ中に知られるようになっていく。人々はドイツの大地と「故郷としてのドイツ」の悠久の歴史を実感し、ドイツ統一への憧憬を掻き立てられた。重要な記念碑は国民記念碑とされ[37]、「ドイツ国民の表象」となった。

こうした記念碑は今では現実の政治とは無縁な観光名所だが、当時の人々は必死だった。なにしろ、「統一と自由」をめぐる厳しい対立が続き、統一のためなら戦争も辞さず、という時代だった。様々な「ドイツの表象」のうちどれを大事と考えるか、立場により、かなりの違いがあった[38]。

1　ヴァルハラ

レーゲンスブルク近くのドナウ川を見下ろすドナウシュタウフ[II-5-1]に、白亜の大理石で作られたギリシア神殿風の建物がそびえている。バイエルン国王ルートヴィヒ一世[II-5-2]［建物内の像］が建てたクレンツェの設計による〈ヴァルハラ〉[0-9-2, 3][39]である。一八三〇年一〇月一八日の諸国民会戦記念日に定礎式、一八四二年の同記念日に除幕式を行なった。つまり、これもまた解放戦争記念碑だった。古典主義＝ギリシア風の建物が流行していた時代らしい建築物といえるが、それにしてもドイツの再生と統一のための国民記念碑が、なぜギリシア神殿の形をし、北欧神話の「ヴァルハラ」の名で呼ばれたのだろうか。

〈ヴァルハラ〉はドイツの「偉人の廟」として作られた。「偉人の廟」の名前としては、〈パンテオン〉がよく知られている。ローマの〈パンテオン〉は多神教の古典古代にはすべての神々を祀る万神殿だったが、ローマ帝国がキリスト教化されてからはカトリックの教会として用いられた。ルイ一五世の病気平癒を祝って一八世紀に作られたパリの〈パンテオン〉は、「ローマの栄光を受け継ぐフランス」が意識され、フランス革命以降、フランスの「偉人の廟」になり、ルソー、ヴォルテールをはじめ、ユーゴー、デュマ、キュリー夫妻などが眠っている[40]。ローマの〈パンテオン〉も一九世紀のイタリア統一後はイタリアの「偉人の廟」とされ、ラファエロなどの芸術家や「祖国の父」ヴィットーリオ・エマヌエーレ二世の墓が置かれた。そのようなローマ的、フランス的伝統に対抗し、ドイツが継承するにふさわしいとされたのが、ギリシア神殿の形、そして「ヴァルハラ」という名称だった[41]。

ドイツは一八世紀末から二〇世紀の二つの大戦まで、フランスと鋭く対立し熱い戦争を続けていた。ドイツの知識人は対抗意識を政治のみならず、「文化」「学問」の問題として受け止め、「ドイツ的なもの」をフランスとの対抗の中で解明しようとした。「ローマ対ゲルマン」、つまり「ローマ＝ラテン文明を継承するフランス文明」に対抗する「ゲルマン＝ドイツ文化」が議論の焦点となり、古典古代の「ローマ」と「ギリシア」を峻別し、「ローマを継承するフランス」に、より根源的な「ギリシアを継承するゲルマンとしてのドイツ」を対峙させることになった。結果として、ドイツでは「ギリシア崇拝」が異常な高まりを見せた。建築や彫刻で新古典主義が流行し、ギリシア語、ギリシア古典、ギリシア史の研究を基礎とする新人文主義が文学、思想、教育において幅広い影響力を持った[42]。折しも現実にギリシアのトルコからの独立戦争が始まり、ドイツではギリシアへの支援運動が大きな広がりを見せた。〈ヴァルハラ〉を作ったルートヴィヒ一世は、ギリシア文化に傾倒してギリシア彫刻を多数収集しクレンツェ設計の彫刻館を建設しただけでなく、ギリシア独立を熱心に支援した。独立後には、息子オットー（オトン）がギリシア国王になった。

「ヴァルハラ」といえば、ヴァーグナー《ニーベルングの指環》を連想する人も多いと思われる。勇敢な戦士の魂は主神ヴォータンが支配する神殿ヴァルハラに集められる。古代を持たないドイツでは、北欧神話がドイツ＝ゲルマンの古代神話として意識的に混同された。〈ヴァルハラ〉の破風には、コーカサスから移動したゲルマン民族がギリシア文化を創造し、移動してヨーロッパをキリスト教化し、ドイツ文化の形成に至る、という壮大な物語が描かれている。

鉄骨ガラス張りのトップライト採光という近代的な博物館建築の手法で作られた内部は明るく開放的である。「ドイツの偉人」の大理石の胸像は開館当時九六体で、〈マリア・テレジア像〉〈モーツァルト像〉などのオーストリア人はもちろん、〈グロティウス像〉〈ルーベンス像〉などネーデルラントの人々、ドイツ貴族出身のロシア皇帝〈エカテリーナ二世像〉[II-5-3]も含まれていた。落成後も彫像は加えられ、一九三七年にはヒトラーの希望で〈ブルックナー像〉[II-5-5]が置かれた。一九四五年以後はバイエルン政府が人選を行ない、一九九〇年には〈アインシュタイン像〉[II-5-6]、二〇〇三年には、反ナチ抵抗運動の代表として「白バラ事件」の〈ゾフィー・ショル像〉[II-5-4]が置かれた。現在、彫像は一三〇体を数える。

オクトーバーフェストで知られるミュンヘンのテレージエン緑地にそびえる〈バヴァリア像〉[II-5-7]（一八五〇）の後ろに

II-5　ヴァルハラ、栄誉堂（ミュンヘン）

は、バイエルン王国の「偉人の廟」、〈栄誉堂〉[II-5-8]（一八五三）がある。

2　ヘルマン記念碑

デトモルト近郊の丘の上に、右手に剣を高く掲げた巨大な戦士の立像がある。紀元前九年、トイトブルクの闘いでローマ軍を破ったゲルマン人、ケルスキー族の長アルミニウス、ドイツ名ヘルマンの像、〈ヘルマン記念碑〉[II-6-3][43]である。その名は、タキトゥス『ゲルマーニア』などローマの史書に載っているが、中世のドイツの史料には全く出てこない。宗教改革時代に人文主義者フッテンの『アルミニウス』によって知られるようになり、近世には文学作品やオペラに登場し、解放戦争以降にはドイツで圧倒的な人気を博した。「ローマとの対抗」は「フランスとの対抗」として意識され、ヘルマンは「ローマに抵抗し、解放のために戦ったゲルマン人＝ドイツ人」の原像となった。

彫刻家エルンスト・フォン・バンデルは子供の頃から解放戦争の話を聞いて育ち、〈ヘルマン記念碑〉を建てることを夢見たという。一八三七年にデトモルト・ヘルマン記念碑協会を結成し、協会を通じて広く資金を募り、当時のドイツ諸国に援助を要請した。一八四八年革命以前に最も熱心に援助したのはオーストリアだった。革命後に再開してからはプロイセンが積極的になった。一八六九年七月には国王ヴィルヘルム一世がバンデルのアトリエを訪れ、ドイツ帝国設立後の一八七五年に〈ヘルマン記念碑〉は完成し、今やドイツ皇帝となったヴィルヘルム一世が列席して除幕式が行なわれた。記念碑建設の過程は一九世紀の政治と深く関係しており、記念されているのは、古代の英雄であると共に「一九世紀のドイツ統一」である。ヘルマンの持つ剣には「ドイツの団結はわが強さ、わが強さはドイツの力」、盾には「固き忠誠」とある。台座のヴィルヘルム一世の肖像レリーフには、「長く分裂していた諸種族[44]を強い力で統一し、ラテンの力と策略に勝利し、長く行方不明であった息子たちをドイツ帝国に帰郷させた彼［ヴィルヘルム一世］は、救済者アルミニウスと同じことを行なった」とあり、解放戦争、独仏戦争の勝利を讃える銘文も掲げられている。

同じ頃、フランスでは〈ヴェルサンジェトリクス像〉[45]が、イギリスでは〈ボウデッカ女王像〉が作られている。自らのアイデンティティを確認するために、ヨーロッパの諸国民はそれぞれ古代の英雄を蘇らせた。

3　ヴァルトブルク

アイゼナハ近郊の古城〈ヴァルトブルク〉[46]は、中世にはハンガリーから嫁いだ聖エリーザベトが住み、ヴァーグナーがオペラにとりあげた「タンホイザーの歌合戦」の場となり、ルターが聖書をドイツ語に翻訳した所として有名だが、一八世紀には忘れられて廃墟になっていた。しかし、ブルシェンシャフト運動が興り［四四頁］、宗教改革の「記念の場」が整備されていく中で、一九世紀に修復された。〈歌合戦の間〉が再現されてブルシェンシャフトの集会の地、巡礼の地、観光名所となっていく。ヴァーグナーは自伝で、パリで夢破れ、一八四二年ドイツへの帰路、ライン川を渡った時の感慨に続けて、〈ヴァルトブルク〉を見て「地獄に仏と感じ――フルダから近づきつつ見はるかすことのできるこの山上の城の好もしげな眺めが、私の血汐をたぎらせた」と書いている。[47]〈ブルシェンシャフト記念碑〉[I-7-4]が立つ山から望む、夕陽に映える〈ヴァルトブルク〉[0-9-1]は印象的で、当時の学生たちの興奮を偲ばせる。

4　ニーダーヴァルト記念碑とゲルマーニア

独仏戦争の勝利とドイツ統一、ドイツ帝国再興を記念する〈ニーダーヴァルト記念碑〉[II-6-1]（一八八三）［四一頁］は巨大なゲルマーニア像である。[48]フランスで「共和国の肖像」マリアンヌが有名になると、ドイツでは対抗表象としてゲルマーニアが流行した。国際的な展覧会「マリアンヌとゲルマーニア　一七八九―一八八九　フランスとドイツ、二つの世界、一つの展望」（一九九六―九八）[II-6-4]のカタログの、左のマリアンヌが解放奴隷のシンボルである赤いフリジア帽を高く掲げているのに対し、右のローレンツ・クラーゼンが描いた〈ラインを護るゲルマーニア〉（一八六〇）は、豪華な衣裳を身にまとい、剣と盾を持ち、金髪にオークの葉の冠［第一章注（6）］を戴く貴族の女性で、対照的である。

アギュロンが明らかにしたように、マリアンヌは時代によって、また立場によって、様々な形をとりながら定着し、一八八〇年には「権力の座に着いた[49]」。アメリカ独立一〇〇年を祝ってフランスから贈られ、一八八六年に除幕されたニューヨークの〈自由の女神［正式名称は「世界を照らす自由」[50]］〉も、「共和国の肖像」としてマリアンヌの伝統を受け継いでいた[51]。しかし、ドイツのゲルマーニアは、国家のシンボルとしても、国民のシンボルとしても、それほどの統合力を持つことはできなかった。解放戦争期のドイツ詩人たちは、ゲルマーニアよりもむしろヘルマンを彼等のシンボルとした[52]。確かに一八四八年革命では、フランクフルトの〈パウロ教会〉[0-7-1]の議場[I-3-1]にフィリップ・ファイト〈ゲルマーニア〉[II-6-2]［ゲルマン国民博物館蔵］が高く掲げられ、協会運動の祭典でも、ヘルマン像、フリードリヒ一世バルバロッサ（赤髭）像などと並んで、ゲルマーニア像は人気があった。だがドイツでは、革命が失敗し、君主制の体制が維持されたために、体制側は「革命のシンボル」を好まなかった。〈ニーダーヴァルト記念碑〉の資金援助について国会で議論された際には、ゲルマーニアという女性表象に対する批判があった。ドイツでは「男らしさ」の神話の呪縛は強力だった。二〇世紀に入って「勝利のゲルマーニア」に自らのアイデンティティを求めたのは、体制側ではなく反体制の社会民主党、労働者階級だった[53]。一九一四年のドイツを象徴するフリードリヒ・A・フォン・カウルバッハの〈ゲルマーニア〉[III-1-1]は印象的だが、モッセが書いているように、第三帝国期には国民的シンボルとしてのゲルマーニアはナチに事実上、打ち捨てられた。「ゲルマーニアは自分の家族を持っておらず、国家に捧げる子供も産まなかったので、ドイツの女性の模範にはなれなかった」からである。「代わって、プロイセン王妃ルイーゼ[I-9-1]が蘇った[54]」。

II-6　ニーダーヴァルト記念碑、ヘルマン記念碑、ゲルマーニア

II-7　ウィーンの記念碑ブーム

第4節　ドイツ統一における政治と文化

一八九五年から一九〇一年にかけて、ベルリンの〈戦勝大通り〉[I-9-2,5]の両側に、ホーエンツォレルン家歴代の君主たち、初代の熊公アルブレヒト一世から現役の皇帝ヴィルヘルム二世まで三二人と、それぞれの両脇に同時代の偉人（聖職者、軍人、文化人など）二人のセット、つまり計九六体の彫像が二七人の彫刻家によって制作された。全長七五〇メートルのこの大通りは一九四五年以後に撤去され現在は無い。ベルリン子に「人形通り」と揶揄された彫像群は、一九世紀末から二〇世紀初頭の「彫像狂の時代」を象徴している。王都から帝都になり世界都市として躍進を続けるベルリンには多くの観光客が訪れた。人々はドイツ統一戦争を讃える巨大な〈戦勝柱〉を仰ぎ見ながら大通りを散歩し、彫像群を眺めることで栄光のプロイセン史を実感した。

〈フリードリヒ大王像〉の隣には〈バッハ像〉が置かれた。[I-9-3] 初代から数えて二八番目のそこは、〈戦勝大通り〉と〈ブランデンブルク門〉からウンター・デン・リンデンに通じる大通り（現六月一七日通り）とが交差する角で、特等席だった。[55] ここでバッハを見つけた人は、目の前の〈ブランデンブルク門〉を見て、《ブランデンブルク協奏曲》を思い出したに違いない。バッハはブランデンブルク＝プロイセンと関係が深く、晩年に次男カール・フィリップ・エマヌエルが仕えていたポツダムの宮殿を訪ね、大王のテーマでフーガを即興演奏し、それを元に《音楽の捧げもの》を献呈したことは有名で、「フリードリヒ大王とバッハ」は似つかわしく思える。しかし、〈戦勝大通り〉より約半世紀前、一八五一年にウンター・デン・リンデンに完成した〈フリードリヒ大王像〉[I-1-8]の台座に大王の同時代人としてカント、レッシングらと並んでいる音楽家は、バッハではなくプロイセン宮廷楽長グラウンである。この像が設計された時代には、受難週に演奏される定番はグラウン《イエスの死》だった。前述のように一八五〇年以後、バッハ復興は本格化し、一八五二年にはアドルフ・メンツェル[II-4-8]〈フリードリヒ大王のフルート・コンサート〉(56)（部分）［フルートを吹く大王の脇で鍵盤楽器を弾くのはカール・フィリップ・エマヌエル］が発表され、バッハは、「プロイセンゆかりの音楽家」「プロテスタントの音楽家」として復活していった。一九〇四年には、〈バッハ像〉のすぐ近くに、[I-9-4]〈ハイドン、モーツァルト、ベートーヴェン記念碑〉も置かれ、「音楽の国ドイツ」のイメージが作られていく。

一方、ウィーンでは、フランツ・ヨーゼフ一世が一八四八年革命後、都市の城壁を壊して環状道路リング通りを作り、通りに沿って[II-7-1]〈国会議事堂〉（一八八三）、〈市庁舎〉〈歌劇場〉〈劇場〉など数々の記念碑的建造物がそれぞれにふさわしい歴史様式で建てられた。リング通りの威容はウィーンに出た青年ヒトラーを魅了し、彼はそれを「勝利の道」と呼び、眺めてはいつも我を忘れた(57)。パリがオスマンの大改造によって一変したように、ウィーンも大きく姿を変え、市民公園も整備された。それまでウィーンの彫像記念碑といえば、王侯と貴族身分の将軍たちばかりだったが、[II-7-4]〈シューベルト像〉(58)（一八七二）、[II-7-5]〈ベートーヴェン像〉(59)（一八八〇）、[II-7-6]〈モーツァルト像〉（一八九六）、[II-7-7]〈ブラームス像〉（一九〇八）などウィーンゆかりの音楽家の記念碑が次々と建てられていく。[II-7-8]〈ヨハン・シュトラウス二世像〉は帝国時代に計画されたが、完成は第一次世界大戦後の一九二一年だった。

「ドイツ文化国民」の表象として、特に重要な意味を持ったのは〈シラー像〉だった。シュトゥットガルトの[II-8-1]〈シラー像〉(60)（一八三九）は、地元の男声合唱団シュトゥットガルト・リーダークランツが中心になり、デンマーク出身で国際的に高名な彫刻家ベアテル・トーヴァルセン［二六三頁］に依頼したもので、ギリシア独立戦争で沈没したトルコ船の大砲を溶かして鋳造された。一八四八年革命から一〇年を経て、「統一と自由」に向けて民衆運動が再度高揚する一八五九年はシラー生誕一〇〇年にあたり、シラー祭は「一八三二年のハンバッハ祭以来の盛り上がり」を見せた(61)。この頃からドイツ各地で〈シラー像〉が建設されていく。一八六四年には[II-8-2]フランクフルト・アム・マインに、独仏戦争後の一八七六年には生地[II-8-3]マールバッハにフランス軍の大砲で作られた(62)。ドレスデンには[I-12-4]〈シラー、ケルナー

II-8　シラー像

像〉が一九一三年に作られ、一九一四年にはライプツィヒでもユーゲントシュティルの〈シラー像〉II-8-4が除幕された。アメリカ、シカゴにも移住したドイツ人によって一九二五年に〈シラー記念碑〉が建てられている。

一八四八年革命の際に革命犠牲者の葬儀が行なわれた［二八頁］ベルリンの〈ジャンダルメン広場〉は、〈シャウシュピールハウス（現コンツェルトハウス）〉を挟んで〈ドイツ大聖堂〉〈フランス大聖堂〉が並び、ベルリンで最も美しい広場と言われる。一八五九年にはここでシラー生誕一〇〇年祭が盛大に祝われ、II-8-5一八七一年、ドイツ帝国が成立した年に、〈シャウシュピールハウス〉前の〈シラー像〉(63)0-10-3の除幕式が行なわれた。

一八七六年、ウィーンのリング通り沿いの〈美術アカデミー〉の前にも〈シラー像〉(64)0-10-2が建てられた。ウィーンで初めて高い台座の上に載った文化人の像だった。一九〇〇年には通りを挟んで向き合うように〈ゲーテ像〉が置かれた。ウィーンでのシラー崇拝の熱狂は、ドイツ帝国内の各地と同じく、一九〇五年の没後一〇〇年祭まで続いた。II-8-6

〈シラー像〉が置かれた二つの首都、ベルリンとウィーンは、ドイツ文化の中心、そして多民族が交流する場として、世紀転換期の爛熟した文化を育んでいく(65)。

第三章　第一次世界大戦と戦没兵士の記念碑

——現代の三〇年戦争（一九一四—一九四五）その1

はじめに

一九一四年、「八月の砲声」[1]と共に新しい時代が始まった。マクニールが書いているように人々は戦争に期待していた。

ヨーロッパの比較的都市化の進んだ地域では、一九一四年八月には、男たちは戦争に行くのをそんなにいやがっていなかった。ほとんどだれもが、戦争はせいぜい数週間続くだけだと思った。戦争の勝敗を一挙にきめる決戦を予期して、ドイツとフランスとイギリスの公衆の意識のうちに、逆上とすれすれの好戦的熱狂がわきあがった。それだけに、期待が裏切られたときには、幻滅もまたそれ相応に大きかった。ところがそれでも、長い長い不毛の四年間を通じて、厖大な死傷者リストと西部戦線の軍事的手詰まりに直面してさえ、ついに最後まで戦意はおとろえなかった。[2]

フランス革命によって「傭兵の戦争」は「国民の戦争」になった。それから一〇〇年以上経ち、戦車、戦闘機、毒ガスなど、以前とは比べものにならない強力な殺人兵器が開発され、武器の生産を担う「銃後」が重要になり、国民すべてが戦争に参加する「総力戦の時代」が始まった。[3]解放戦争の時代に戦争は「政治とは異なる手段をもって行なわれる政治の継続」とされた。しかし今や戦争は、経済、社会、さらに芸術も動員し、それ自体が目的となった。[4] 帝国となったヨーロッパの諸強国は、植民地をめぐって争い、ヨーロッパの周縁部でも緊張が高まっていた。「ヨーロッパの火薬庫」と呼ばれたバルカン半島での暗殺事件は世界戦争に発展した。遅くともクリスマスまでには帰れる、と思って始まった戦争は、数百キロ続く塹壕で向き合う持久戦になり、死屍累々となり、それでもなお止まずに続いた。「一九一四年の末になるとフランスもドイツもほぼ全家庭にひとりの戦死者を出した計算になる。［中略］西部戦線のフランス軍とドイツ軍は予備軍兵士が大半を占めた」[5]。開戦当初の興奮から醒めた後も、「人類最期の日々」［九六頁］を実感させる戦争は続いた。

第一次世界大戦（一九一四―一九一八）は終結後、イギリスでは「偉大な戦争」、ドイツでは「世界戦争」と呼ばれた。実際、それは前代未聞の世界大戦だった。世界大戦は一回で終わらなかった。ホブズボームは第一次世界大戦の勃発から一九四五年までの約三〇年間を、「一七世紀ドイツ史における三〇年戦争にも匹敵する破壊の一時代」「破局の時代」としている。各地に無数に残る戦没兵士の墓地と記念碑は、第一次世界大戦の衝撃の大きさ、傷跡の深さを物語っている。

奇妙なことだが［中略］第一次世界大戦の死者の記念碑、そして死者に対する崇拝のほうがはるかに大きく目立つことにも見られるように、第一次世界大戦のはるかに小さい数字のほうが第二次世界大戦の大きな数字よりも大きな衝撃を与えることになった。第二次世界大戦は、第一次世界大戦の死者を偲んでイギリスやフランスの村々に建てられた「無名兵士」の記念碑に対応するものを生み出さなかった。［中略］おそらく、第一次世界大戦の一一〇〇万の死者は、そのような犠牲をまったく予想していなかった人々にとっては、すでに虐殺としての戦争を先に体験した人々にとっての第二次世界大戦の五四〇〇万よりも、もっと残酷なことのように思えたのだろう。[6]

多くの若者が戦争に参加し、二度と還ってこなかった。多くの涙が流され、人々は戦争の悲惨さを知り尽くしたはずだった。しかし、第一次世界大戦後わずか二〇年あまりで、ヨーロッパはより激しい世界大戦の嵐に巻き込まれる。なぜなのだろうか。それを考えるためには、第一次世界大戦がどのように記憶され、記念されたのか、政治のみならず、社会、文化全体の問題として、またドイツだけではなくヨーロッパ全体の問題として検討する必要がある。(7)

第1節　二つの帝国の崩壊

1　第一次世界大戦

一九一四年七月二八日、オーストリア＝ハンガリー二重帝国は六月二八日のサライェヴォ事件を受け、ドイツ帝国政府の強い後押しによってセルビアに宣戦布告した。ドイツは八月一日には総動員令を発してロシアに宣戦布告、三日にフランスにも宣戦し、四日にイギリスがドイツに対して宣戦して、全面戦争の幕が切って落とされた。(8)ドイツでは開戦と同時に社会民主党も戦時公債に賛成し、皇帝の言葉、「朕はもはや党派を知らず、ドイツ人あるのみ」は瞬く間に広まった。首相ベートマン＝ホルヴェークが作成した九月綱領の核心は、中欧への勢力拡大という一九世紀以来の夢だった。

八月四日、ドイツ帝国議会での社会民主党の戦争承認宣言でも、イギリスやフランスの「文明」に対抗するドイツの「文化」という言説が用いられた。「物質文明」に侵されたヨーロッパを救う「精神文化」のシンボルとして、フランスの「一七八九年の理念」に「一九一四年の理念」が対置された。それは「もう一つの、真のヨーロッパ」であると同時に、新しい「二〇世紀の理念」だった。カウルバッハの描いた敢然と敵に立ち向かうゲルマーニア像、〈ドイツ　一九一四年八月〉は、この時代のドイツの危機意識を象徴している。III-1-1

III-1　第一次世界大戦

戦争勃発と同時に戦争支持のデモは燃え上がり、[III-1-2] ベルリンでも、ミュンヘンでも、人々は広場に集まって《ドイツ人の歌》［七頁］の第一節「世界に冠たるドイツ」を歌った。危機意識を最も強く抱いたのは若者、特に学生だった。ライプツィヒ諸国民会戦一〇〇年の一九一三年の余韻が残る翌一九一四年は、『ドイツ国民に告ぐ』で有名な哲学者フィヒテの没後一〇〇年で、フィヒテ・ルネサンスが大学を席捲していた。学生は「我らに武器を、戦場を」と歌い、志願兵としてこぞって参戦した[9]。多くの学生が戦死し、第一次世界大戦後、各大学に戦没学生の記念碑が作られた。例えばミュンヘン大学の〈戦没学生記念碑〉[III-1-4]は、〈白バラ記念碑〉[V-9-1]の前の建物の二階に、槍は外されているが現在も置かれている。ブルシェンシャフト運動の集会の地バート・ケーゼンにも戦没学生記念碑として〈バート・ケーゼンのライオン〉[III-1-3]が作られた。『ドイツ戦歿学生の手紙』で編者は書いている。「ドイツ！　祖国！　これらの言葉、これらの価値がこれ以上熱烈に崇高に宗教的な荘重さを持って体験されたことはいまだかつてない。執筆者は［中略］彼らの生命を祖国に犠牲として捧げ、死を予見し、しかも自由に死を甘受したのである[10]」。美しい言葉が並んでいるが、レマルク『西部戦線異状なし』[11]（一九二四）が描いたように、戦争の現実は悲惨だった。戦争は長引き、ほとんど軍事的訓練を受けていない青年が次々と前線に送られ、戦う間もなく死んでいった。

マインツの大聖堂の脇に〈釘の柱〉[III-1-5]がある。第一次世界大戦中の一九一五年から一六年にかけて、市民が戦争支援のために募金しオークの木に釘を一本ずつ打って作ったもので、柱の上には〈ブランデンブルク門〉上の〈クワドリガ〉の女神が掲げる勝利[0-2-2]の標章と同様、「F・W」「一八一三」「オークの葉」の入った鉄十字[III-1-6]がある[12]［第一章注（6）］。

2　一九一八年一一月九日と二つの共和国の成立

第一次世界大戦での敗北は、二つの帝国の崩壊、二つの共和国の成立を意味した。一九一八年一一月、北ドイツの軍港キールで起こった蜂起はドイツ帝国全土に広がった。キールには一九八二年に作られた〈革命記念碑〉[III-2-1]がある。

一一月九日には首都ベルリンで、社会民主党のシャイデマンが〈帝国議会議事堂〉[0-1-5]のバルコニーから「ドイツ共和国万歳！」を叫んだ。一一日にはドイツとフランスがパリ郊外コンピエーニュの森で休戦条約を締結した[13]。ヴァイマル共和政成立の日となった一一月九日には、その後も重要な事件が起こり、四重の記念日になった[14]。

(1) 一九一八年一一月九日　ヴァイマル共和政成立

(2) 一九二三年一一月九日　ヒトラーのミュンヘン一揆

(3) 一九三八年一一月九日　「水晶の夜事件」

(4) 一九八九年一一月九日　「ベルリンの壁」の崩壊

「ベルリンの壁」がこの日に崩壊したのは偶然だが、前の三つは関係している。ヒトラーはヴァイマル共和政打倒を掲げて一一月九日にミュンヘン一揆を起こし、その記念の日にナチは毎年集まり、一九三八年にはユダヤ人商店への組織的襲撃事件を起こした。一九四五年以後、この日はナチによるユダヤ人犠牲者の記念日となった。

オーストリア＝ハンガリー二重帝国も戦争末期には解体を始め、チェコスロヴァキア、ハンガリーなどが独立し、残されたドイツ系オーストリアは、一九一八年一一月一二日、ドイツより三日遅れて共和政を宣言した。巨大な帝国は小さな共和国になった。この時、共和政のドイツとドイツ系オーストリアは、どちらも「合邦」、つまり「大ドイツの成立」を期待していた。一一月一二日の宣言は「ドイツ系オーストリアはドイツ共和国の構成部分」としていた。ドイツの憲法制定国民議会は、混乱の続く首都ベルリンを避けて中部ドイツの文化都市ヴァイマルの〈国民劇場〉で開かれ、一九一九年八月一一日、憲法が成立した。〈ゲーテ、シラー像〉[0-10-1]が前に立つ〈国民劇場〉の壁には〈ヴァイマル憲法制定の記念のプレート〉がある。憲法は第六一条で「ドイツ系オーストリアは、ドイツ・ライヒに加盟した後に、その住民数に相当する票数をもってライヒ参議院に参加する権利を有する。それまでは、ドイツ系オーストリアの代表は、発言権のみを有する」と定めていた[15]。しかし、ヨーロッパの戦後処理について協議が進む中、フランスが「合邦」に強く反対し、「ドイツ系オーストリア」という国名も禁止され、一九二〇年にオーストリア共和国としての憲法が制定された。共和国になったドイツも、ヴェルサイユ条約で植民地と多くの領土を割譲させられ、軍事力を制限され、莫大な賠償金を課せられた。

3　革命と反革命

共和政のドイツでは驚異的なインフレが続き、失業者があふれ、ロシア革命の影響で急進的革命左派がレーテ共和国を宣言し、それに対抗する軍隊帰りの義勇軍がテロを行なうという「革命状況」が一九二三年ごろまで続いた。右翼やナチ党は、「前線では勝利しているのに、銃後のユダヤ人や社会主義者などの反国家分子の裏切りによって戦争遂行が不可能になった」とする、「背後からの一突き」伝説[16]を宣伝し、もう一度戦争を、というムードが高まっていく。「文明に対する文化」という理念のための戦争であった以上、敗北は考えられなかったし、考えたくもなかった。現実を見るよりは、強引な論理で自らを正当化しようとした。当時の人々の意識をモッセは次のように説明している。

戦間期の人々の記憶に対して戦争がきわめて重要な役割を果たしたことは、格別の証明を要しない。そうした記憶が戦争賛美に導くか、全くの無関心や諦めに通じるかにかかわらず、たいていの場合、それは第一次世界大戦は実際には終結していないという感覚に由来していた。最も強くその感覚を抱いていたのは、正常性の回復が遅れていた国々であった。継続する戦争という気分は、敵味方の別を問わず共有された。［中略］この連続性がとりわけ重要な意味を担ったのは、ドイツの急進右翼が自己演出する際であった。彼らは自らを戦争体験の相続人と捉えた[17]。

塹壕戦での異常な前線体験を持った者たちは、不安定な戦後社会の中で不満と鬱積を連帯感にしていく。彼らは戦時体験を絶対化し、平時の安穏への苛立ちを募らせる。

ヨーロッパ史上最大の戦争を行なってから二〇年後になぜ、再び戦争に巻き込まれることになるのか、という本章の冒頭の問いに対して、ハワードが一つの解答を示している。一九世紀中葉以来、戦争を「より人道的に」するための基本原則が作られた。一八六三年に赤十字国際委員会が設立され、国際会議が一八六四年と一九〇六年にジュネーヴで、一八九九年と一九〇七年にハーグで開催された。

> その結果、前線地域でさえ兵士はしばしば、昔の者ならばうらやましいと思うような状態で、生活した。彼らは、規則正しく適切に、給養を与えられた。彼らの多くは、補助的軍事サービスのおかげで、国内で市民生活をしているよりも、よい世話を受けた。［中略］戦後の連隊会で、彼らは――多分年をとるにつれますます容易に――、戦友愛、冒険、挑戦、勝利、経済的保証、家族の責任からの解放、などのあった戦争が本当に彼らの人生の最も幸福な時代であった、と信じることができた。安全と地位と目的から成るこの失われた世界へのノスタルジアは、一九二〇年代にいろいろな形のファシズムを生み出すことになる混乱した政治的運動において、重要な要素となることになった[18]。

ベルリンでは、一九一九年一月に、共産党の指導者ルクセンブルクとリープクネヒトが惨殺された。ルクセンブルクの遺体が発見された運河には、西ベルリン時代の一九八七年に〈ルクセンブルク記念碑〉III-2-3が作られた。〈ポツダム広場〉には、台座だけの〈リープクネヒト記念碑〉III-2-4がある。東ドイツ時代の一九五一年に計画されたが「ベルリンの壁」のために未完となり、二〇〇三年以降、「分割されたベルリン」時代の象徴として置かれている。

一九二〇年三月には右翼によるカップ一揆で多くの労働者が犠牲になった。その犠牲者を悼む大集会が一八四八年革命記念日の三月一八日に開かれ、記念碑の建設が決まった。バウハウスの初代校長、建築家ヴァルター・グローピウスの設計した〈三月の戦没者の記念碑〉[19]III-2-5が一九二二年、ヴァイマルに建てられ、斬新なデザインから「稲妻記念碑」と呼ばれた[20]。ナチによって破壊され、一九四六年に再建された。

III-2　ドイツにおける革命と反革命

ルクセンブルク、リープクネヒトはベルリンの〈フリードリヒスフェルデ墓地〉に埋葬された。一九二六年には、共産党の依頼でバウハウスの第三代校長ルートヴィヒ・ミース・ファン・デア・ローエの設計による〈ルクセンブルク、リープクネヒト記念碑〉[III-2-6]が除幕された[21]。レンガ造りの立体にソ連のシンボル「鎌とハンマー」と星を組み合わせたデザインだった。これもナチ時代に破壊されたが、東ドイツ時代には墓地内に〈社会主義者の記念の場〉[V-15-8]ができた。ベルリンのもう一つの革命犠牲者の聖地、一八四八年革命の犠牲者が埋葬された〈フリードリヒスハイン墓地〉が一九四八年に整備された[I-4-6]［一八頁］時に〈一九一八年革命記念碑〉[III-2-7]も作られ、二つの革命の連続性が強調された。記念碑にはリープクネヒトの言葉、「労働者支配の基礎をしっかりと固めよ。それに敵対するものには、断固たる決意で臨め」が刻まれている。

ウィーンでは、オーストリア共和国成立一〇年の記念日に、〈国会議事堂〉の隣に〈共和国記念碑［第一共和国記念碑］〉[III-3-1]（一九二八）が除幕された。アドラーら三人の政治家の胸像で共和国を表現している。オーストリアでもドイツと同様、左右の対立は厳しく、政情は不安定だった。この動乱の時代の二つの事件の墓と記念碑が〈ウィーン中央墓地〉にある。四一G群の〈一九二七年七月事件犠牲者記念碑〉[III-3-3]は、警察の銃撃によってウィーン裁判所前で死亡し、市の費用で埋葬されたウィーン市民六四人が眠る墓地に置かれている。一方、七一F群の〈一九三四年二月事件記念碑〉[III-3-5]は、犠牲になった市民、労働者ではなく、彼らを弾圧した警察、軍隊など、つまりオーストリア・ファシストたちの墓地にあり、「一九三四年、義務のために倒れた英雄へ、祖国が感謝を以て」と書かれている。一九二七年七月事件で死亡した四人の警官の墓もすぐ近くにある。一九三四年二月事件以後、社会民主党の活動は禁止され、指導者は亡命した。ナチのシンボルは「鉤十字」だが、オーストリア・ファシストのシンボルは「撞木型十字」[22]だった。〈共和国記念碑〉もこのシンボルで覆われ、〈一九三四年二月事件記念碑〉[III-3-2]の除幕式にも旗が翻っている[III-3-6]。〈一九三四年二月事件犠牲者記念碑〉[III-3-4]は、五〇年後の一九八四年に除幕され、「民主的なオーストリアのために戦い犠牲になっ

①

②

③

④

⑤

⑥

III-3　オーストリアにおける革命と反革命

た者へ」と刻まれた。

4　クフシュタインの英雄オルガン

この時代のドイツとオーストリアの関係を象徴する戦争記念碑として、ミュンヘンから列車で一時間ほど、ＥＵ統合後の現在、ドイツから「国境を越える」意識なしに行くことのできるオーストリア、ティロール州のクフシュタインにある〈英雄オルガン〉[Ⅲ-4-1][23]を紹介しておきたい。パイプオルガンは教会などに設置され、堂内をその豊かな響きで満たすのが通例だが、ここのオルガンは屋外に向けて音を発する。[Ⅲ-4-2]演奏台は写真左下の小屋にあり、パイプは右上の穴の開いた円型の塔の中にある。電気を用いることにより、演奏台から離れた場所にパイプを置くことが可能になった。現在も観光用に毎日正午に演奏されていて、聴衆は山に向かって鳴るオルガンの巨大な音を聴く。このオルガンのパイプ数は、除幕された一九三一年には一八一三本だった。諸国民会戦の年に因んだ数である［一九七一年に倍以上に増加］。この楽器が〈英雄オルガン〉と呼ばれるのは、第一次世界大戦で戦死したドイツ、オーストリア両軍の兵士を英雄として讃えるために作られたからである。現在でも演奏の最後は戦没兵士葬送のための曲《戦友》である[24]。オルガンの前の〈磔刑彫刻〉[Ⅲ-4-3]には、町が空爆を受けながら助かったことへの神への感謝とナチズムの犠牲者に対する追悼の言葉を刻んだ石碑が置かれている。

オーストリア人クラウスの『人類最期の日々』（一九二二）は、第一次世界大戦を描いた文学作品として、レマルク『西部戦線異状なし』と並んで知られている。戯曲として書かれたこの作品に、ドイツ帝国役人と新聞編集者の会話が出てくる。訳注によれば、実際の新聞記事を元にしているという。

　編集者「おっしゃられることを普遍して考えますと、つまり、わが国の観光振興には主として帝国ドイツ臣民が大きな役割を果たすであろうと、こうお考えになっているわけですね？」

III-4　英雄オルガンとリスト像（クフシュタイン）

役人「ま、そうですな」
編集者「ところで肝心の点ですが、わが国は戦後には観光客用にですね、どのような魅力あるものを呈示できましょうか？ ［後略］」
役人「オーストリア・アルプス一帯は秀麗な戦争記念碑を名所として、やがては中欧の観光客の中心となりましょう」
編集者「戦争記念碑とおっしゃると、どのようなものを計画中なのですか？」
役人「われわれは、今次大戦の英雄の墓や兵士の墓地への敬虔な参詣が、やがては活発な観光客誘致に発展するであろうということにですね、大きな期待を寄せているのです。［中略］この点から言えば、戦死者の墓は打ってつけですよ。必ずや観光事業振興の要となってくれるでしょう[25]」
戦争がまだ継続しているときに語られたこのブラックユーモアが、今、現実のものとなっている。

クフシュタインは、ドイツ関税同盟のオーストリアへの拡大を画して努力していた経済学者リスト[I-5-3]が一八四六年に自ら命を絶った所で、発見された場所には〈リスト像〉[III-4-4]（一九〇六）がある[26]。今は平和なティロールの町の〈英雄オルガン〉と〈リスト像〉は、「ドイツ統一への夢」のその後の悲劇を象徴している。

第2節　第一次世界大戦と「無名兵士の墓」

1　無名兵士の墓と碑

第一次世界大戦は、「国民国家の時代」の頂点だった。それを象徴するのが「無名兵士の墓」である。ヨーロッパとアメリカでは一九世紀中葉の戦争から兵士の個人墓が作られていた［三九頁］。第一次世界大戦が始まると、すべて個人墓とするよう通達が出される。個人墓に埋葬するためには遺体の識別という困難な作業が必要になるが、国民国家はそれをしなければならない(27)。実際には識別できない遺体も多く、戦場には「一人の無名兵士」と書かれた墓標が並んだ。かけがえのない夫や息子や友人を戦争で亡くしながら、どこに埋葬されたのかわからない遺族のために、首都に「記念碑としての無名兵士の墓」が設立された(28)。アリエスは『死を前にした人間』で書いている。

> 一九一四年の戦争の際には、「わが記念すべき戦い」の戦死者への市民の崇敬の念は、それ以前には決してなかったほど、拡がり、高まった。〔中略〕他の場所で風景＝建造物として構想された墓地が、同一形の十字架の果てしない列とともに、戦死者にささげられた。〔中略〕そしてフランスの各自治体に、パリの各区に、戦死者に対して、墓、空墓が建てられた。一般に市役所の正面にある戦歿者記念碑〔傍点は引用訳文〕がそれである。それは教会と中心点の機能を競った。それは実際に、ほとんど今日に到るまで満場一致の国民感情の象徴となっている。ナポレオン一世がエトワール広場に建てた凱旋門もまた、そこに無名兵士が埋葬されて以来、墓所となった。一九一八年の戦勝記念日は、大勝利の日として祝われるかわりに、戦死者追悼日になった。〔中略〕「それ（祖国）のためにフランス人は死なねばならぬ」。戦歿者記念碑のないところでは、もう記念行事は考えられない(29)。

モッセが書いているように、多くの人々が戦没兵士の故郷への帰還を厳粛に迎えた。

> 名も無き兵士を一人、最も重要な国民的聖地に埋葬するため、戦場から首都へ連れ帰る。この発想は、フランスとイギリスで同時に生じた。兵士の選択に払われた配慮や、本国に帰還させる際の法外な物々しさ、埋葬式典そのもの。こうした全てが、終戦時に戦没者の祭祀が獲得した力を証明している。〔中略〕このシンボルが今や、休戦記念日の焦点のみならず、さまざまな国民的式典の焦点となった(30)。

アンダーソン『想像の共同体』の第二節の冒頭は、次のような説明から始まる。

> 無名兵士の墓と碑、これほど近代文化としてのナショナリズムを見事に表象するものはない。これらの記念碑

は、故意にからっぽであるか、あるいはそこにだれがねむっているのかだれも知らない。そしてまさにその故に［以下、傍点は引用訳文］、これらの碑には、公共的、儀礼的敬意が払われる。これはかつてまったく例のないことであった。それがどれほど近代的なことかは、どこかのでしゃばりが無名兵士の名前を「発見」したとか、記念碑に本物の骨をいれようと言い張ったとして、一般の人々がどんな反応をするか、ちょっと想像してみればわかるだろう。奇妙な、近代的冒瀆！　しかし、これらの墓には、だれと特定しうる死骸や不死の魂こそないとはいえ、やはり鬼気せまる国民的想像力が満ちている(31)。

渡辺公三は、この有名な一文を「修辞の勝ちすぎた単純化」とし、以下のように批判している。

　兵士が無名であることをできるだけ回避しようとする弛みない努力もまた国民国家のものであった。いいかえれば、国家は動員の時から、死の時さらには死後の名誉の時（あるいは不名誉の時）にいたるまで兵士一人一人をその名において、同一性を有した身体（そして死体）において、みずからの統制のもとに確保しておこうという粘り強い意志を保持してきたのではないだろうか。［中略］無名戦士の墓は、その国家意志が挫折したことの表明であり、死者の名を確定するのに失敗したことを逆手にとって挫折を糊塗するいささか不遜な演出ではないだろうか。むしろ兵士そして国民一人一人の名を確定しその同一性を捕捉して動員および操作の可能な対象とすること、その意志の一貫性にこそ「鬼気迫る国民的想像力」という以上に、想像力を導く狡知の発露がある(32)と私は考える。

渡辺がそこで紹介している、アメリカで「記念碑としての無名兵士の墓」の死体がＤＮＡ鑑定によって個人が特定され墓から出されたという事件(33)は、戦場の「無名兵士の戦争墓」と首都の「記念碑としての無名兵士の墓」との関係について、改めて考えさせる。以下、「無名兵士の戦争墓」と「記念碑としての無名兵士の墓」の成立の歴史を追うことにする。

2　戦場の「無名兵士の戦争墓」

戦没兵士は戦時には混乱の中で臨時に埋葬され、戦後に各地の兵士墓地に改葬され、さらにその後、兵士墓地は統合されていった。以前のように将校と兵卒は区別されず、軍の階級と関係なく、均一の大きさの墓が作られた。「第一次世界大戦がそうしたすべてを変化させ、死者全員に等しい名誉を授けた」「ヨーロッパで兵士墓地が一般化したのは、第一次世界大戦が空前の数の戦没者を出した結果であった」[34]。ヴェルサイユ条約とその後の国際条約で戦没兵士のための墓地の提供と戦争墓の尊重が定められ、ヨーロッパ中に兵士墓地が作られた。ヴェルサイユ条約で墓について定めた二二五条と二二六条の後に、条約締結国に対し、「(1) 死者の完全なリストと識別のためのすべての情報 (2) 識別されずに埋葬された墓の数と位置に関するすべての情報」を提供することを課している[35]ことが注目される。

最大の激戦地、西部戦線のベルギー、フランドルの戦場では、二〇ヵ国の兵士五〇万人以上が戦死し、一七〇以上の兵士墓地ができた。戦没兵士のための兵士墓地は国民国家ごとに作られた。モッセによれば、「敵の死と友の死を分離する傾向は、埋葬場所をめぐって精力的に推進された。一八七〇、七一年の普仏戦争の前後には、時としてドイツ軍とフランス軍の兵士は共同の墓地に葬られていた。だが、第一次大戦以降、もはやそうした事態は起こらなかった」[36]。〈イギリス兵士墓地〉III-7-1 III-7-2 に、「偉大な戦争の一人の兵士」、その下に「神［のみ］が［その名を］知る KNOWN UNTO GOD」と書かれた戦争墓がある。遺体から個人が識別できなかった「無名兵士の戦争墓」で、激戦地の兵士墓地ではかなりの数にのぼった。さらにやむをえず集団墓に埋葬された者も多く、戦死者の名前はまとめてプレートや記念碑に刻まれた。彼らの「名前」は、故郷の村々の記念碑、教会の記念碑にも刻まれ、永遠に記憶されることになった。その意味では彼らは決して「無名」ではなかった。

日本の「ヒロシマ」が初めて原爆が使用された場として世界中に知られているように、フランドルの「イーペル」

は初めて毒ガスが使用された第一次世界大戦の激戦地としてヨーロッパ中に知られている。市の中心の〈織物会館〉は戦争で完全に破壊され[III-5-1]たが再建され[III-5-2]、一九九八年には建物内に最新の設備を持つ〈博物館[III-5-3,4]「フランドルの戦場にて」〉が開館した。戦場ツアーも盛んで、塹壕跡[III-6-1]と、武器や当時の写真などが並べられた〈戦場の私設博物館[III-6-2,3,4]〉にも多くの人が訪れる。イギリスの戦争記念碑として再建された〈メニン門[III-5-5]〉には一面に戦没者の名前が刻まれ、「フランドルの赤いポピー（けし）」を付けた小さな十字架[III-5-6]が置かれている。一九二一年、困窮している帰還兵士や遺族の経済支援のために、フランドルの戦場に咲いていた赤いポピーの造花を販売するようになり、イギリスでは「赤いポピー」が戦没兵士追悼の象徴となった。

第一次世界大戦後、フランドルの人々は、「フランドルの自決」「ノーモア・ウォー」「寛容」を原則とする「イーツェル誓約」をまとめた。一九三〇年には要求実現のシンボルとしてディクスムイデに〈イーツェル塔[III-6-5]〉を建設した。第二次世界大戦中に破壊されたが、一九六二年に再建され、高さ八五メートルの新しい〈イーツェル塔〉の台座には、兵士たちが話していた四つの言語、英語、ドイツ語、フランス語、フランドル語で「ノーモア・ウォー」と書かれた[III-6-6]。二〇〇二年には塔全館が〈ディクスムイデ平和博物館[37]〉となった。

3　首都の「記念碑としての無名兵士の墓」

イギリスでは、二回目の休戦記念日の一九二〇年一一月一一日に、本来、戦場に埋葬すべき戦没兵士の内から「唯一の例外」として、一体の匿名の遺体を納めた棺が首都ロンドンに運ばれ、官庁街のホワイトホールで〈セナタフ[38]〉の除幕式[III-7-3]が国王ジョージ五世の列席のもと、行なわれた。「一人の無名兵士」は国王と共に行進し、ウェストミンスター寺院に安置され、そこが〈無名戦士の墓[III-7-4][39]〉となった。〈セナタフ〉には、壁面の両側に、ローマ数字で「一九一四」と「名誉ある死者」とだけ刻まれたが、〈無名戦士の墓〉には、「この石の下に、名前と階級のわからないイギリ

III-5　イーペル

III-6　フランドルの戦場ツアー、イーツェル塔

III-7　イギリスとフランスの無名兵士の墓（戦争墓と記念碑）

ス戦士の遺体が眠る。［中略］一九一四年から一九一八年の偉大なる戦争の間に、神のために、王と祖国のために、本国および帝国の最愛の者たちのために、正義という神聖な目的と世界の自由のために、人が捧げることのできる最良のものである命そのものを捧げた多くの人を記念する」と書かれ、周囲には聖書の言葉が並べられた。〈無名戦士の墓〉はイギリス国教会の宗教施設だが、〈セナタフ〉は世俗の記念碑である。なぜ二つの記念碑が必要だったのか。戦没兵士はイギリス国教徒だけではなかったからである。連合王国内にも様々な宗教の兵士がおり、英連邦から招集された兵士にはヒンドゥー教徒やイスラム教徒などもいた。〈セナタフ〉は、ウェストミンスター寺院の〈無名戦士の墓〉と関係づけられ、「国家のための死」を象徴するものとなり、毎年その前で記念式典が行なわれる場となった[40]。ウェールズとスコットランドにもナショナルな記念碑が建立され、それぞれの共同体によって競い合うように戦争記念碑が作られた[41]。

フランスでも全国、津々浦々に戦没兵士記念碑が建てられたが、首都パリの〈凱旋門〉に、一九二〇年に〈無名兵士の墓〉が、一九二三年には〈永遠の火〉が置かれた[III-7-5]。「記念碑としての無名兵士の墓」は、イタリアの首都ローマ、ポーランドの首都ワルシャワ[V-22-1]、アメリカの首都ワシントンDCに隣接するアーリントン墓地にも作られていく。それらは衛兵によって警護され、交代式が行なわれ、記念日には国家首脳が演説をし、外国からの国賓が花輪を捧げる場、国民国家を象徴する「記念の場」となっていく。「ベルリンの壁」崩壊二〇年が祝われた二〇〇九年一一月九日の翌々日の一一日、第一次世界大戦の休戦記念日に、ドイツのメルケル首相がパリを訪ね、フランスのサルコジ大統領と共に、凱旋門の〈無名兵士の墓〉に献花した[III-7-6]。第一次世界大戦終結から九一年目だった。

二つの世界大戦で戦場となったフランスのヴェルダンには、第一次世界大戦の〈戦勝記念碑〉[III-8-3]など様々な記念碑、博物館、そしてフランス最大の〈フランス兵士墓地〉[III-8-1, 2]がある。一九八四年に仏独の首脳がこの地を訪れ、和解の誓いを行なった[III-8-4]。記念のプレート[III-8-5]には次のように書かれた。

III-8　ヴェルダン・フランス兵士墓地

このフランスの兵士墓地で、両国民の歴史で初めて、フランス大統領とドイツ連邦首相が一九八四年九月二二日に会見した。彼らは、共通の想いで二つの世界大戦の死者に花輪を捧げ、以下のように宣言した。「我々は和解した。我々は合意した。我々は友人になった」。フランソワ・ミッテラン、ヘルムート・コール。

カール・シュミットの議論(42)で知られるように、ヨーロッパでは「敵」の対語としての「味方」は「友」であり、「和解し友人になる」という言葉は重い意味を持つ。この会談は両国民に大きな感動を与え、EU統合に向けた重要な一歩となった。先のパリの〈無名兵士の墓〉への両国首脳の訪問は、ヴェルダンでの和解から四半世紀の後に実現した。

第3節　ドイツとオーストリアの戦争墓と栄誉の碑

ドイツとオーストリアでも戦争開始と同時に戦場に戦争墓を作ることが課題とされ、「無名兵士の戦争墓」も作られた。しかし、首都に「記念碑としての無名兵士の墓」は建てられなかった(43)。

第一次世界大戦後、「休戦の意味を理解していたドイツ人はほとんどいなかった。いや誰もいなかった。ヴェルサイユ条約の意味を理解していた者もそれ以上にいなかった(44)」。フランスですら戦勝以上に「戦没者の追悼」が重要になった時代に、「敗戦を信じていない」にもかかわらず「戦勝を祝うことのできなかった」ドイツとオーストリアでは、人々は戦没兵士の記念碑を建てることに夢中になった。しかし、イギリスやフランスと同様の戦没兵士記念の形式をとることはありえなかった。「文明」に対する「文化」の戦いは続いていた。ドイツでは第一次世界大戦の年「一九一四―一九一八」を刻んだ戦没兵士記念碑が各地に建てられ、「栄誉の碑」「戦士記念碑」という伝統的な名で呼ばれ続けた。

1 戦争墓

ドイツでも一九一五年九月二三日に、陸軍省から戦争墓を恒久的に維持する規定が公布された[45]。しかし、終戦後、敗戦国ドイツとオーストリアでは軍が戦争墓維持の活動をすることができなかったため、民間団体の「ドイツ戦争墓維持国民同盟 Volksbund Deutsche Kriegsgräberfürsorge（VDK）[46]」と「オーストリア黒十字 Österreichisches Schwarzes Kreuz（ÖSK）[47]」が設立され、その仕事に当たることになった。両者共、ナチ時代、第二次世界大戦期を経て、現在も精力的に活動を続けている。

一九二二年一二月二九日、ドイツ・ライヒ議会は戦争墓法を定めた。内務大臣令は以下のように説明している。「戦没兵士の墓は、品位のある、荘厳な場、簡素で兵士にふさわしい印象を与える場であるべきである。［中略］埋葬された者の民族性や軍隊内の階級は墓の外見からはわからないようにすべきである」[48]。ドイツは一九二六年にフランスと協定を結び、フランスでの兵士墓地の建設を決定した。同様の協定は、イギリス、イタリア、ベルギーとも締結された。現在、ドイツ戦争墓維持国民同盟は一〇〇ヵ国以上に存在する約二〇〇万の戦争墓を維持管理している。兵士墓地には、名前と職務、生没年が記された同じ大きさの墓石が並んでいる。

ドイツ国外で最も有名な兵士墓地は、フランドルの〈ランゲマルク・ドイツ兵士墓地〉[0-12-1, 2; III-9][49]であろう。《ドイツ人の歌》を歌いながら玉砕したと伝えられるランゲマルクの戦闘は、ヒトラー『わが闘争』に書かれて有名になり、兵士墓地はヒトラーユーゲントの聖地となった。ベルリンの〈ライヒ・スポーツ場〉の〈鐘楼〉[IV-5-1]は〈ランゲマルク塔〉と名づけられ［一四一頁］、〈ブルシェンシャフト記念碑〉[I-7-7]の前にも〈ランゲマルク記念碑〉が作られ、ランゲマルク神話を広めていった。五つの十字架を組み合わせたドイツ戦争墓維持国民同盟の標章が付いた案内[III-9-1]に導かれて石の門[III-9-2]に進むと「栄誉の部屋」があり、「故郷[III-9-3]は、ランゲマルクに眠る一九一四年から一九一八年の戦争の戦没兵士のことを記念し、想起している」と書かれ、その下に多くの個人名が並んでいる。[III-9-4] 墓地の墓標に、個人名に交じって一人の、あるいは複数の「無名のドイツ兵士」[0-12-2] と書かれているものがある。墓の周りに置かれていた石には、[III-9-5]「ドイツ学生合唱団」[50]、「ドイツ体操団」などの団体名が刻まれていた。一九三八年刊行の記念誌[51]には写真に添えて、[III-9-6]「若いオークの森と墓地。栄誉の部屋からオークの道を通って墓地に出る。緑の芝の上に一面に木の十字架が立っている。ドイツのオークはまもなく生い茂り、墓石の上に森を作るであろう」とある。この墓地の歴史について、ドイツ戦争墓維持国民同盟の説明プレートには次のように書かれている。

第一次世界大戦直後、ドイツ戦没兵士の墓は、東西フランドル地域の六七八の村に存在した。ランゲマルク地域だけで、一五の比較的大きな墓地があった。ベルギーの戦争墓維持組織は一九一九年から一九二〇年にかけて、それらの墓地の戦没兵士を集め、この墓地を最後の安息の地とすべく埋葬を行なった。墓へのドイツ人の公的な関与は一九二〇年代に始まり、一九三〇年にはドイツ戦争墓維持国民同盟がその仕事を引き継ぎ完成させた。学生団体と伝統的な多くの軍の師団の関係団体が国民同盟を支えた。

一九三二年七月一〇日、ランゲマルク兵士墓地の除幕式が行なわれた。一万一四三人の戦没兵士が墓石の下に埋葬され、その内六三一三人の名前が判明した。死者の名前は栄誉の部屋のオークの木のプレートに刻まれた。一九五〇年代には、第一次世界大戦のすべてのドイツ人戦没兵士をランゲマルク、メネン、ヴラッズロの三つの大きな墓地に集合させることになり、改葬作業が行なわれた。約二万五〇〇〇人の分けることのできない戦死者たちは一つの新しく整備された戦友墓［集団墓］に埋葬され、一方、一万人の個別の墓に埋葬されてきた戦死者は、かつてポピーの原であった場所に一段高くなった墓地が作られ、そこに最後の安息の場を得た。その結果ランゲマルク兵士墓地には第一次世界大戦のドイツ兵士四万四〇六一人が眠っている。

一九七一年には、それまで名前を書いた小さな石や銅の札を付けたオークの木だけが置かれていた墓に、墓標

III–9　ランゲマルク・ドイツ兵士墓地

として、名前、軍人の階級、死亡年月日の記された自然石のプレートが置かれた。0-12-1,2 長い年月の間に、戦友墓に埋葬された一万六九四〇人の戦没兵士の名前を資料と分析によって明らかにすることが可能になった。一九八四年、それらの名前は、六八枚のブロンズの板に掲げられた。III-9-7

戦後五〇年以上経ってから墓碑銘が、六〇年以上経ってから名前を刻んだ銘板が作られていることが注目される。

第一次世界大戦戦没兵士の戦争墓は、国内の市民墓地や教会の墓地にも数多くある。(52) 傷病兵が前線から国内の病院に運ばれ亡くなった場合、その地で葬られたからである。例えば西部戦線に近い〈ボン北墓地〉の一角にはかなりの広さの戦争墓墓地があり、ここにもドイツ戦争墓維持国民同盟の説明がある。

第一次世界大戦が始まるとすぐに、最初の傷病兵輸送列車が前線［フランドルの戦場］から故郷［ドイツ国内］に来た。デュースブルクなどの都市と同様に、ボンもまた、野戦病院の都市になった。約六万七〇〇〇人の負傷者がボンとその周辺で手当てを受けた。一〇五七人の兵士が死に、そのうち五六九人が北墓地に埋葬された。一六〇人が市の息子たち［ボン出身の兵士］であった。また、一九一八年一〇月三一日の最初の空襲の犠牲者も埋葬されている。彼らは平和に暮らしている最中に、思いもかけぬ爆撃に驚愕させられたのだった。戦争中、ここは栄誉の墓と呼ばれるようになり、様々な国、人種、言語、宗教の人々が埋葬された。その中には、ロシア、セルビア、イタリア、ポルトガルの戦争捕虜がいる。

大戦後の数年間、ボンは外国軍によって占領され、占領軍は彼らの死者を北墓地に埋葬した。それゆえ、ここには一〇〇人のフランス人、一七七人のモロッコ人の墓もある。ボンで死んだイギリス人はポッペルスドルフの墓地に埋葬された。占領軍は撤退と共に彼らの死者を故郷に運んだ。しかし、イギリス人は第一次世界大戦で戦死した三人のシーク教徒の墓を北墓地に残した。ボン出身の二七二三人の戦没兵士の名前と二一八七人の行方不明者の名前を刻む栄誉堂の建設計画は、一九二〇年代の終わりに財政的困難から中止された。

III-10　ドイツ国内の戦争墓、新衛兵所

戦争墓を四例挙げておく。〈一九一七年に死亡した大尉グレフィングホフ氏の墓〉[III-10-1]、終戦後かなり経って〈一九三七年に死亡した歩兵連隊のミーバッハ氏の墓〉[III-10-2]、〈「一人の無名兵士」の墓〉[III-10-3]、そして前述の空襲の犠牲者、つまり民間人の〈ローケ君の墓〉[III-10-4]には「生徒」とあり、当時八歳だった。

ベルリンには約一万五〇〇〇の第一次世界大戦戦没兵士の戦争墓がある。〈コロンビア通り墓地〉の〈オーストリア＝ハンガリー二重帝国兵士の戦争墓墓地〉[III-10-5, 6]の墓石にはチェコ系、ハンガリー系の名前もあった。

2　栄誉の碑

イギリスで「重層する共同体が競い合うように戦争記念碑を建立」したのと同様、ドイツ・ライヒ、オーストリア共和国でも、各州や市町村、教会、戦友会などが競って栄誉の碑を建てた。多くの若者が「ドイツのため」「祖国のため」「故郷のため」に外国の戦場に出征し、死んでいった。〈ランゲマルク・ドイツ兵士墓地〉に「故郷は戦地に眠る戦没兵士のことを想起している」と書かれたことに対応するように、各地に無数の栄誉の碑が建設された。

連合国では、第一次世界大戦の終結、勝利の記念日は、休戦条約が締結された一一月一一日だった。この日が戦没兵士追悼の日となり、伝統は現在まで続いている。しかしドイツでは、いつ「国家のために死んだ兵士」を悼むべきか、戦争直後から激論が続いた。カトリックの南とプロテスタントの北とでは民俗的風習も異なり、国民のすべてを納得させる日を定めることは難しかった。政治的混乱が続く中で、ドイツ戦争墓維持国民同盟は、各地に戦争墓墓地を建設すると共に、栄誉の碑建設に協力し、次第に復活祭前第五日曜日（大斎節第二日曜日）を「国民追悼の日」に、という声を定着させる。一九二六年からは全ドイツでこの「国民追悼の日」に行事が行なわれるようになった。

以下、ドイツとオーストリアにおける栄誉の碑を見ていきたい。まず、第一章でとりあげたベルリン、ミュンヘン、ウィーンの一九世紀の解放戦争記念碑がどのように改装されたか、である。

a　ベルリンとミュンヘン

ベルリンの〈新衛兵所〉[0-3-1; I-1-6, 7]の改装はコンペの結果、ハインリヒ・テセノウの案が採択され、ヴァイマル共和政末期の一九三一年に除幕された。窓を閉鎖し、上に丸く開いた穴からだけ光を入れて、台座の上のルートヴィヒ・ギース〔一五五頁〕〈銀製のオークの葉の冠〉[0-3-4]〔第一章注（6）〕と「一九一四―一九一八」の数字が書かれたプレートを置くという簡素な意匠だった。[III-10-7][53] 冠は一九四五年以後、しばらく行方不明になっていたが、発見されて修復され、一九六六年から〈リーリエンタール墓地〉に置かれ、そこは〈栄誉の碑〉とされていた〔カラー頁の写真は当時撮影〕。現在は〈ドイツ歴史博物館〉[0-3-1]に展示されている。

ミュンヘンでは、〈将軍堂〉[0-6-3]に第一次世界大戦の記念プレートが加えられた。「一九一四年から一九一八年の世界戦争において、一四〇万人のバイエルン人が肩と肩を寄せ合い、ドイツの兄弟たち、および忠実なる同盟軍と共に、帝国の存立と自由のために戦った。二〇万人が祖国のために命を落とした」とある。

さらに宮殿中庭に、〈軍事史博物館（現州庁舎）〉の壮大なガラス張りの建物を背景にして、〈戦士の栄誉の碑〉[III-11-1][54]（一九二四）が建てられた。長方体の棺を思わせる巨大な石には、「彼らは復活するであろう」と書かれ、地下聖堂には、軍服を着て鉄兜を被り、手に銃を持った〈横たわる戦没兵士の像〉[III-11-2]がある。壁に「バイエルン戦士同盟ミュンヘン市総裁これを建つ」「一九一四年から一九一八年に戦没した一三〇〇〇人のミュンヘン市の英雄たる息子たちへ」と刻まれている。[III-11-3] 市内の〈将軍堂〉がバイエルン全体の戦没兵士を、宮殿中庭の〈戦士の栄誉の碑〉がミュンヘン市から出征した戦没兵士を記念している。

b　ウィーン

ウィーンの〈城門〉[0-4-3]の下層には、〈一九一四年から一九一六年の我々の英雄のための月桂冠〉が並んでいる。一九一五年に、戦勝を祈願すると同時に、戦没兵士を讃え、遺族を援助するための基金の設立が呼びかけられ、皇帝をは

III-11　戦士の栄誉の碑（ミュンヘン）、海軍栄誉の碑（キール）

じめ、多くの自治体や個人の寄付によって、一九一六年にこの月桂冠が作られた。一〇〇以上の月桂冠は、それぞれ中心に州、都市の紋章がある。『記念誌』によれば、月桂樹の葉に戦没兵士の名前を刻み、その証明書が遺族に送られた(55)。中央には四つ[0-4-2]の黄金の小枝が並び、第一次世界大戦を共に戦っていた四人の君主、オーストリア皇帝兼ハンガリー国王フランツ・ヨーゼフ一世、ドイツ皇帝兼プロイセン国王ヴィルヘルム二世、人スルタン・ムハンマド五世、ブルガリア国王フェルディナンド一世からの基金を記念している。

　戦後、オーストリア各地に栄誉の碑が建てられた。オーストリアの国家としての栄誉の碑建設への要求は強かったが、完成したのは一九三四年だった。すでにドイツではヒトラーが政権を取り、オーストリアでもオーストリア・ファシスト政権のもと、共産党も社会民主党も解散させられていた。五月には職能身分制による憲法が制定されたが、七月に首相ドルフスがナチによって暗殺され、後継の首相シュシュニクは護国団とキリスト教社会党との不安定な連合の上にドルフス路線の継承をめざした。その騒然とした時代、一九三四年五月に〈城門〉の改装は着工され、九月九日に完成した(56)。

〈城門〉左側の地下聖堂に〈横たわる兵士の像〉とカトリックの祭壇が置かれ、〈英雄記念碑[0-4-4]〉となった。正面の壁には「世界戦争の死者へ」と「一九一四―一九一八」が刻まれ、入口の上部には「自らの使命を全うするために、彼らは自らの生命を捧げた」と書かれた。隣室には各地域ごとに名前、軍隊での階級、生没年の記された戦没兵士名簿が陳列されている。除幕式には首相シュシュニクと共に、ウィーン大司教だった枢機卿イニツァーが列席し、次のように述べた。「我々の祖国のため、我々すべてのために、自らの命を犠牲にした彼らこそが正義である。私は、この場所で世界戦争のすべての犠牲者のための祈りとミサによって、キリスト教の教えを献ずることができることを何よりも満足に思う(57)」。オーストリアでは戦没者追悼行事は現在に至るまでカトリックの宗教行事として行なわれている。

〈城門〉の中央屋上には〈栄誉ホール[0-4-1]〉が作られ、「古き帝国および王国軍」の「記念の場」となった。ホールには天井がなく、オーストリア国旗がはためいている。階段の途中にはオーストリア＝ハンガリー二重帝国の八つの民族、ドイツ系オーストリア人、マジャール人、チェコ人などを代表する八体の頭部彫刻がある。ホールの壁には、リング通り側に、大きな「双頭の鷲」の紋章の左右に「栄光に満ちた帝国軍の記念に　一六一八―一九一八」と記され、その下に有名な会戦の場所と年、対トルコ戦争の「ザンクト・ゴットハルト　一六八三」、対フランス戦争の「アスペレン　一八〇九」「ライプツィヒ　一八一三」などが並び、〈英雄広場〉側に、軍を率いた英雄たち、ヴァレンシュタイン、オイゲン公、ラデツキーなどの名前がある。勝利した会戦の場所と年号だけを書き、貴族の将軍たちを讃える、古き伝統の戦争記念碑である。ハプスブルク帝国の栄光を懐かしみ、三〇年戦争以来の三〇〇年の歴史を刻んだ記念碑が、帝国の崩壊後オーストリア・ファシズムの時代に作られ、現在もそのまま置かれている。

c　ブレーメンとキール

ハンザ都市の伝統を持つブレーメンは他の君主国と同格とされ、自治意識が強かった。〈ブレーメン市栄誉の碑〉[III-12-1]が残っている。全体が煉瓦の壁で囲まれ、中に置かれた石碑には、脇に「一九一四―一九一八」の年号があり、正面に「[III-12-4]この都市［ブレーメン］から戦争［第一次世界大戦］に出征し、死んだ、一万人の男たち、若者たちへ」、反対側に「友のために命を落とすことほど偉大なる愛は無い」とある。後者は『新約聖書』ヨハネ伝一五章一三節で、ここでも「友」は敵の対語としての「味方」を意味する。壁には一面にAからZまで約一万人の名前が並べられている[III-12-2,3]。Zに続いて最後に、「ブレーメンの自由のための闘争において、一九一九年二月四日に、義勇軍カスパウと義勇軍ゲルステンベルクの一員として戦死した」とあり、二五人の名前が姓のみ記されている[III-12-5]。一九一八年革命に続く左翼のレーテ運動を弾圧、鎮圧した、右翼、反革命の側の犠牲者である。この記念碑の除幕は一九三五年一〇月一三日で、すでにナチが政権の座についていた。

ブレーメンにはもう一つ、興味深い栄誉の碑がある。[III-12-6]〈ドイツ植民栄誉の碑[58]〉（一九三二）で、巨大な象の形をして

III-12　ブレーメン市栄誉の碑、ドイツ植民栄誉の碑

いる。ナミビアが一九九〇年に南アフリカ連邦から独立した後に置かれたプレートには次のように書かれている。

ドイツ植民栄誉の碑は、ミュンヘンの彫刻家フリッツ・ベーンの作品で、一九三一年ブレーメンのドイツ植民協会によって建てられ、一九三二年六月六日に除幕式が行なわれた。この栄誉の碑は、建設された当時も論争の的だった。この記念碑と共に、諸民族の共生はどうあるべきか、植民地に対する抑圧によってか、それとも同権に基づく協力によってか、激しい議論が沸き起こった。

この地下聖堂の上に作られた象の記念碑は、第一次世界大戦における、アフリカのかつてのドイツ植民地出身の戦没兵士を記念していた。同時にこの象は、ドイツの植民地支配の過去の表現であり、ブレーメン市の植民地関係者の［第一次世界大戦後失われた、かつての］ドイツの植民地に対する返還要求の表明でもあった。

ナチ時代、この象は、第三帝国の植民の都市とされたブレーメンにおける、ナチ運動の中心になった。アフリカの問題は、今日でもなお、植民地主義、人種主義、そして持続する搾取と緊密に結びついている。アフリカの人々は、大きな犠牲を伴った解放戦争によって、抵抗運動での勝利を勝ちとることができた。世界中の人々がアフリカの人々と連帯した。我々の社会もこの発展から学び始めた。アフリカは、ブレーメンに新しい友人を見出した。この記念碑は、歴史が我々に突きつける責任のシンボルである。

〈ドイツ植民栄誉の碑〉は〈反植民地記念碑〉となった。近くに、アフリカ大陸の形がくり抜かれ、III-12-7「アパルトヘイト反対、人権賛成」と書かれた看板、「ドイツのナミビアにおける植民地支配（一八八四―一九一四）の犠牲者の記念のために」と書かれたプレートもあった。

ブレーメンよりさらに北のキールの近郊ラボーには〈海軍栄誉の碑〉[59]がある。一九三六年の除幕式のポスターIII-11-5では鉤十字がはためいている。塔の後ろには大集会を開催できるスペースが作られた。海に面して屹立する高さ七二メートルの巨大な塔からの眺めはすばらしく、海からもよく見えると思われる。一番下の栄誉ホールの入口には、第一次世界大戦後は「栄誉の表」として、沈没した戦艦とUボートの番号が書かれていたが、現在は「彼らは、我々のために、生きる者に警告するために死んだ」とあり、左に「一九一四―一九一八」と「三万五〇〇〇」、右に「一九三九―一九四五」と「一二万」、両大戦で戦死した海軍兵士の数が記されている。ラボーから南に五キロほどのメルテンスオルトには〈Uボート栄誉の碑〉III-11-6[60]（一九三〇）がある。一九七〇年に完成した一一七枚のブロンズの銘板には、両大戦におけるUボートの戦没兵士約三万人のすべての氏名が、艦艇ごとに刻まれている。III-11-7

d　第一次世界大戦とユダヤ人

第一次世界大戦にはユダヤ人も参戦した。ドイツのユダヤ人は一九世紀初頭以降、法的に解放されていったが、世紀末になると、ユダヤ人をユダヤ教徒として宗教的に差別するだけではなく、生物学的に人種として排斥する反セム主義が広まっていく。一八九三年には「ユダヤ教徒ドイツ国民中央協会」が設立された[61]。宗教的にはユダヤ教徒としての自覚を持つユダヤ人が、政治的にはドイツ帝国国民として活動することをめざした組織だった。大戦が勃発した一九一四年八月一日、協会は「ドイツのユダヤ人へ」と題した声明を発表し[62]、「運命を決する重大な時に、祖国はその旗のもとに集う息子たちを待っている。すべてのドイツ・ユダヤ人が、義務を遂行するために財産と血とを犠牲にする用意があることは自明である。信仰を同じくする者たちよ！　我々は諸君らに、義務としてその力を祖国のために捧げることを要請する。今すぐに志願し、旗のもとに集え」と、参戦を呼びかけた。実際に一〇万人のユダヤ人が参戦し、一万人以上の戦死者を出した。ドイツで最大のユダヤ人墓地、ベルリンの〈ヴァイセンゼー・ユダヤ人墓地〉には、〈第一次世界大戦戦没ユダヤ人兵士の戦争墓墓地〉III-13-2と〈記念碑〉III-13-1がある。一九九〇年以降、国民追悼の日には、ドイツ連邦軍の代表がこの記念碑に花輪を捧げる行事が行なわれている。III-13-3ユダヤ人は第一次世界大戦で大きな犠牲を払ったにもかかわらず、「背後からの一突き」III-2-2伝説によって、「ユダヤ人の裏切り」が宣伝され続けた。「ドイツの母たちへ！」と書かれた新聞広告III-13-5では、「第一次世界大戦ではキリスト教徒とユダヤ教徒が一緒に戦い、外国の地に一緒に眠っている。一万二〇〇〇人のユダヤ人が戦死した！」ことを強調し、「息子を亡くしたユダヤ人女性たちがいわれのない嘲笑によって辱められることのないように」と訴えている[63]。

〈ウィーン中央墓地〉第七六群Bにも〈第一次世界大戦戦没ユダヤ人兵士の戦争墓墓地〉と〈記念碑〉III-13-4（一九二九）があり、埋葬されている数百人の兵士の名前が大理石の銘板に刻まれている。III-13-6 さらにユダヤ人前線兵士同盟の〈記念碑〉III-13-7（一九三四）も置かれ、ここ以外の各地に葬られている戦没ユダヤ人兵士を記念している。

e　様々な栄誉の碑

他にも多くの、様々な栄誉の碑が作られた。重要な記念碑を挙げておく。

第一は、ドルトムント近郊ホーエンジーブルクの〈三つの戦争の戦没兵士の栄誉の碑〉III-14-1 である。ホーエンジーブルクの〈皇帝ヴィルヘルム一世像〉はナチ時代の一九三五年に大規模に改築され、その折に〈独仏戦争と第一次世界大戦戦没兵士栄誉の碑〉が作られ、一九四五年以後に〈第二次世界大戦戦没兵士のプレート〉も加えられた。そのように三つの戦争の記念碑となっているものも多くある。

第二は、〈戦争墓墓地〉を紹介したベルリン、〈コロンビア通り墓地〉の〈皇妃アウグスタ近衛第四連隊栄誉の碑〉III-14-3（一九二五）である。横たわる兵士は、覆われた布の先に握ったこぶしを固め、今にも起き上がらんばかりである。「我々はドイツが生きることを望んで死んだ。我々を君たちの中に生きさせよ」とある。「安らかに眠らない」兵士の記念碑であり[64]、敗北を認めようとせず、次の戦争に期待する第一次世界大戦後のドイツ人の意識を象徴している［同様な第一次世界大戦後の意識を示すものとして、二四三頁］。

第三に、栄誉の碑は本来、戦没兵士の記念碑だが、〈ブレーメン市栄誉の碑〉に義勇軍兵士の名が刻まれたように、戦後の白色テロの実行中に死亡した義勇軍兵士の記念碑も栄誉の碑と呼ばれた。オーバーシュレージエン（現ポーランド領）のアナベルクには〈ライヒ義勇軍兵士栄誉の碑〉が作られた[65]。

III–13　ユダヤ人兵士墓地（ベルリン、ウィーン）

第四は、〈ウィーン中央墓地〉第九一群にあるアントン・ハナク〈ウィーン市栄誉の碑〉[III-14-2]（一九二五）である。栄誉の碑らしからぬ「赤いウィーン」時代のこの記念碑について、シャルフは、バルラッハの栄誉の碑［一六三頁］と同様の民主的記念碑、つまり警告の碑の性格を持つ戦争記念碑としている(66)。

f　ライヒ栄誉の碑

〈タンネンベルク記念碑〉[III-14-4](67)は、二回目のタンネンベルクの会戦を記念している。最初の会戦は一四一〇年七月一五日のドイツ騎士団とポーランド・リトアニア連合軍との戦闘で、精強を誇ったドイツ騎士団はこの「中世史上、最大の会戦」で完敗した(68)。二回目は、約五〇〇年後の一九一四年八月、第一次世界大戦の初頭に、侵入してきたロシア軍をヒンデンブルクとルーデンドルフの率いるドイツ軍が撃退した会戦である。二回目の会戦の場所は最初の戦場からかなり離れていたにもかかわらず、「タンネンベルクの会戦」と名づけられ、「国民の記憶」に刻み込まれた。五〇〇年前の敗北の仇を返し、勝利したヒンデンブルクとルーデンドルフは、ドイツの英雄として圧倒的な人気を得た。ヒンデンブルクは一九二五年に大統領となり、やがてヒトラーをドイツ首相に任命する。一方、ロシアは第一次世界大戦末期の混乱の中で革命に至る、という歴史を考えれば、二〇世紀の会戦もその後の歴史に決定的な意味を持った。ヒトラーはこの会戦とヒンデンブルクの名を利用して自らの歴史を神話化した。

ケーニヒグレーツ、ランゲマルク、タンネンベルクなどドイツ語名の戦場と結びついた記念碑は、「国民の記憶」にとって特に重要だった。〈タンネンベルク記念碑〉は、カール大帝の眠る〈アーヘン大聖堂礼拝堂〉、神聖ローマ皇帝フリードリヒ二世の建てた南イタリアの〈デル・モンテ城〉[III-14-6]と同様に八角形だった。かつてのドイツ騎士団の拠点に置かれた記念碑は、一九二七年にヒンデンブルクが列席して除幕式が行なわれ、国民記念碑とされた。一九三四年にヒンデンブルクが死去し、ヒトラーは空席になった大統領を代行兼務する総統となった。八月七日に大統領の盛大な葬儀が〈タンネンベルク記念碑〉[III-14-5]で挙行され、ヒトラーは演説の最後を「死せる将軍よ、いざヴァルハラへ入られ

III-14　様々な栄誉の碑

よ」で結んだ。(69)ヴァイマル共和政期には本来はプロイセンの施設であった〈新衛兵所〉が「ライヒ栄誉の碑」の役割を担っていたが、一九三五年にヒトラーは〈タンネンベルク記念碑〉を正式に〈ライヒ栄誉の碑〉と定めた。〈タンネンベルク記念碑〉は一九四五年一月、ヒンデンブルクの棺が運び出された後、ドイツ軍によって爆破された。国民記念碑の時代は終わった。

第四章　ナチズムとドイツ表現派
――現代の三〇年戦争（一九一四―一九四五）　その2

はじめに

一九三五年のライヒ党大会演説でヒトラーは述べた。『歴史が自らの記念碑を打ち立てて初めて、国民はそれが現実に意味のあるものであることを発見する』。モッセはこの言葉を引用して、以下のように説明している。

この「記念碑」という言葉でヒトラーが表現していたのは、彼自身の体制のみならず、ありうべき唯一の大衆運動としての国民主義の政治的儀式であった。ナチズムは、その運動が始まる一〇〇年以上前から催されてきた国民的祭祀の展開の上に成立した。この展開はナチ党の政治様式を理解するために欠くことのできないものである。つまり、これなくして大衆運動としてのナチズムを正確に分析することはできない(1)。

ヒトラー自身、三年後の一九三八年のニュルンベルク・ライヒ党大会の文化会議で「芸術における真偽について」と題した演説を行ない、「我らの新たな国民的記念碑」について誇らしげに述べている。

我々はわずか数年間でドイツ芸術とドイツ民衆の「内面的結びつき」を再生することに成功したのだ。我らの劇場では何百万ものドイツ人が席を占め、我らの詩人の言葉と美しき不滅の音楽の響きに聞きほれている。この同じ数百万人は我らが建造物の前に立ち感嘆に目を見張って立ち尽くし、この巨大かつ崇高な国民的偉業を高らかに誇りうることに歓喜している。この民衆によって我らの新たな国民的記念碑は支持されている(2)。

「ヒトラーの建築家」として知られるシュペーアもヒトラーの以下のような言葉を伝えている。

ヒトラーは、自分の時代とその精神を後世に伝えるために建築するのだという言い方を好んで使用した。歴史上の偉大な時代を記念するには結局その時代の記念碑的建造物しかないと彼は言った。［中略］「国民の偉大さに対する感覚が再び点火されるとき、先人たちの記念碑が光り輝く燈台となるだろう(3)」。

ヒトラーは記念碑を国民の歴史意識の発火点と考え、国民的記念碑の建設に異常な情熱を燃やした。若き日に芸術家を夢見たヒトラーは、第一次世界大戦が無ければドイツを代表する建築家になっていたと言うのが常だった。彼にとって建築こそが「真の芸術」であり、「美」そのものだった。一九三八年の演説は続く。

このように芸術家をも包摂する時代の全体意志を自分の芸術作品に表現することは、常に真の芸術家の精神的天分を示す証拠である。おそらく、このことを全ての人に最も判りやすく示せるものは建築芸術の作品であろう。［中略］建築芸術であれ、音楽であれ、彫刻あるいは絵画であれ、原則として以下のことを無視してはならない。真の芸術はすべて、その作品に美の刻印を押さなければならない。というのは、我々すべてにとって理想とは健全なものの育成でなければならないからである。全ての健全なもののみが正しくかつ自然である。また、正しくかつ自然なものはすべて美しい。しかして今日、真理に対するのと同じ勇気を美に対して見いだすことが重要である(4)。

「美」「真理」「健全なもの」が並列され、「美」に高い価値が置かれている。この時代のファシズムと呼ばれる運動にとって「政治の審美化」は最も重要な課題だった。ナチズムは自らが肯定する「大ドイツ芸術」と否定する「頽廃芸術」を対置し、特に表現派を嫌悪した。演説でも「健全で潑剌とした民族愛を持つドイツ人大衆」と「血のつながりが希薄で、そのためにあてにならない頽廃的な、いわゆる社交界」を対比し、後者に対して容赦のない悪罵を浴びせている。ナチズムは何を「美」「真理」「健全なもの」としたのだろうか、また、何を、徹底的に排除しようとしたのだろうか。

第1節　ナチズムと記念碑

1　祭典と祭祀

「ナチズムとメディア」が問題とされる場合、ラジオ、映画など当時の最新の「ニューメディア」との関係が議論されることが多い。確かにナチズムはそれらを活用した新しい運動だった。しかし、ナチズムと「オールドメディア」の関係も見逃してはならないだろう。[5] 二〇世紀の大衆運動ナチズムは、一九世紀以来の「協会、記念碑、祭典」の伝統を発展させた。広場まで旗を掲げて行進し、集って祭典を行ない、演説を聞き、全員が歓呼と共にナチ式敬礼で応え、全員合唱で締め括る、というスタイルが確立していく。「祭典の場」が決定的に重要になり、既成の記念碑に集会用の広場が付け加えられた。新しい記念碑は広場も含めて設計され［〈海軍栄誉の碑〉III-11-5］、広場だけでなく、会議場、野外劇場、スポーツ施設などが、記念碑的建造物として建設された。記念碑は「見る」だけではなく、「用いる」ものになった。

大衆運動が活発化したのは、「公共性の構造転換」の結果であり、転換点は「一九一四年八月一日」、つまり第一次世界大戦が勃発した時だった。佐藤卓己はその時を「市民的公共性の理性が大衆的公共性の感性に敗れた記憶すべき瞬間」としている。[6] この日、皇帝の宣戦布告の演説を受けて、ドイツ中で群衆のデモが盛り上がった。ヒトラーも、ミュンヘンの〈将軍堂〉0-6-3 前の〈オデオン広場〉を埋め尽くして歓呼する群集の中にいた。その時の写真とされるものが、一九三二年の大統領選挙の折のナチ党機関紙『フェルキッシャー・ベオーバハター』に掲載された。〈オデオン

IV-1　オデオン広場と国王広場（ミュンヘン）

広場〉は、前線に向けて出発する兵士が集う場所となっていく。佐藤は、政治的祝祭、行列、屋外集会などによる無教養な大衆が主体となった公共性を「街頭的公共性」と呼び、旧来のサロンの閉鎖的な「文芸的公共性」＝「市民的公共性」から「街頭的公共性」に基づく「ファシスト的公共性」への転換を問題にしている。第一次世界大戦末期、ロシアに革命が起こり、ドイツでも左右両派が街頭で激突する「革命状況」になった。ファシストは「労働者的公共性」、つまり左翼の大衆運動からその方法を奪取した。

IV-1-1

ナチ政権成立後、集会の最後には必ず《ドイツ人の歌》の第一節「世界に冠たるドイツ」と《ホルスト・ヴェッセルの歌》が歌われた[7]。一九三〇年に二二歳で「殉死」したナチの突撃隊員ヴェッセルが作詞したこの歌はナチ党歌となった。行進曲風のメロディーに合わせて歌われる。

旗を高く揚げよ！　隊列を固く組め！　断乎たる歩みで突撃隊は行進する
赤色戦線と反動勢力の弾に斃れし戦友たちも、心の中で我らと共に行進する[8]

左翼の革命に対抗する自らの革命、すなわち反革命と戦争への情熱、命を賭けた戦い、その行動こそがすべてだった。ナチズムの運動を「ニヒリズムの革命」とするラウシュニングは述べている。

ナチズムは国粋主義運動というよりは、むしろ革命運動であった。［中略］それは民族主義的な一セクトから、国粋的な主張を掲げただけのラジカルな革命運動に変身してしまっていたのである。［中略］革命は絶対的権力をもって支配するエリートがいなければ成功できない。またこのエリートは、革命の破壊がたえず拡大してゆく過程のうちにのみ権力の座にあり続けることができる。［中略］ナチの革命にあるのは理想の欠如とニヒリズムであり、それが支配の手段として流血とテロを冷静に用い、精神的・倫理的な価値や観念を、革命の目標にあわせて気ままに操作するのである[9]。

ラウシュニングは「綱領の条項などはまるで目標とはいえない」とし、「表向きの看板」と「まぎれもない革命的暴力行動主義」の関係、その「基本的な差異」に注目している。「大衆にとっては前者」が、「支配権を握るエリートと精鋭部隊にとっては後者」が重要だった。

大衆に対しては儀式が演じられる。［中略］個々の事柄を越えて大衆を揺り動かし、煽るのは、いつもきまってリズムであり、新しいテムポであり、市民性を突き破らせる行動性である。この行動性によって多くのことが可能になる。これによって大衆を狂暴化させることができるのだ。［中略］謀議に参画した古い党員は、一連の世界観や党綱領はまったく象徴的な価値をもっているにすぎず、幻想を掻き立て、彼らの考えを他の事柄からそらさせ、厳しい規律に服させるためにあるのだということを知っていた。(10)

ヒトラーの「芸術における真偽について」で興味深いのは、ヒトラーが祭典とそのための建築、国民会堂や広場を称揚する一方で、祭祀とそのための建築を口をきわめて批判していることである。

［ナチズムは］これまで「祭祀」という呼称を求めていたもの——とは何一つ関係ない。なぜなら、ナチズムはなんら祭祀的運動ではなく、それはまったく人種的認識から生まれた民族政策的理論だからである。神秘的祭祀ではなく、血に定められた民族の育成と指導が目指されている。ゆえに、我々には祭祀堂はなく、あるのはもっぱら国民会堂であり、祭祀場ではなく集会や行進のための広場である。［中略］我々の集会場の特性は祭祀場の神秘的暗さではなく、美しくしかも機能的な会堂建築の明朗さと光にある。それゆえ、この内部では祭祀行為も行なわれず、もっぱら民衆示威行進が行なわれる。［中略］それゆえ、神秘主義的素養のあるオカルト的来世論者が運動に忍び込むことを許すわけにはいかない。彼らは、ナチではなく、何か別物であり、いずれにしても我々と断じて関係のないものである。(11)

実際には、ナチの幹部には相当に「神秘主義的素養のあるオカルト的来世論者」がいたこと、特に一九二九年以降、親衛隊全国指導者になり、一九三六年にはドイツ警察長官として警察権力をも一手に掌握したハインリヒ・ヒムラーが、自らを「中世のドイツ国王ハインリヒ一世の生まれ変わり」と信じ、神秘主義的祭祀に傾倒していたことはよく知られている。[12] ヒムラーは一九三四年に、パーダーボルン近くの三角形の城〈ヴェヴェルスブルク〉[IV-2-1]を入手し、この歴史的建造物を親衛隊の城に改築した。[13] 地下の霊廟の天井には鉤十字が見える。[IV-2-2]〈ヴェヴェルスブルク〉にはヒトラーの部屋が用意されていたが、ヒトラーは一度もそこを訪れなかった。ヒトラーの合理主義、科学主義はヒムラーの神秘主義とは相容れなかった。とはいえ、ヒトラーは政権掌握後、エリート集団、実行部隊としての親衛隊を利用し続けたのであって、親衛隊なしにナチはありえなかった。ヒトラーが演説で強調した神秘主義批判は、あくまで建前であり、大衆を欺くための嘘であった。親衛隊はナチの暴力支配の中枢として、強制収容所を管理し運営する「殺人のプロ」を養成し続けた。特に戦争勃発後は、占領地に対し過酷な支配を行なうと同時に、ユダヤ人大量虐殺を実行する任務を組織的かつ精力的に続けた。その、およそ非人間的な任務を遂行するために、党章の付いたナイフや髑髏の指輪が秘儀によって結びついた親衛隊員の連帯の証とされ、祭祀の場が必要とされたのだった。ヒムラーは一九三六年にはドイツ文化遺産助成保護協会を設立、七月二日にクヴェドリンブルク大聖堂でハインリヒ一世の没後千年祭を行なった。[14] 新しい記念碑や記念碑的建造物の建設と並んで、古い歴史的建造物の保護も重要な課題となった。〈ヴェヴェルスブルク〉は現在、歴史博物館として中世以降の地域史を展示している。近くの郡博物館に「ヴェヴェルスブルク現代史の記録　一九三三―一九四五」と「東中欧のドイツ人」と題した被追放者の歴史の展示があった。

ナチ党の幹部養成学校「騎士団の城」の一つ〈フォーゲルザング城〉[15]は、ルクセンブルクとの国境に接し、最近までベルギー軍が使用していたが、二〇〇六年から一般に公開され、案内付きで施設を見ることができる。[IV-2-4] 建物はほぼ[IV-2-3]当時のまま残されており、美しく豊かな自然に抱かれた広大な敷地に建つ、クレメンス・クロッツ設計の石造りの堅固な建物群と室内に置かれた木製の重厚な調度品[IV-2-5]は、当時の生活と教育を実感させる。若きナチ・エリートたちが[IV-2-6]〈松明を持つ男〉として、理想社会の建設を夢見ていた。

IV-2　ヴェヴェルスブルクとフォーゲルザング城

2 記念碑、祭典、都市改造

「エリートではない一般の大衆」にとっては、様々な機会に行なわれる祭典が大事だった。伝統的な行事からも多くが取り入れられ、ナチはそれらを華麗に演出した。フォンドゥングが挙げている重要な年中行事だけで一三もあった(16)。①一月三〇日　権力掌握日［一九三三年に政権を獲得した日］②二月二四日　党綱領発表の日［一九二〇年、ミュンヘンで党綱領を発表］③三月　英雄記念日　④三月末の日曜日　青年の義務の日　⑤四月二〇日　総統の誕生日　⑥五月一日　国民労働の日［左翼の労働者の祭典だったメーデー］⑦ドイツの復活祭と五月祭［キリスト教の復活祭と精霊降臨祭をゲルマン化］⑧五月の第二日曜日　母の日　⑨六月　夏至　⑩九月前半　ライヒ党大会　⑪一〇月初め　収穫感謝祭(17)　⑫一一月九日　運動の犠牲者の記念日［一九二三年のミュンヘン一揆の記念日］⑬一二月　冬至とクリスマス。祭典参加者は自らが運動の先頭にいるという意識を持ち、国民は民族共同体を実感した。

ナチは一九三九年、ドイツ中の都市のナチ美学に基づく都市改造計画を作成し、優先すべき五つの都市を決定した。ライヒの首都ベルリンは「千年のライヒ」にふさわしい巨大な「ゲルマーニア」、ミュンヘンは「運動の首都」、ニュルンベルクは「ライヒ党大会の都市」、ハンブルクは「世界に開かれた門」、リンツは「総統の青春の町」として改造されることになった。各都市には「第一次世界大戦戦没兵士栄誉の碑」を囲む「慰霊空間」を中心に、ナチ的な記念碑彫刻を持つ大集会場と公共建築群が作られることになった。ナチの建築物は近代的で無機的なコンクリートではなく、自然石を用いた堅固な建築であることが求められた(18)。膨大な各種石材、煉瓦その他の建築資材を供給するために、ナッツヴァイラー、V-19-1,2 マウトハウゼンなどの強制収容所に収容されていた人々が酷使された。都市改造計画は一九四三年以降は戦局の悪化により中止され、戦争末期の空襲で多くが破壊されたが、ベルリンのテンペルホーフ空港など、戦後も使われ続けたもの、現在も用いられているものもかなりある(19)。

ナチズムの運動が記念碑と祭典によってどのように展開したのか、重要な都市を追いながら見ていく。

a　デュッセルドルフとシュラーゲター記念碑

一九二三年一月、ドイツの賠償金支払い不履行を理由に、フランス、ベルギー軍はルール地方に進駐した。三月一五日の深夜、ルール地方をほぼ南北に走る鉄道のデュッセルドルフとデュースブルクの間が爆破された。実行犯として二八歳のシュラーゲターが逮捕され、フランスの軍事法廷で裁判にかけられ銃殺刑を執行された。ナチはいち早く、「シュラーゲターは一九二二年中頃にナチ党に入党しており、党員番号は六一番である」と発表した。彼の墓碑には、愛国的な労働者詩人レルシュの詩「兵士の別れ」のリフレイン、「ドイツは生きなければならない、たとえ我々が死ななければならないとしても」が刻まれた。一九一四年八月一日、つまり第一次世界大戦開戦の日に作られたこの詩は、「征かせて下さい、お母さん、征かせて下さい！　どんなに激しく泣かれても、もはや無益というものです。私達は征くのですから、祖国を護るために」と続き、各節の最後に、先のリフレインが繰り返される。この一行は、戦死した若者へ捧げる言葉として、多くの戦没兵士の記念碑に刻まれ[20]、〈ランゲマルク・ドイツ兵士墓地〉にも掲げられた。それがナチの「殉教者」シュラーゲターの記念碑にも書かれた。ルール占領はドイツ国民にフランスへの憎悪をつのらせ、シュラーゲターは国民的英雄となり、ナチへの期待は高まっていく。

八年後の一九三一年、処刑された場所に高さ三一メートルの巨大な十字架の〈シュラーゲター記念碑〉IV-3-1が完成した。ナチ政権成立後の一九三三年五月二六日、一〇周忌の式典にヒトラーの代理として列席したプロイセン首相ゲーリングは、この記念碑を国民記念碑とする、と宣言した。デュッセルドルフは関連行事で沸きに沸いた[21]［記念碑は一九四六年、デュッセルドルフ市参事会の決定により破壊され、現存しない］。

b　ミュンヘン＝「運動の首都」

シュラーゲターが処刑された一九二三年の秋、一一月八日にヒトラーは「国民革命」を宣言した。翌九日に、ルー

IV-3　1930 年代の政治と芸術

デンドルフと共に三〇〇〇人の武装したデモ隊を率いて〈凱旋門〉[0-6-1]から行進し、〈将軍堂〉[0-6-3]前の〈オデオン広場〉で警官隊の一斉射撃を受け、警察側に三名、ナチ側に一六名の犠牲者が出て一揆は失敗した。捕らえられたヒトラーは獄中で『わが闘争』を執筆する。「一一月九日」はナチの最も重要な記念日となり、ナチ政権成立後、〈将軍堂〉には犠牲者の名前を刻んだ〈栄誉の碑〉が置かれ、終日警護された。[IV-1-2] クレンツェの設計した〈国王広場〉にパウル・L・トローストによって〈栄誉廟〉（一九三五）[IV-1-3]［写真上部中央の小さな二つの建物、現存しない］が作られ、[22]「一一月九日の殉教者」のブロンズの棺が並べられた。[IV-1-4]〈栄誉廟〉の両隣は〈党本部〉となった。〈国王広場〉[IV-1-6]は現在は平和な道だが、当時は党や軍の行進、式典の場だった。[IV-1-5]

c　ニュルンベルク＝「ライヒ党大会の都市」

ナチのライヒ（全ドイツ）党大会は、第一回（一九二三）はミュンヘン、第二回（一九二六）はヴァイマル、第三回（一九二七）から第九回（一九三八）までは毎回ニュルンベルクで開催された。一九三九年の大会は戦争で中止され、以後は開催されなかった。ニュルンベルクは、ヴァーグナー《ニュルンベルクのマイスタージンガー》のモデルとなったハンス・ザックスや画家デューラーが活躍した帝国自由都市の伝統を持ち、一九世紀には〈ゲルマン国民博物館〉［五九頁］ができ、ドイツの鉄道発祥の地だった。[IV-4-1]〈ライヒ党大会会場〉は郊外の広大な沼地に作られた複合施設[23]で、既存のものも含め、七つの会場が利用できるように計画された。

ⓐ〈ルイトポルト・ホール〉屋内集会場　ⓑ〈ルイトポルト・アレーナ〉野外集会場　ⓒ〈ツェッペリン広場〉野外集会場　ⓓ〈市スタジアム〉スポーツ競技用施設　ⓔ〈コングレス・ホール〉屋内集会場［現在、ナチ時代についての歴史展示がある］　ⓕ〈三月広場〉軍事演習場（未完）　ⓖ〈ドイツ・スタジアム〉スポーツ競技用施設（未完）。

党大会時には宿泊のためのキャンプ施設や歓喜力行団［一四二頁］の娯楽施設なども作られ、膨大な数の人々が党大会という祭典に参加した。党大会のプログラムは、一日目がヒトラー到着の日、二日目が党会議の日とされ、三日

IV-4　ライヒ党大会会場（ニュルンベルク）

目が労働奉仕団に、四日目は党政治組織指導者に、五日目はヒトラーユーゲントに、六日目は突撃隊と親衛隊に、七日目は国防軍に、それぞれ割り当てられた。これらの行事は、党政治組織指導者と労働奉仕団がⓒ〈ツェッペリン広場〉で、ヒトラーユーゲントがⓓ〈市スタジアム〉で、突撃隊と親衛隊がⓑ〈ルイトポルト・アレーナ〉で、というように、組織ごとに別々の会場で行なわれ、全員が一堂に会することはなかった(24)。

ナチのライヒ党大会といえば、リーフェンシュタールの映画《意志の勝利》に触れないわけにはいかない(25)。一九三五年に封切られたこの映画の冒頭には、一九三四年の党大会の「現在」を歴史の中で位置づける二〇年、一五年、一九ヵ月という数字が現れる。

一九三四年九月五日［映画に記録された党大会の始まる日］＝現在

世界戦争［第一次世界大戦］開始［一九一四年］から二〇年

ドイツの受難の始まり［ヴェルサイユ条約締結　一九一九年］から一五年

ドイツの再生［ヒトラーの政権獲得　一九三三年一月］から一九ヵ月

世界大戦以後のドイツの屈辱の「過去」を振り返り、その後のナチ党の躍進を追い、ドイツが今まさに再生しつつある「現在」の歴史的位置が確認された。ナチは一九三三年一月三〇日に政権を掌握すると、直ちに全権委任法によって議会を無力化した。翌一九三四年六月三〇日の「長いナイフの夜」で突撃隊隊長レームらを粛清し、八月にはヒンデンブルク大統領の死後、独裁権力を確立した。その直後のこの一九三四年党大会は、突撃隊と親衛隊の乱闘も予想される異常な緊張状況の中で行なわれた。

前述のようにそれぞれ別の場所で集会に参加していた人々は、この映画によって初めて党大会の全体像を把握することができた。一般にはⓒ〈ツェッペリン広場〉IV-4-2［現在も客席部分は残っている］でのマスゲームや光のドームIV-4-3が有名だが、最も重要な行事はⓑ〈ルイトポルト・アレーナ〉IV-4-4で行なわれた。アレーナは〈ニュルンベルク市第一次世界大戦戦没兵士栄誉の碑〉（一九三〇）を囲む野外大集会場だった。整列した一〇万人以上の突撃隊、親衛隊幹部を前に、ヒトラー、ヒムラー、ルッツェの三人が、「総統の道」[IV-4-6]を通って、燃える火で飾られた〈栄誉の碑〉に向かう場面は[IV-4-5]、映画のハイライトである。逆方向から映した画面では、〈栄誉の碑〉が中央奥に見える。三人は〈栄誉の碑〉に参拝し、「一九二三年一一月九日の殉教者」に花輪を捧げる。礼砲が鳴り、ヒトラーは殉教者のシンボルである血染めの党旗を親衛隊の各部隊の旗と接触させる聖別の儀式を行なう。戦没兵士とナチの殉教者の同一化という、ナチズムの運動の最も重要なモティーフを象徴するシーンがクローズアップで映し出され、映画を見る者には、ナチ党の一糸乱れぬ統制が印象に残る。現在では、〈ルイトポルト・アレーナ〉は撤去され、〈栄誉の碑〉だけが野原に残っている。[0-13-1]

d　ベルリン＝「ライヒの首都」

一九三三年にはベルリンの〈新衛兵所〉の内部、〈銀の冠〉の背後の壁に十字架が据えられた。[III-10-8]（26）一九三四年から「国民追悼の日」は「英雄記念日」と改称され、「悲しんで追悼する日」ではなく、「戦没兵士とナチの殉教者を英雄として称える日」となった。一九三五年には再軍備が宣言され、戦争準備が進められた。ヒトラーユーゲント集会での標語、「我々はドイツのために死ぬべく生まれた」[IV-3-5]は、この時代の「戦死の美学」を象徴している。

そのような中、ベルリン・オリンピックが一九三六年に開催された。ベルリンの〈ライヒ・スポーツ場〉[IV-5-1]もニュルンベルク〈ライヒ党大会会場〉と同様、複合的なイベント施設だった。[IV-5-2]〈オリンピック・スタジアム〉[0-13-4; IV-5-3]（27）など、戦争でかなりの被害を受けたが修復され、施設やナチ時代の彫刻にはその後説明のプレートが置かれた。スタジアム入口の真正面に〈マラソン塔〉があり、その下に一九三六年オリンピックの勝者の名前として、三段跳びの田島直人らと共に、日本統治時代の朝鮮出身でマラソンで優勝した孫基禎[0-12-1; III-9]の名前が刻まれている。[0-13-3]（28）

スタジアムの先に見える鐘楼[IV-5-1,3]がフランドルの戦場ランゲマルクの名を冠した〈ランゲマルク塔〉で、下には戦没兵士を記念する〈ランゲマルク・ホール〉[IV-5-4]がある。リーフェンシュタールの映画《オリンピア》はここの鐘[IV-5-5]が鳴るシーンから始まる。[29] 隣は野外劇場〈ディートリヒ・エッカルト・ビューネ〉[30] IV-5-1 [写真の手前中央] で、現在は音楽イベントの会場〈ヴァルトビューネ〉として知られている。

ヒトラーは、ベルリン大改造[31]の焦点として、〈戦勝柱〉を東西枢軸の大通りの中心、「大きな星」と呼ばれるロータリーに移し、〈戦勝柱〉に向かう〈戦勝大通り〉I-9-2 も移動させた。〈戦勝柱〉は一段高く四段になり、I-8-2 一九三九年四月二〇日、ヒトラー五〇歳の誕生日に盛大な落成式が行なわれた。

e　歓喜力行団、国民車（フォルクスワーゲン）、アウトバーン

ナチは政権獲得後、労働組合を非合法化し、ドイツ労働戦線を結成した。労働戦線は余暇に安価な娯楽を与えるために「歓喜力行団 [喜びを通して力を、の意]」を組織した。歓喜力行団は、大客船による夢の海外旅行を実現し、IV-6-1 国内の風光明媚な土地に保養施設を建設した。バルト海に面したリューゲン島の〈プローラ〉IV-6-2 [32] はその最大のもので、二万人が収容できる施設として計画された。設計は〈フォーゲルザング城〉IV-2-3 と同じくクロッツで、一九三七年のパリ万博 [一四九頁] で建築部門のグランプリを受賞した。一九三六年に建設が始められたが一九三九年の第二次世界大戦開戦によって中断し、未完のまま使われることは無かった。[33]

さらにヒトラーは政権獲得後、国民車（フォルクスワーゲン）構想を実現すべく、ポルシェに開発を依頼した。[34] 一九三八年には歓喜力行団車として発表し、IV-6-6 歓喜力行団市（現ヴォルフスブルク市）IV-6-5 に自動車工場の礎石を置いた。ただし、こちらも一九三九年以降、軍用車の生産が優先され、国民車を実現する夢は戦後に持ち越された。ヒトラーは国民に「美しい故郷」を実感させるため、アウトバーン建設を始めた。IV-6-3, 4 アウトバーンもまた、ヒトラーの「総合芸術作品」だった。[35]

IV-5　ライヒ・スポーツ場（ベルリン）

IV-6　歓喜力行団、フォルクスワーゲン、アウトバーン

3 「一九三八年のドイツ統一」＝「合邦」

ヒトラーはオーストリアのドイツとの国境の町、ブラウナウの生まれである。多民族国家オーストリア＝ハンガリー二重帝国を嫌った彼は、ミュンヘンに移住しドイツ国籍を取得する。『わが闘争』は次のように始まる。

> 今日わたしは、イン河畔のブラウナウが、まさしくわたしの誕生の地となった運命を、幸福なさだめだと考えている。というのは、この小さな町は、二つのドイツ人の国家の境に位置しており、少なくともこの両国家の再合併こそ、われわれ青年が、いかなる手段をもってしても実現しなければならない畢生の事業と考えられるからだ！〔中略〕この合併はなされなければならない。同一の血は共通の国家に属する。[36]

一九二〇年に制定した二五ヵ条からなるナチ党綱領の第一条は、「我々は、諸民族の自決権に基づき、すべてのドイツ人が、一つの大ドイツを目標として結集することを要求する」だった。[37] ヒトラーは一九三八年、ウィーンの〈英雄広場〉[0-5-1,2]〔二四頁〕に凱旋し、[IV-7-1] オーストリアをドイツに併合した。「一九三八年のドイツ統一」であり、「合邦」と呼ばれる。その承認のための国民投票の際、〈城門〉には「同一の血は共通のライヒに属する」の標語が掲げられた。[IV-7-2] 三月一三日に公布された法律は「ドイツ・ライヒへのオーストリア再統一に関する法律」となっている。「再統一」とあるのは、当時のドイツ・ライヒが「神聖ローマ帝国」を継承する「第三帝国」とされたからである。[38] ヒトラーはこの年、ウィーンに置かれていた神聖ローマ帝国の帝国宝物[IV-7-3,4]をニュルンベルクに運ばせた。帝国宝物はもともとはニュルンベルクに置かれ、毎年一定の期間にだけ限られた範囲で公開されていた。[39] 宝物を前にヒトラーは演説を行なう。

> 私が古きドイツ帝国の標章をニュルンベルクへ持ってこさせたのは、ドイツ民族自身のみならず、世界全体に、新世界の発見の五〇〇年以上も前に、既に強力なゲルマン＝ドイツ帝国が存在していたことを示すためである。帝国の形態は変化した。民族は若返ったが、本質において永遠に不変である。ドイツ民族は今こそ目覚め、自らを千年の時を経た彼らの冠の担い手にしたのだ！[40]

以後、「大ドイツ」という呼称が用いられ、「ドイツ民族のゲルマン帝国」が実現したことになった。領土拡大はその後も続き、一九三八年一〇月にはズデーテン地方を併合し、戦争直前の一九三九年八月には、独ソ不可侵条約の付属秘密議定書で独ソによる「第四次ポーランド分割」を実施し、大戦前の旧ドイツ帝国領を併合、残りを総督管区とした。九月一日、第二次世界大戦が始まり、ナチは瞬く間に戦線をヨーロッパ全土に広げ、占領は広大な領域に及んだ。ナチの領域支配政策にとって、「大ドイツとしてのライヒ」とその外側の「生存圏」の区別は重要だった。大ドイツは純粋な「民族＝人種共同体」の領域であり、「生存圏」はドイツ人が異民族を支配する植民地だった。大ドイツに居住しているユダヤ人とポーランド人を追放し、そこに大ドイツの外に住んでいたドイツ人を移住させる、という「民族浄化」のための壮大な住民移動計画が立てられた。ナチ用語で「民族の耕地整理」[41]とされた計画は、一九四一年に独ソ戦が始まると困難になり、残された課題は「ユダヤ人問題の最終解決」に収斂していく。

4 ウィーン

ウィーンに残る第二次世界大戦の記念碑として、高射砲を載せた塔、〈フラクトゥルム〉[IV-7-5][42]がある。一九四二年から四四年にかけて、二基ずつセットで六台が建てられ、リング通りの円環のまわりに「世界を変える三角形」を置いたことになった[43]。高射砲はウィーン攻防戦の最後に爆破されたが、数万人が避難できる防空シェルターとして設計された高さ三〇メートル余りの巨大なコンクリート製の塔の本体は、堅固すぎて破壊できず、現在は水族館や展覧会場として用いられている。コンクリートむき出しの無粋な塔は、美しい芸術の都ウィーンではひときわ異様で、この地の戦争を想起させる。

ナチはドイツ・ライヒ全体を要塞化した。支配地域を拡大するために軍事拠点を作り、暴力支配のために強制収容所のネットワークを張り巡らし、激戦の中で各地に兵士墓地が作られた。一九四一年にヒトラーは、〈ブルシェンシ[I-7-7]

IV-7　1938年のドイツ統一＝合邦

ヤフト記念碑〉や〈ビスマルク塔〉[I-8-6]のモデルを設計した建築家クライスをドイツ戦争墓墓地設立総顧問官に任命した。クライスは広大な戦場に、戦没兵士記念碑として「死者の城塞」を設計した[44]。要塞、強制収容所、兵士墓地が「戦争と暴力支配」の記念碑として残った。

第2節　ドイツ表現主義と記念碑

1　政治と芸術

一九三〇年代、政治と芸術は異常な緊張関係にあった[45]。第一次世界大戦後、ヨーロッパは大衆の時代になり、技術的にも芸術作品の複製が容易になり、「芸術のための芸術」という近代市民社会の理念が問われた。芸術は大衆のものでなければならない、という議論が巻き起こり、逆に、大衆の時代だからこそ純粋な芸術を、という反論も興った。ファシズムと共産主義が激突する時代に、様々な立場から「芸術の目的」が議論された。「目的芸術」の時代だった[46]。指揮者フルトヴェングラーから受けた「政治の芸術への介入」という批判に対し、ナチの宣伝大臣ゲッペルスは公開書簡でナチの芸術観を披瀝した。

> あなたが自己を芸術家として感じ、ものごとを徹頭徹尾、芸術家の見地からごらんになるのはあなたの勝手です。しかしだからといって、今ドイツで起こっている全体の進展に、あなたが非政治的態度で臨んでよいということにはなりません。政治もまた芸術であり、おそらく最高の、もっと包括的な芸術であります。芸術と芸術家の使命とは、ただ単に結びあわせるだけでなく、さらにそれを越えて形成し、形をあたえ、病んだものを取り除き、健全なものに道を拓いてやることなのです。［中略］全き民族性そのものから創造された芸術だけが究極的にはよいものなのであり、その芸術が貢献しようとしている民族になにがしかの意義をもちうるのです[47]。

同じころベンヤミンは書いている。

　政治の審美化をめざすあらゆる努力は、一点において頂点に達する。この一点が戦争である。〔中略〕「芸術ヨ生マレヨ――世界ハ滅ブトモ」とファシズムはいい、〔中略〕これは明らかに、芸術のための芸術の完成である。かつてホメロスにあってはオリンポスの神々の見物の対象だった人類は、いまや自己自身の見物の対象となってしまった。人類の自己疎外は、自己の絶滅を美的な享楽として体験できるほどにまでなっている。ファシズムの推進する政治の審美化は、そういうところにまで来ているのだ。共産主義はこれにたいして、芸術の政治化をもって答えるだろう[48]。

ナチのゲッベルスが「政治の芸術化」を主張し、それに対し共産主義者ベンヤミンが「芸術の政治化」を対置した時代に、多くの芸術家、知識人がナチに接近した。「ミュンヘン時代のナチ党はシュヴァーヴィング界隈で活動していた芸術家たちの中からかなりの党員を迎え入れている。一九三二年の時点でみると、大学内におけるナチの支持者の割合は国民全体のそれに較べておよそ二倍に達していた[49]」。一九三三年には焚書の嵐がドイツ中の大学を席捲した[0-15-1, 2; VI-14-6, 7]。

一九三六年にはスペイン内乱が勃発し、文化人、芸術家も政治に関わらざるをえなくなった。一九三七年に「現代生活における技術と芸術」をテーマにパリ万博が開催された。パブロ・ピカソ〈ゲルニカ〉が出品された万博では、ヴェーラ・イグナーツェヴァ・ムーヒナ〈労働者とコルホーズの農民女性〉[IV-3-2]を戴くソ連館の向かいに、シュペーアが設計したドイツ館が建ち[IV-3-4]、ヨーゼフ・トーラク〈友情〉[IV-3-3]が置かれた。

一九三七年にはミュンヘンで「大ドイツ芸術展」と「頽廃芸術展」が開催された[50]。前者はトロースト〈ドイツ芸術の家〉[IV-8-1]の柿落しとして、「芸術作品」が荘厳な美術館に整然と展示された[IV-8-2, 3]。一方、後者はミュンヘン考古学研究所の石膏陳列室に、ドイツ中の美術館から集められた「頽廃芸術作品」が意図的な説明と共に並べられた[IV-8-4, 5, 6]。さらに美術館が購入した際の値段が付され、「芸術とは言えないもの」にいかに無駄な出費がされてきたか、強調された。一九三八年には「頽廃音楽展」[IV-8-7](51)も開催された。

2 印象主義と表現主義

表現主義は印象主義への対抗運動だった。フランス印象主義が「印象 impression」から出発し、写実主義から解放され、新たな美を求めたのに対し、ドイツの表現主義は「表現 expression」にこだわり、「内面の美」を表現するための様式を模索する。一九世紀末の記念碑ブームも表現主義の影響を受けた。第一次世界大戦が勃発すると、フランスへの対抗意識を強く持つドイツ表現主義の芸術家たちは、戦争を支持し参戦する。

第一次世界大戦後の敗戦のショックの中で、ドイツの芸術家たちは、「ドイツの没落」を『西洋の没落』（シュペングラー、一九一八）と重ねて意識した。従来、美の規範と関係づけられていた「ヨーロッパ」「キリスト教」「人間」「理性」「近代」などの理念が根源から問い直され、新たな美として「非ヨーロッパ」「非近代」が注目された。「ドイツ的なもの」へのこだわりは、ゴシック評価に向かった。ドイツではすでに一度、一八世紀末から一九世紀初めにかけてゴシックへの傾倒があった。〈ケルン大聖堂〉を完成させたエネルギーは、「ドイツの特殊性」、すなわち「ヨーロッパの中のドイツ」意識を基礎にし、「ドイツ的なるもの」はヨーロッパの中に求められた。しかし、一九世紀末に興った、この二回目のゴシック・ブームは、目をヨーロッパ以外に向け、議論は過激化し飛躍していく。表現主義はゴシックのみならず、エジプト美術、ケルト美術、アフリカ美術など、従来は芸術と見なされなかった原始美術を発見する。それは創作でのピカソらのキュビスムの運動と連動し、二〇世紀の前衛芸術を生み出す大きなうねりとなっていく。この時代に美学者ヴォリンガーの著作、特に『抽象と感情移入』（一九〇八）と『ゴシック美術形式論』（一九二〇）が与えたインパクトは注目される(52)。表現主義は美術のみならず、文学、音楽においても大きな運動となった。

IV-8　大ドイツ芸術展と頽廃芸術展

原始美術のエネルギーの評価、デフォルメされた表現や抽象的な芸術への挑戦は、従来の美の規範からすれば、非常識であり、ショッキングだった。ドイツの芸術家がすべて表現主義の影響を受けたわけではなく、むしろ古典的、保守的な美意識に忠実な芸術家も多かった。しかし、ヴァイマル期には、各都市のアカデミー、美術館、劇場が表現主義にも開放され、表現派の画家たちが新設のバウハウスその他各地の美術学校に教授として招聘された。その結果、表現主義芸術は公認公共の芸術として市民権を与えられ、ナチ政権掌握後の焚書と「頽廃芸術展」によって禁止・追放されるまで、広く浸透し続けた(53)。

一九三八年のヒトラー演説に戻れば、彼は次のように述べていた。

今日なお新ライヒを有効に攻撃しうると信じられている領域は、文化領域である。ここではいかなる知識によってもそこなわれない民主主義的世界市民のセンチメンタルに絶えず有効に訴えて、ドイツの文化的没落を嘆き悲しませようとしている。つまり、一一月共和国の宣言者および代表者として、幕間国家に憐れむべき不自然な文化的特徴を無理やり押しつけ、今やその役目を終えた連中、この輩の活動停止を嘆いているのである(54)。

ヒトラーから見れば、「新しい芸術」とされるものはすべて、ドイツ的なものとは縁のない、「民主主義的」「ユダヤ的」「世界市民的」で「頽廃的」で「不健康」だった。それらのガラクタをあたかも高級なもののごとくに見せているのは「社交界」、つまりジャーナリズムを牛耳っている「ユダヤ人の陰謀」だった。「頽廃芸術展」のカタログ **IV-8-6** では表現主義の作品（下　オイゲン・ホフマン〈青い髪の娘〉）が、精神病患者の作品（上）と並べられ、いかに「病的」で「健康な常識を逸脱したもの」であるか、説明された。根拠となったのは人種論だった。文化大臣フリックは述べている(55)。「［頽廃芸術として］排除された作家たちは、その芸術において、北方的＝ゲルマン的な本質と共通するものを全く持っていない。東方的、もしくはその他の劣等人種、下等人間的なものと共通する方向を持っている」。

「東方的」とは、当時の人種論に基づく用語で、「アジア的」「ロシア的」、さらには「ユダヤ的」と重ねて、「非ヨーロッパ的」な、野蛮な、下等な人種的特質とされた。一方、それに対抗する「北方的」とされたのが、「アーリア的」「ゲルマン的」「ドイツ的」で、これこそが真にヨーロッパ的であり、文化を創造する、とされた。「アーリア人対ユダヤ人」の図式を基本にした北への憧憬と東への反発は、生物学を根拠とした人種論と結びつき、神話的世界観となった。ドイツ人の祖先は北方アーリア人たるゲルマン人であり、彼らは古代から勇敢なる戦士であり、今こそ「西洋の没落」からヨーロッパを救わなければならない。優秀なゲルマン民族＝人種は「支配民族」として、下等な人種であるスラヴ人やユダヤ人を支配しうるし、そうしなければならない、とする信念、「ドイツ人こそがヨーロッパを救済する」という選民的使命感のメダルの裏側は、そうしなければ自らが没落、滅亡する、という危機感、コンプレックスだった(56)。

3　ドイツ表現主義と第一次世界大戦、そしてナチズム

政治史としては、ナチがこのようなおよそ強引な人種論的理解で芸術の意味を説明し、恣意的な判断で芸術に介入したこと、戦時には政治的に対立する芸術創造を全否定し、迫害したことが指摘される。だが実際に当時の芸術家の活動を追っていくと、政治と芸術の関係は複雑である。確かにナチは、「大ドイツ芸術」対「頽廃芸術」、「健康な芸術」対「病的な芸術」という対立図式を掲げ、表現主義を最も頽廃的、最も病的な芸術として批判した。しかし、表現主義の芸術家の政治的立場は多様だったが、彼らの多くはドイツ人としての意識を強く持ち、当初は第一次世界大戦を支持して出征し、フランツ・マルクのように戦死した者もいた。六人の表現主義の作家とその作品を見ていく(57)。

a　ヴィルヘルム・レームブルック（一八八一―一九一九）

レームブルックも大戦に期待し、戦争勃発直後、看護兵として参戦した。しかし戦場の悲惨さにショックを受け、一九一六年にはスイスに逃れた。戦争で受けた心の傷と個人的な悩みもあって、一九一九年には自ら命を絶った。

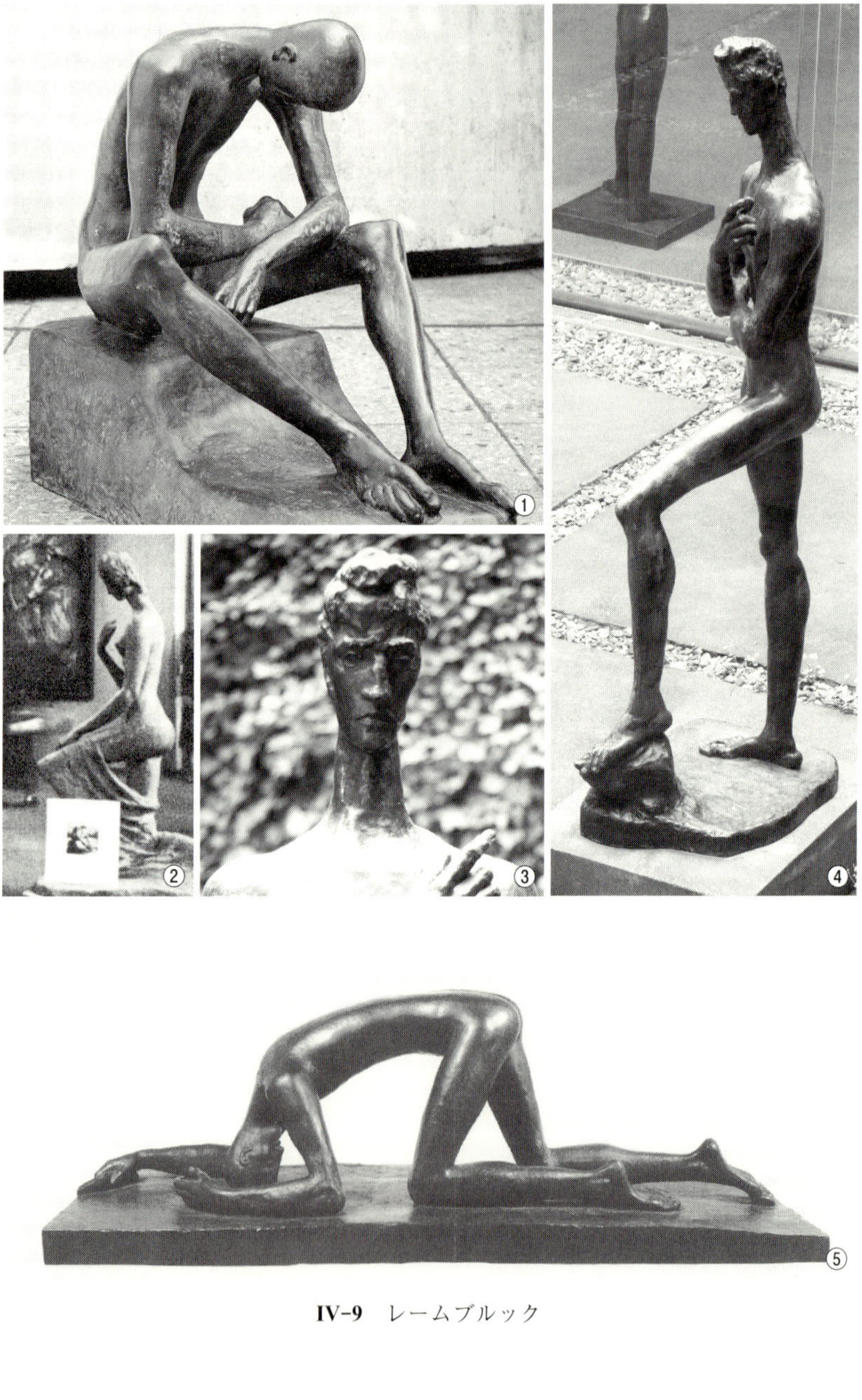

IV-9　レームブルック

「頽廃芸術展」には最初、〈座る青年〉[IV-9-1]（一九一七）の石膏像［写真は現在レームブルック美術館にあるブロンズ像］が置かれていたが、傷んだため、途中で〈ひざまずく女〉[IV-9-2]（一九一一）に替えられた[58]。大戦前に作った〈立ち上がる青年〉[IV-9-3, 4]（一九一三）は雄々しく力強いが、〈座る青年〉は勇ましい英雄の像ではない。その像がデュースブルクの戦没兵士墓地に置かれたため、軍やナチは厳しく批判していた。展覧会では〈座る青年〉の写真と説明が〈ひざまずく女〉の前に置かれた[59]。〈崩れ落ちる男〉[IV-9-5]（一九一六）も絶望と深い苦悩に満ち、右手にナイフを持ちながらも倒れ、もはや戦う意志を持つことができない[60]。

b　ルートヴィヒ・ギース（一八八七—一九六六）

「頽廃芸術展」の中でも、ギースの巨大な、そして奇妙な〈磔刑像〉[IV-10-1]はひときわ目立った。像の下には、教会内に置かれていた時の写真に「ギース教授作磔刑像。この身の毛がよだつ作品はリューベック大聖堂に英雄のための栄誉の碑として置かれていた」と書かれ、ギースがこの像を説明した文章に大きく疑問符が付けられた[61]。ギースは一九三〇年に、〈新衛兵所〉に置かれた〈銀の冠〉[0-3-4; III-10-7]も制作し、それはナチ時代にもそのまま置かれていた。どちらも〈第一次世界大戦戦没兵士栄誉の碑〉だった。

一九四五年以後も制作を続けたギースには、もう一つよく知られた公共芸術作品がある。一九五五年に連邦議会議場に掲げられた〈共和国の鷲〉[IV-10-3]である[62]。「太った雌鳥」と揶揄されつつ、戦後再出発した西ドイツの象徴となった。ヴァイマル時代のライヒ議会議場の〈ライヒの鷲〉[IV-10-4]との対比が興味深い。

c　エミール・ノルデ（一八六七—一九五六）

ノルデは、北シュレースヴィヒ出身で、生まれた村は一九二〇年にデンマーク領となった。ゲッベルスはノルデを高く評価し、自宅に作品を飾っていたし、ナチ党紙『フェルキッシャー・ベオーバハター』でも編集者ローゼンベルクがノルデの絵を「力強く、勢いに満ちた興味深い作品」としていた。ナチ政権が成立した一九三三年には、ナチ学生同盟が「青年はドイツ芸術のために闘う」デモを行ない、ノルデの名前が挙げられ、「その夕べのうちに革命的な若者たちの信条告白の対象として崇められる、決定的な名前」になった[63]。ノルデ自身、「北方の芸術家」としてナチに共感し、一九三四年に入党した。しかし、一九三七年には一〇五二点の作品が美術館から押収され、「頽廃芸術展」に四八作品が並べられた。「頽廃芸術展」を訪れ、代表作「キリストの生涯」の〈磔刑図〉[IV-10-2]など、自分の作品を発見した七〇歳のノルデは、大きなショックを受けた。一九四一年にはライヒ美術院から除名され、制作活動を禁止された［二八七頁］。

d　ベルンハルト・ヘトガー（一八七四―一九四九）

北ドイツ、ブレーメン郊外のヴォルプスヴェーデは、一九世紀末以降、芸術家村として知られる[64]。イギリスのウィリアム・モリスらの運動と並ぶ「生活のための芸術」運動の拠点だった。ヘトガーもここで活動した彫刻家、建築家で、同地とコーヒー商ロゼリウスがアトランティス館を建てたブレーメン市内のベトヒャー通りに多くの作品がある[65]。記念碑作品としては、〈革命記念碑〉[IV-10-5]（一九二二）が注目される[66]。ブレーメン・レーテ共和国犠牲者の墓地に置かれたもので、革命の犠牲者と共に第一次世界大戦戦没兵士に捧げられた。キリスト教美術の「ピエタ」を元にしつつ、極度にデフォルメされたこの記念碑はナチ時代に破壊され、今は別の作品が置かれている。

ヴォルプスヴェーデの丘に立つ煉瓦作りの〈ニーダーザクセンの石〉[IV-10-6][67]は、〈第一次世界大戦戦没兵士栄誉の碑〉として一九二二年に完成した。周囲には戦没兵士の名前を書いた石が置かれている。ナチ政権成立後、ヘトガーは入党しナチ建築も手がけたが、一九三八年にはナチを除名されベルリンに移り、戦時中にスイスに移住した。

一方、前記のロゼリウスの支援を受け一緒に活動したハインリヒ・フォーゲラーは表現派ではないが、雑誌『白樺』の表紙によって日本でも知られている[68]。彼は第一次世界大戦後にはドイツ共産党の活動家としてプロレタリア芸術運動を展開し、三〇年代にはモスクワから反ナチ闘争を行ない、スターリン時代にシベリアで不遇の最期を遂げた。

IV–10　ギース、ノルデ、ヘトガー

ヘトガーとフォーゲラーの軌跡は、この時代の芸術と政治の関係の複雑さ、厳しさを象徴している。ヴォルプスヴェーデの〈バルケンホーフ〉には彼らの当時の活動や芸術家村の歴史についての展示がある。

e　ケーテ・コルヴィッツ（一八六七―一九四五）

コルヴィッツは、日本では最もよく知られたドイツ表現派の作家だろう(69)。魯迅やプロレタリア芸術運動を通して戦前から紹介され、弱い者、悩める者を、女性らしい繊細な、しかし確固たる信念で描いた作品は、平和運動でも広く支持され、共感を集めてきた。確かにコルヴィッツは平和を願う作品を多く残しているが、第一次世界大戦との関わりは単純ではない。彼女には二人の息子がいた[IV-11-1]［写真の右が次男ペーター　一九〇九年撮影］。戦争が始まった直後の一九一四年八月四日に長男ハンスが招集された。ペーターは、招集される前に志願兵として出征したいと両親に告げる。父、つまりケーテの夫であり医師であったカールは強く反対するが、彼女は息子の意思の固いことを知り、夫にその願いを叶えてやるように頼み、翌日、彼は父に付き添われて志願兵の手続きをとった。ペーターは一〇月二三日、フランドルで戦死[IV-11-2]した。

コルヴィッツの作品のうち、直接にペーターとの関わりを表現したものとして、次の二つが注目される。一つは〈追悼する両親〉[IV-11-4](70)で、一九三二年、息子が葬られていた〈ロッヘフェルテ墓地〉に設置され[IV-11-3]、その後、墓地の統合と共に〈ヴラッズロ墓地〉に移され、現在もそこにある。もう一つはキリスト教美術の伝統的なモティーフの「ピエタ」として制作された〈死んだ息子を抱く母〉(71)で、一九三八年に完成したこの像を拡大したものが、一九九三年以降、ベルリンの〈新衛兵所〉に置かれている[0-3-5; VI-5-2]。一九四二年一〇月、コルヴィッツは長男ハンスの息子ペーターが戦死したとの報を受け取った。最愛の息子とその名を受け継いだ孫、二人のペーターを戦争で失った彼女は、終戦の直前の一九四五年四月二二日に亡くなった。一九五七年、爆撃で破壊されたケルンのアルバン教会に市の集会施設が作られ、内陣に〈追悼する両親〉を元にした記念碑が置かれた。

IV–11　コルヴィッツ

f　エルンスト・バルラッハ（一八七〇―一九三八）

バルラッハ[72]はハンブルクの北、ヴェーデルで生まれ、一九〇六年にロシアを訪ねたことが大きな転機となり、一九一〇年からはギュストロウにアトリエを構え、独自の彫刻スタイルを完成させた。彼も第一次世界大戦勃発直後は雑誌『戦時』に積極的に協力し、〈まずは勝利、そして平和〉[IV-13-1]〈突撃〉[IV-13-2]〈集団墓〉[IV-13-3]など戦争をテーマにした一連のリトグラフ[73]やブロンズ作品〈復讐する者〉[IV-13-4]を残している。一九一五年末には志願して参戦した。しかし戦争の現実を見て幻滅し、二ヵ月ほどで除隊した。

ハンブルク記念碑論争

第一次世界大戦後、バルラッハはプロイセン芸術アカデミー会員となり、多くの栄誉の碑の制作を依頼された。〈ハンブルク市第一次世界大戦戦没兵士栄誉の碑〉[0-11-1]は壮大な市庁舎の前に立っている。この記念碑と、市庁舎前からは見えないがダムトーア通りの記念碑群をめぐって論争が続き、対抗記念碑が作られ続けた。記念碑をめぐる議論の盛んなドイツでも、これほど長期にわたる論争は珍しい。年代順にAからEまで五つの記念碑について説明する。[74]

まずダムトーア通りの四つの記念碑[IV-12-5]を確認しておきたい。歩行者の先に小さく見えるのがAとD、二つの〈栄誉の碑〉[IV-12-4]で、中央の左の四角い石塊がC〈兵士の行進〉[0-11-2]、右手前の彫刻群がE〈警告の碑〉である。

(1) 第一次世界大戦後、最初に作られたのは、歩兵第七六連隊が建てたA〈独仏戦争と第一次世界大戦の戦没兵士栄誉の碑〉だった。戦死した仲間のために戦友たちが作った戦士記念碑だった。

(2) 一九三一年に、前述のB〈ハンブルク市第一次世界大戦戦没兵士栄誉の碑〉が市庁舎前に建てられた。碑の片面には「[ハンブルク」[IV-12-2]市の四万人の息子たちが君たちのために命を落とした。一九一四―一九一八」とあり、反対の面には、抱きあって震える〈母と娘の像〉[IV-12-1]が刻まれた［写真は制作中のバルラッハ］。戦死した息子たちと対比的に描かれた〈母と娘の像〉は、〈栄誉の碑〉にふさわしくないとして軍人などから強い批判があった。

IV-12　ハンブルク記念碑論争

(3) ナチの政権成立後、歩兵第七六連隊はC〈兵士の行進〉を建設した[75]。レルシュの詩「兵士の別れ」［一三六頁］のリフレイン、「ドイツは生きなければならない、たとえ我々が死ななければならないとしても」が刻まれた。

(4) 一九三九年、ハンブルク市はB〈母と娘の像〉を削除し、代わりにハンス・マルティン・ルヴォルト〈鷲〉IV-12-3を刻んだ。

(5) 一九四五年以後、歩兵第七六連隊はAの隣にD〈第二次世界大戦戦没兵士栄誉の碑〉を加えた。

(6) 一九五〇年にBは戦前の形に復帰したが、その過程ではかなりの抵抗があった。バルラッハの〈母と娘の像〉は「強くたくましいドイツの女性」らしくない、という反対意見も強かった。

(7) 一九四五年以後もCはそのまま置かれていたが、一九八〇年代に撤去の要求が強まった。ハンブルク市は、Cを撤去せず、新たに対抗記念碑として、オーストリアの彫刻家アルフレート・フルドリチカにE〈警告の碑〉の制作を依頼することを決定した。その一部が完成しIV-12-5、一九八五年五月八日に除幕式が行なわれた［この日、連邦議会でヴァイツゼッカー大統領が戦後四〇年記念演説を行なった。一九五頁］。

式典でハンブルク市長は、ダムトーア通りの戦争記念碑群はいわゆる戦士記念碑であり、戦没兵士を英雄として讃えるもので、戦争の一面しか伝えていないこと、戦争が意味するものを考えるためには、一九四三年七月のハンブルク空襲のすさまじい火災嵐[76]をテーマにしたフルドリチカの彫刻が必要とされる、と説明した。

> それゆえ我々はアウシュヴィッツとプレッツェンゼー[77]、スターリングラードとドレスデン、そしてヒロシマの後の我々の時代の精神と経験を持つフルドリチカ氏に、［彫刻の制作を］依頼した[78]。

文化大臣は、式典の最後を次のように締めくくった。

> ［ナチの］記念碑を撤去することは考えられない。撤去せよ、というのは歴史に反する教条主義である。それは問題を解決しないで隠蔽するだけである。民主主義を護るためには、歴史意識が不可欠であり、記念碑を除去す

ることはそのために貢献しない。必要なのは、戦没兵士を英雄として讃える、という誤りを明らかにすることである。つまり、記念碑の石塊［C〈兵士の行進〉］は歴史的記録として残されることによって、どのようにして以前にはこのような記念碑ができたのか、その戦争賛美の機能が暴露されなければならない。記念碑は、戦争とファシズムに対する警告の碑であるべきである。[79]

フルドリチカはこの時すでに、一九八八年に除幕されるウィーンの〈戦争とファシズムに対する警告の碑〉0-5-5; V-17を制作することが決定していた。[80]

栄誉の碑の復活

ハンブルク記念碑論争は、戦争記念碑が「栄誉の碑」から「警告の碑」へと転換していく時代を象徴している。バルラッハの「栄誉の碑」には、他にもナチ時代に撤去され、一九四五年以後に復活し「栄誉の碑」と呼ばれ続けながらも、「警告の碑」として受容されているものがある。

(1)〈漂う天使、栄誉の碑〉（ギュストロウ）　一九二六年、ギュストロウ大聖堂開基七〇〇年と重ねて〈第一次世界大戦戦没兵士栄誉の碑〉の制作が依頼された。一九二七年三月に完成したブロンズの記念碑は、鉄線によって宙吊りにされた天使が祈っている像で、現在ではバルラッハの代表作として知られている。しかし当時は、軍部やナチから徹底的に批判され、教会理事会は一九三七年八月に像の撤去を決定し、一九四一年に像は破壊された。

一九五二年にケルンのアントニター教会に、原型を元にした〈漂う天使〉0-11-3の第二鋳造が置かれた。像の下には二つの世界大戦の年を記したプレート0-11-4がある。一九五三年に西ドイツのアントニター教会から東ドイツのギュストロウ大聖堂に三番目の鋳造が贈られ、記念碑は復活した。IV-13-5

(2)〈戦う天使〉（キール）　キール大学内の精霊教会のために一九二八年に作られたこの彫刻も一九三七年に撤去され、第二次世界大戦後に町の中心部の聖ニコライ教会前に復活した。IV-13-6　バルラッハが聖ニコライ教会に「栄誉の碑」と

IV-13　バルラッハ

して制作したレリーフ〈嘆きの母〉は一九四四年の爆撃で破壊されていた。

(3)〈栄誉の碑〉(マクデブルク)　中部ドイツ、マクデブルク大聖堂の木彫の〈栄誉の碑〉IV-13-7は一九二九年に完成した。兵士が抱える十字架には第一次世界大戦の五つの年が刻まれている。ローゼンベルクが「ソヴィエト兵のヘルメットを被った、小さな、半ば白痴を思わせる、人種もはっきりしない内向的な混血の変種が、応召した兵士たちを象徴しているとは！　私は信じている。健全なる突撃隊員は誰でもが、自覚した芸術家同様、この件に関して同じ判断を下すであろう[81]」と述べたように、ナチに批判され一九三四年に撤去された。一九四八年に復活し、記念碑の前にはろうそくが灯され、平和への祈りを捧げる場になっている。

第五章　三つの国家の「過去の克服」と記念政策
――「第二次世界大戦とナチズム」後(一九四五―一九九〇)

はじめに

二〇〇五年にドイツ戦争墓維持国民同盟が配布したパンフレットには次のように書かれている。

第二次世界大戦は一九三九年九月一日四時四五分に始まり、ヨーロッパでは一九四五年五月八日二三時一分、アジアでは一九四五年九月二日九時二五分に終わった。戦争は六年と一日、つまり二一九四日間、五万二六四一時間続いた。戦争によって、毎時間一〇四五人、毎分一七人、全体では五五〇〇万人が命を失った。兵士として、空爆の犠牲者として、難民、被追放者としてさらには暴力支配の犠牲者として、命を落とした。しかし、その後も世界で戦争と内戦、抑圧と迫害、追放と大量殺人は続いてきたし、現在も続いている。人類よ、学べ!(1)

アジアでの終戦が八月一五日ではなく九月二日になっていることがまず気になるかもしれない。日本政府は八月一四日にポツダム宣言受諾を最終決定し、八月一五日は天皇がそのことを国民に説明する玉音放送が行なわれた日である。日本では日中戦争中の一九三九年から八月一五日に戦没英霊盂蘭盆会法要がラジオで全国中継されており(2)、この日が終戦記念日、戦没者追悼の日とされていく。しかし、国際法的にはミズーリ号上で調印式が行なわれた九月二日がアジアでの終戦の日である。

„Warum nur Hiroshima?"

Denkmal-Einweihung vor Truman-Villa am kommenden Sonntag wird bereits jetzt heftig diskutiert

DIE BOMBE

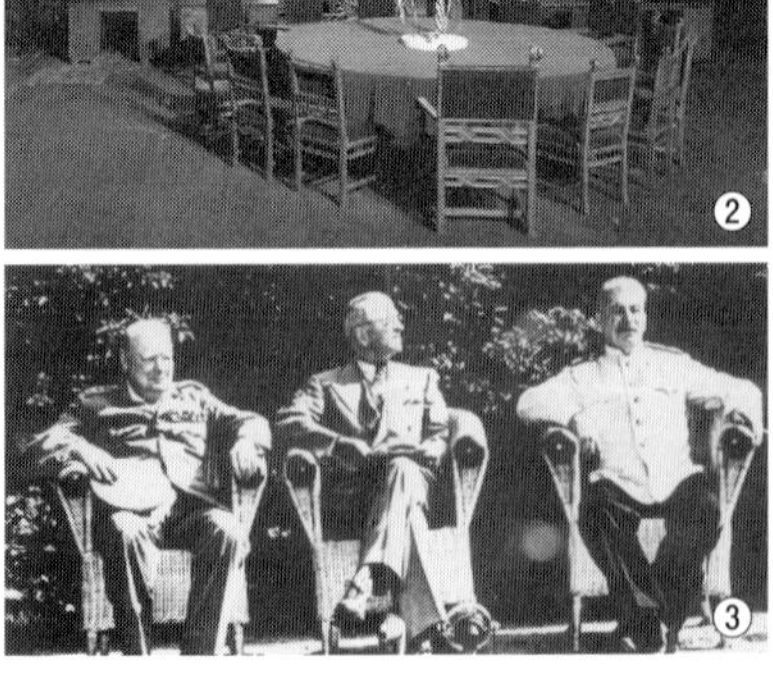

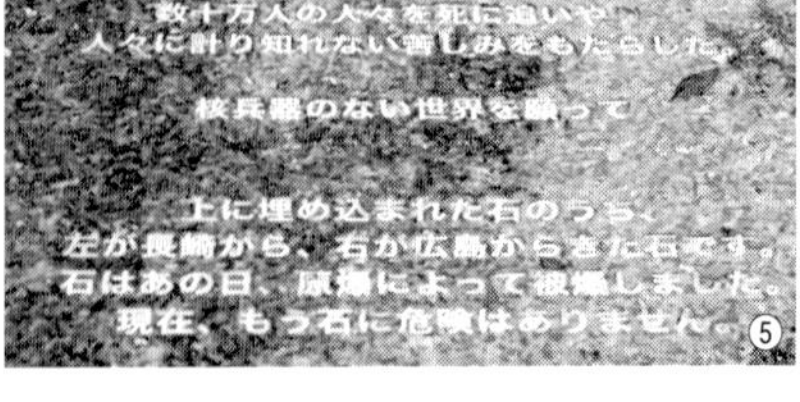

V-1　ポツダム会談

ここに挙げられた犠牲者の数字、六年間にわたって毎分一七人の命が奪われた、というこの戦争の苛烈さに改めて言葉を失う。二度目の総力戦はもはや戦場での兵士同士の戦いだけでは済まなくなった。空爆によって多くの民間人が自宅で焼かれ、収容所に連行され、難民や被追放者になった。

ヨーロッパでの戦争が一九四五年五月に終結した後、ドイツの戦後処理と日本の終戦について協議するための会議が、激戦のベルリンから近いポツダムの〈ツェツィーリエンホーフ〉[V-1-1]で開かれた。ナチの文化政策を担当したパウル・シュルツェ＝ナウムブルクが皇太子宮として設計した建物である。七月一七日から八月二日にかけての会談［写真は会議場］[V-1-2]には、イギリス首相チャーチル（政権交代により途中からアトリー）、アメリカ合衆国大統領トルーマン、ソ連共産党書記長スターリンの三巨頭［写真、左から］[V-1-3]が参加した。二〇〇五年、トルーマンが滞在していた家の前は〈ヒロシマ広場〉と命名され、二〇一〇年七月二五日に広島、長崎の被爆した石を置いた〈原爆記念碑〉[V-1-4,5]が除幕された。記念碑には一九四五年のこの日、「アメリカ大統領の同意の下、ワシントンから軍の原爆投下命令が下された」と刻まれた[3]。命令が出された翌日の二六日、日本に対しポツダム宣言が発表された。

アドルノは、「アウシュヴィッツの後で詩をつくることは野蛮である」と書いた[4]。しかし、「第二次世界大戦とナチズム」「アウシュヴィッツとヒロシマ」[5]を記憶し、記録し、記念することは人類の課題となった。三つの国家、西ドイツ、東ドイツ、オーストリアは、記念政策を明確にするため記念碑を作らなければならなくなり、記念碑制作は政治家、そして芸術家の重要な仕事であり続けた。

第1節　西ドイツ、東ドイツ、オーストリアの記念政策

1　四分割された「大ドイツ」と二〇世紀の民族大移動

一九四五年以後、「大ドイツ」はA「アメリカ、イギリス、フランス占領地域」、B「ソ連占領地域」、C「オーストリア」、D「ポーランド領、ソ連領」の四つに分割された。東部のドイツ・ポーランド国境は大きく西に移動し、「オーデル＝ナイセ線」になった［一一頁、図2地図4］。東西冷戦の中で結局、Aに西ドイツ、Bに東ドイツが成立した。首都ベルリンも分割占領されたため、東ドイツの中に孤島のように西ベルリンが存在することになった。

ナチ政権の時代から「耕地整理」政策により大規模な人口移動が始まっていたが、終戦後、広大な戦場の各地の収容所から多くの兵士が帰還し、東部国境の移動に伴う強制移住によって多くのドイツ系住民が被追放者となった。さらに、数世代も前から「大ドイツ」の外の「生存圏」に広く住んでいたドイツ系住民［図2参考地図Y］も、ナチの支配後には生まれ故郷の東欧、中欧に住むことが難しくなり難民化し、西ドイツ、東ドイツ、オーストリアに流入した。帰郷途上で命を落とした者も相当な数に上った(6)。ドイツ帰郷者と国境移動に関係する記念碑を三つ、取り上げる。

(1)〈自由をつかむ〉[V-2-1]は、一九五五年に「ドイツ帰郷者・戦争捕虜・行方不明者親属同盟」の依頼で、フリッツ・タイルマンによって制作され、隔年にドイツ各地で開かれた同盟の大会に運ばれた(7)。大会がゴスラーで定期的に開かれるようになってからは、〈自由の鐘〉[V-2-2]〈被追放者の碑〉[V-2-3]と共に、ゴスラーに置かれている。

(2)同じくドイツ帰郷者・戦争捕虜・行方不明者親属同盟が一九六七年にカッセル近郊フリートラントに「警告の碑」として〈帰郷者の碑〉[V-2-5](8)を建設し、「戦争の犠牲者」を数字を挙げて説明している[V-2-4]［写真は以下の傍点の部分］。

帰郷者は、この警告の碑を救出への感謝のしるしとして、そして自由と人間の尊厳を二度と失うことのないよ

V-2　自由をつかむ（ゴスラー）、帰郷者の碑（フリートラント）

うに、後世への警告の碑とするために、一九六七年に建設した。諸民族よ、悪意を捨てよ、互いに和解せよ、平和のために奉仕せよ、互いに架け橋となれ。

戦争捕虜収容所には、西部に七一〇万人、東部に三四〇万人、あわせて一〇五〇万人のドイツの兵士が、ばらばらに分散させられ数千の収容所にいた。一九五六年には、最後の移送車が来たが、一九六七年になってもまだすべてが自由になったわけではなかった。一九四五年以後、オーデル＝ナイセ線の東、ベーメンの森、東ヨーロッパ、南東ヨーロッパから、一五〇〇万人のドイツ人が被追放者になった。一九四四年から一九四七年の間に、遠い東方から女性、子供を含む一〇〇万のドイツ人の民間人が、強制的に連行された。追放の犠牲者となったのは、あわれにも路上で死んだ、疲れ果て、人間の暴力で命を落とした二〇〇万人以上もの無実の人間だった。諸民族よ、和解せよ。

我々は、戦争、捕虜、追放、迫害によって故郷から追われてここに来た。世界中の地上、海上では、五〇〇〇万人もの人々が命を落とし、行方不明になった。第二次世界大戦では、九三四万九〇〇人のドイツ人が戦場から戻らなかった。

(3) マインツのライン河畔にある〈ドイツ統一の警告の碑〉[V-3-1, 2]は、横に大きく「ドイツは分割できない」と書かれ、都市の名前が並んでいる。東ドイツのドレスデン、ライプツィヒ、マクデブルクなど［図2地図4のB領域］に加え、ケーニヒスベルク（現ロシア領）、マリーエンブルク（現ポーランド領）、ブレスラウ（同）など［図2地図4のD領域］も含まれている。この記念碑は一九九二年にマインツを訪れた時に見つけ、東西ドイツの統一後に、なぜこのような記念碑があるのか、調べたがわからなかった。二〇〇七年に再訪した時、設立の事情を説明したプレートが置かれていた。それによれば、ここにはかつて一九三一年に建てられた〈シュトレーゼマン記念碑〉[V-3-3]があった。彼は第一次世界大戦後、フランスとの和解・友好のために努力しノーベル平和賞を受賞したが、記念碑は一九三五年にナチによって

V-3　ドイツ統一の警告の碑、ホイネの柱（マインツ）

破壊された。その後、一九六一年六月一七日、当時の「ドイツ統一の日」［一八〇頁］に〈ドイツ統一の警告の碑〉が除幕された。つまり、この記念碑は一九六一年当時の西ドイツの「ドイツ」認識を示していることになる。説明は次のように結ばれていた。「一九九〇年一〇月三日、四五年間の分割の後にドイツ統一は達成された。それはオーデル＝ナイセ線の国際法的承認によってであった。ポーランドとドイツの和解は、ヨーロッパの新しい秩序のための重要な前提であった」。

〈ドイツ統一の警告の碑〉はマインツ大聖堂からライン川に向かったところにある。大聖堂前に一九七五年の開基一〇〇〇年を記念して建てられた〈ホイネの柱〉V-3-4の台座には、一九四五年二月二七日の空襲が描かれている。V-3-5

2 「過去の克服」と記念政策

「第二次世界大戦とナチズム」後に成立した三つの後継国家は「過去＝ナチズムの克服」を課題としたが、立場を全く異にしていた。西ドイツと東ドイツは東西二つの体制の最前線でベルリン問題を抱え、政治的、軍事的に対峙した。オーストリアはその狭間で「永世中立」を条件に一九五五年に主権を回復した。それぞれの国家は、それぞれの「異なるアイデンティティ」と「異なる敵」を確認するために、「第二次世界大戦とナチズム」を記念することになった。「記念の政治学」＝「記念政策」が、「過去の克服」の焦点となった。(9)

「第二次世界大戦とナチズムの犠牲者」をより一般化して定義する場合、西ドイツでは「戦争と暴力支配の犠牲者」、東ドイツでは「ファシズムと軍国主義の犠牲者」、オーストリアでは「戦争とファシズムの犠牲者」と、表現に違いがあり、東ドイツでは、戦争の前にファシズムが置かれている。これらの相違は特に、それぞれの国家のナチズムとの関わり方を象徴していた。社会学者レプジウスは、ナチズムは西ドイツでは「内在化」されたが、東ドイツでは「普遍化」され、オーストリアでは「外在化」された、として三者の相違を問題にしている。(10)東ドイツは西ドイツの再軍備を「ファシズムと軍国主義の復活」と厳しく非難したが、西ドイツも、「共産主義はナチズムと同様の全体主義」として、その「暴力支配」を糾弾した。東ドイツの歴史教育は政治的だったが、西ドイツも政治教育センターを首都ボンと各州に置き、政治教育に積極的だった[11]。第三次世界大戦の危機が実感される軍事的に緊張した状況の中で、記念政策としての「過去の克服」は過去の、歴史の問題ではなく、現実の、政治の問題だった。

一九四八年にはユダヤ人国家イスラエルが建国され、ナチによるユダヤ人虐殺の犠牲者への記念政策は、中東紛争をめぐる国際対立と関係せざるをえなくなった。イスラエルは西ドイツからナチズムの被害への補償として多額の経済援助を受けた[12]が、東ドイツとは国交の無い状況が続いた。

3　様々な犠牲者

「第二次世界大戦とナチズムの犠牲者」を分類して考えるために、ここではまず西ドイツの戦争墓法を検討したい。西ドイツでは一九六四年に「戦争と暴力支配の犠牲者へ」という銘板が首都ボンに置かれた。西ドイツは、東ドイツやソ連と対抗するために、アメリカの援助を得て、第二次世界大戦とナチズムで大きな被害を受けた人々を援護し、東から移住してくる多くの難民や被追放者を積極的に受け入れる政策をとった。「戦争と暴力支配の犠牲者」、つまり「国家のための死」の犠牲者の定義と分類も、そのような政策と関係し、犠牲者の範囲が東ドイツやオーストリアより広く考えられていた。そのため、「様々な犠牲者」の全体像を考える手がかりになる。

第一次世界大戦後に成立した戦争墓法では、戦争墓は戦没兵士の墓のことだった。一九五二年に改定されて民間人の戦争犠牲者を含むことが明確にされ、さらに一九六五年の改定では、正式名称を「戦争と暴力支配の犠牲者のための墓に関する法律」とし、第一条で、「戦争と暴力支配の犠牲者」を以下の一〇項目で規定した[13]。

⑴ 第一次世界大戦の戦没兵士　⑵ 第二次世界大戦において軍務および準軍務的業務において死亡した者、または

捕虜としての収容の終了後、一年以内に死亡した者　(3)　第二次世界大戦において、民間人で直接に戦争行為の結果として一九三九年九月一日から一九五二年三月三一日までに死亡した者　(4)　ナチズムの暴力行為の結果として、一九三三年一月三〇日から一九五二年三月三一日までに死亡した者　(5)　共産主義の不法な体制の措置によって死亡した者　(6)　一九三九年九月一日から一九四五年五月八日までの移住、または追放と難民化の結果として、一九五二年三月三一日までに死亡した者　(7)　一九三九年九月一日以降拉致された結果、死亡したドイツ人　(8)　ドイツの行政機関によって建設された強制収容所に収容され、死亡した者　(9)　一九三九年九月一日から一九四五年五月八日までにドイツに拉致され、意思に反して捕らえられ、その結果として一九五二年三月三一日までに死亡した者　(10)　外国人で、国際的な難民機関として認められている収容所において一九四五年五月九日から一九五〇年六月三〇日までに死亡した者。

これらを、「戦争の犠牲者」と「暴力支配の犠牲者」に二分して整理すれば、次のようになる。

戦争の犠牲者

兵士……………二つの世界大戦の戦没兵士　(1)　(2)

民間人犠牲者……空爆の犠牲者、拉致被害者　(3)　(7)

外国人の犠牲者……捕虜収容所などで亡くなった外国人　(9)　(10)

移住などの犠牲者……移住者、被追放者、難民　(6)

暴力支配の犠牲者

ナチズムの犠牲者……ユダヤ人、政治犯など　(4)　(8)

共産主義の犠牲者……「六月一七日事件」の犠牲者［一九五、二二九頁］、「壁」の犠牲者［二二六頁］　(5)

第一次世界大戦後の戦争墓にも、空爆の犠牲になった民間人のものがあった［一一二頁］。一九六五年法は、第二次世界大戦終結後二〇年を経て、それまでにドイツ戦争墓維持国民同盟によって埋葬された多様な「第二次世界大戦の犠牲者」について、追認したものだった。移住者についての規定では、一九五三年の連邦被追放者法が引用されている。

「ナチズムの犠牲者」も多様だった。集団謀殺された最初の被害者は「生きる価値がない」とされた精神病者であり、政治犯として収容された者には共産主義者、社会民主主義者、自由主義者など様々な政治的立場の人がいた。強制収容所では、ユダヤ人は黄色の星、政治犯は赤色、社会的不適合とされた精神病者などは黒色、同性愛者はバラ色など様々な色の三角形の識別票を付けさせられた0-5-3[14]。戦争の拡大に伴い多数の敵国兵が捕虜となり、占領地では民間人も数多く拉致、連行され、強制収容所に隔離され、労働を強いられ、虐殺された。強制収容所はナチのエリートである親衛隊によって管理された。親衛隊の中でも特に選抜された髑髏部隊は、強制収容所では戦場と同じく、「仮借のない、どんな人間的感情にも動じない、残酷性の専門家」であること、「殺人のプロ」であることが要請された[15]。

ナチはユダヤ人を生物学的に一つの人種と規定し、「ユダヤ人問題の最終解決」のために、絶滅収容所に移送し、ガス室で殺害した。前述のように第二次世界大戦後、イスラエルとパレスチナの問題は東西対立と関係せざるをえず、ユダヤ人と他の犠牲者との関係は、記念政策の重要な論点となった。一九四六年に刊行されたフランクル『夜と霧』は、日本でも一九五六年に霜山徳爾訳で出版され、強制収容所を体験した心理学者が書いた本として広く読まれた。一九七七年にドイツで出された新版を元に二〇〇二年に出版された改訳のあとがきで訳者の池田香代子は書いている。「旧版と新版のもっとも大きな違いは、旧版にまつわる驚くべき事実から掘り起こさなければならない。旧版には、「ユダヤ」という言葉が一度も使われていないのだ。「ユダヤ人」も「ユダヤ教」も、ただの一度も出てこない。かつて何度か読んだときには、このような重大なことにまったく気づかなかった。――ところが新版では、新たに付け加えられたエピソードのひとつに、「ユダヤ人」という表現が二度出てくる[16]」。なぜだろうか、と問い、フランクルの意図をイスラエル建国後のパレスチナの悲劇との関係で説明している。

『ヨーロッパ・ユダヤ人の絶滅』[17]の著者ヒルバーグは、まとめた研究をまずイスラエルで出版しようとして拒否される。一九五八年八月、その手紙を受け取った時のショックを自伝で書いている。「これが私の原稿に対してなされた最初の否定的な反応であり、その弾丸はエルサレムから私に向かって放たれたのだ。それまでの一〇年間というもの、ユダヤ人が、ユダヤ人こそが、私の本を読んでくれるであろうと思い続けてきた。私が心血を注いだのは彼らのためだった。その結果がこれだ」[18]。ユダヤ人評議会がゲットーを存続させるために行なったことが結局はドイツ人をその目標に近づける助けになった、とするヒルバーグの理解に対して、ユダヤ人の一部から厳しい批判がある。[19]

一方、一九四七年三月、ナチの時代に強制収容所で迫害され、辛くも生き延びた人々が「ナチ体制被迫害者連盟」を結成した。当初、この「共に戦い抜いた過去を持つ、様々な出身、宗派、所属政党からなる、唯一最大のフォーラム」[20]はドイツ全土に支部を持ち、会員は三〇万を数えた。政治犯の赤い三角形をシンボルにした連盟では、ナチ時代に国際的な反ファシズム、レジスタンス闘争を戦ってきた共産主義者が主導権を握った。四〇年代には組織としてかなり大きな影響力を持ったが、東西ドイツが成立し冷戦が激化する中で、西ドイツでは活動を禁止され、東ドイツでも、非ナチ化の早期完了を求めたドイツ社会主義統一党指導部と対立し、一九五三年には自主解散を余儀なくされた。

4　記念碑に刻まれた年、シンボル

「第二次世界大戦とナチズム」の様々な記念碑の性格を考えるためには、誰を、どのように記念しているかを判別するため、そこに刻まれた年やシンボルに注意する必要がある。例えば、「第二次世界大戦の犠牲者」の記念碑や墓には、一般的には戦争の年「一九三九―一九四五」と書かれた。ベルリン、ノイケルンの〈リーリエンタール墓地〉

の〈戦争墓〉[V-4-1]にも姓名、生年月日、没年月日の下に「一九三九―一九四五」が刻まれている。その内の一つ[V-4-2]には、「一九四四年八月二二日に生まれ、一九四五年二月三日に亡くなった」とある。生後半年足らずで空襲の犠牲になった民間人であろう。

独ソ戦のソ連側の犠牲者の碑には「一九四一―一九四五」と刻まれた。〈ボン北墓地〉内の〈戦争墓墓地〉[0-12-3]には、ロシア正教の八端十字架と「一九四一―一九四五」の数字が書かれた石碑[V-4-4]と共に、捕虜収容所で亡くなったロシア人のキリル文字で刻まれた墓石[V-4-3]があった。

一方、「ナチズムの犠牲者」の記念碑には、ドイツではナチ政権獲得の年からという意味で「一九三三―一九四五」と刻まれた。オーストリアでは、オーストリア・ファシズムの時代を含める時は「一九三四―一九四五」、ナチ・ドイツによる「合邦」後を問題にする場合には「一九三八―一九四五」になる。ユダヤ人犠牲者の記念碑には「ダヴィデの星」あるいは「黄色い星」が付けられ、政治犯の記念碑には「赤い三角形」が付けられた。「バラ色の三角形」を付けられた同性愛者などの「忘れられた犠牲者」は、一九八〇年代以降、注目されるようになる〔一九五頁〕。

5　様々な記念日

一九四五年以後、西ドイツ、東ドイツ、オーストリアは、記念政策のために記念日を制定した。重要な記念碑は記念日に除幕され、その後も記念日に記念碑の前で様々な行事が行なわれた。

a　第二次世界大戦に関係する記念日

(1) 開戦記念日の「九月一日」は、西ドイツの市民運動において国際反戦デーとして記念されるようになった。

(2) 終戦記念日をめぐる事情は複雑なので[21]、ここでは結論だけ示しておく。西ドイツでは「五月八日」が終戦の日とされ、イギリス、アメリカなどでもこの日がVEデイ（ヨーロッパ戦勝記念日）とされた。しかし、旧ソ連と共産圏では「五月九日」が戦勝記念日とされ、東ドイツでも「五月八日」と共に「五月九日」も記念された。

(3) 第一次世界大戦休戦記念日の「一一月一一日」がイギリス、フランスなどでは戦没者追悼の日とされ、二つの世界大戦の戦没兵士の記念行事が行なわれている。西ドイツでは、第一次世界大戦後に定められ、ナチ時代には「英雄の日」とされた「国民追悼の日」〔一一四、一四一頁〕が一九五二年に復活した(22)が、時期は「待降節の二週間前の日曜日」(一一月の中旬)となった。

b ナチズムに関係する記念日

(1) 一九三八年の「水晶の夜事件」の日「一一月九日」は、ナチズムによるユダヤ人迫害を象徴する記念日となった。しかし、この日は第三章で説明したように、一一月革命記念日、そしてヒトラーのミュンヘン一揆の記念日でもあった。

(2) 一九四四年の国防軍によるヒトラー暗殺未遂事件の日「七月二〇日」は、西ドイツでは「ナチへの抵抗運動の記念日」として重視された。

(3) 一九四五年九月、第二日曜日の九日に、ベルリンでファシズム犠牲者記念の行事が行なわれた。前述のナチ体制被迫害者連盟は「九月の第二日曜日」を「ファシズムの犠牲者の日」とし、当初はドイツ全土で行事を行なった。その後、この日の行事は東ドイツでは継承されたが、西ドイツでは禁止された。

c 再出発、または「ドイツ統一」の記念日

(1) 西ドイツは一九四九年五月二三日に基本法を発布し、「五月二三日」が西ドイツの再出発の記念日となった。しかし、東ドイツで起こった暴動がソ連軍の戦車の出動によって圧殺された一九五三年の「六月一七日事件」以降、「六月一七日」が「ドイツ統一の日」とされ、一九六三年から国家祝日となった。

(2) 東ドイツは一九四九年一〇月七日に成立し、「一〇月七日」が建国記念日として祝われ続けた。ベルリンの壁崩

壊直前の一九八九年のこの日にも、建国四〇年を祝う式典が行なわれた。国家人民軍創設記念日の「三月一日」も重視された。

(3) オーストリアではドイツの敗戦以前の一九四五年四月二七日に、レンナーを首班とする臨時政府が独立宣言を発表した。連合国は一〇月に臨時政府を承認し「四月二七日」が第二共和国設立の日とされている。しかし、その後オーストリアは連合国に分割占領され、一〇年後の一九五五年に主権を回復し、「一〇月二六日」に国民議会で永世中立が宣言されたため、この日が国家祝日となった。

6　栄誉の碑から警告の碑へ

一九四五年までは戦争記念碑といえば、戦没兵士の記念碑としての「戦士記念碑」「栄誉の碑」を指した。しかし、「第二次世界大戦とナチズム」後には、民間人の犠牲者、難民や被追放者、暴力支配の犠牲者も記念されることになった。特に暴力支配を含めて記念する場合、その支配を許してしまった責任、加害者としての立場も意識せざるをえない。「ナチズムの犠牲者」、または「戦争とナチズムの犠牲者」の記念碑は、「警告の碑」と呼ばれるようになる。

以下、西ドイツ、東ドイツ、オーストリアの各国の「第二次世界大戦とナチズム」に関する記念碑について、第一に「第二次世界大戦とナチズム」をどのような関係で捉え記念したか、第二に多様な「ナチズムの犠牲者」のうち、どのような人々を重視したのか、二つの点で比較検討しながら見ていきたい。

第2節　西ドイツと「戦争と暴力支配の犠牲者」

1　「戦争と暴力支配の犠牲者」

a　ボン北墓地

一九六四年六月一六日、首都ボンの美しく広大な宮殿庭園にあるシンケル作のアカデミー美術館の外壁に、「戦争と暴力支配の犠牲者へ」という銘板が掲げられた。翌一七日にリュプケ大統領が花輪を捧げ、それを〈ドイツ連邦の栄誉の碑〉とした。「六月一七日」は前年の一九六三年から国家祝日になっていた。東ドイツ、ソ連の共産主義体制も「全体主義」=「暴力支配」とされ、「ナチズムの犠牲者」と「共産主義の犠牲者」が共に追悼された。

一九六九年、学生運動、反戦運動が高まる中で、この銘板は襲撃から守るために〈ボン北墓地〉内の戦争墓墓地に移され、現在もそこにある[0-12-3; V-4-6]。(23) 一九五二年に「国民追悼の日」が復活して以来、ボンでは、毎年この〈北墓地〉で政府の高官も列席して追悼行事が行なわれていたが、銘板が設置されたことによって、行事は公的なものとなり、一九八〇年以降は外交儀礼にも用いられた[V-4-5]。アメリカ合衆国の首都ワシントンDCに隣接する〈アーリントン墓地〉には記念碑としての四つの〈無名兵士の墓〉があり、外国の代表が花輪を捧げる場所として知られる。西ドイツはアメリカに倣って首都に「戦没兵士記念の場」を設けた。

b　栄誉の碑、栄誉墓地と「戦争と暴力支配の犠牲者」

〈ニュルンベルク市第一次世界大戦戦没兵士栄誉の碑〉[IV-4-6][0-13-1][0-13-2]は〈ルイトポルト・アレーナ〉[IV-4-4]の中心だった。一九四五年以後、アレーナは撤去され、野原に立つ記念碑の銘は、次のようになった。

V-4　西ドイツ：戦争墓、「戦争と暴力支配の犠牲者」

「一九一四年から一九一八年の戦争　＋　一九三九年から一九四五年の戦争」
　および「一九三三年から一九四五年の暴力支配」の犠牲者へ　　ニュルンベルク市

二つの世界大戦と暴力支配の年を並べ、「戦争と暴力支配の犠牲者」の記念碑であることが明確にされた。
しかし、第一次世界大戦後に建てられた膨大な数の「戦士記念碑」「戦没兵士の栄誉の碑」が、すべて「暴力支配の犠牲者」も記念するように変えられたわけではない。むしろ西ドイツとオーストリアではほとんどは、第二次世界大戦の年「一九三九―一九四五」が加えられて「栄誉の碑」と呼ばれ続けた。ナチ高官の別荘があったオーバーザルツベルクの麓の〈ベルヒテスガーデン市庁舎〉[V-6-1]の壁には二つの世界大戦を示す年と兵士が描かれ、その下には両大戦の郷土の戦没兵士の名前を刻んだプレート[V-6-2, 3]が置かれ、全体が「栄誉の碑」となっている。ここにもナチズムの犠牲者を意味する「一九三三―一九四五」は無い。

ミュンヘンの〈戦士の栄誉の碑〉[III-11-1, 2]の場合、第一次世界大戦では戦没兵士だけが記念されていたが[III-11-3]、第二次世界大戦後加えられた銘には、「ミュンヘン市の[III-11-4]、二万二〇〇〇人の戦没兵士、一万一〇〇〇人の行方不明者、六六〇〇人の空爆の犠牲者へ」と刻まれた。ここにも「一九三三―一九四五」は無い。

「栄誉の碑」に倣って、戦没兵士墓地は「栄誉墓地」とも呼ばれる。その性格が厳しく問われた事件として、ビットブルク問題がある(24)。一九八四年、コール首相はヴェルダンの〈フランス兵士墓地〉を訪ねた［一〇六頁］。翌一九八五年、コール首相はアメリカ合衆国レーガン大統領を招き、ルクセンブルク国境に近い〈ビットブルク栄誉墓地〉[V-5-1, 2]を訪問することになった。しかし、そこにはドイツ国防軍兵士と共に武装親衛隊員四八名が葬られていることが判明した［墓標に親衛隊SSとある[V-5-3]。埋葬者の名簿も置かれている[V-5-4]］。アメリカでは訪問反対を訴える世論が沸騰し、レーガン大統領の発言、「ビットブルク訪問に何ら問題はない。――彼らは強制収容所の犠牲者と同様に犠牲者である」は火に油を注いだ。アウシュヴィッツの経験を持つノーベル賞作家ヴィーゼルの「大統領、そこは貴方にふさわしい場所で

V-5　ビットブルク栄誉墓地、平和の谷（ベデケン）

はありません。貴方が訪問すべきなのは、むしろ親衛隊によって殺された犠牲者の所です」との発言は全米でテレビ中継された。アメリカと西ドイツで反対の声が高まる中、二人は〈ベルゲン＝ベルゼン強制収容所〉［一八九頁］を訪問した後、ヘリコプターで〈ビットブルク栄誉墓地〉に移動し献花した。

戦没兵士墓地に武装親衛隊員の墓があるのは、ビットブルクだけではない。〈ボン北墓地〉の戦争墓墓地にも一七名の武装親衛隊員の墓がある。(25)「ヒムラーの城」〈ヴェヴェルスブルク〉[IV-2-1, 2]の近く、ベデケンに戦争墓墓地、〈平和の谷〉[V-5-5]がある。林道脇の美しい野原に相当数の戦争墓が整然と並ぶ光景は異様である。ここには、第一次世界大戦一三人、第二次世界大戦四五〇人の墓がある。(26)墓地は一九五三年に整備され、若い武装親衛隊員も「戦争の犠牲者」とされ、埋葬された。二五年後の一九七八年になって、〈「戦争と暴力支配の犠牲者の記念のために　一九三三―一九四五」と刻まれた石碑〉と〈メノーラー［ユダヤ教のシンボルの七枝の燭台］が彫られた石碑〉[V-5-6]が置かれ、埋葬者が「戦争と暴力支配の犠牲者」であることが明確にされた。

c　第二次世界大戦の遺跡と記念碑

ドイツ軍とアメリカ軍の激闘で知られるライン川のレーマーゲンに架かる〈ルーデンドルフ鉄橋〉[V-6-4]は、土台部分の塔だけが残され、上には両国の国旗が翻っている。記念館になっていて、入口には次のように書かれている。「戦争のために作られ、戦争で破壊された。この塔は、常に警告していくことになるだろう。ここで二つの偉大な国の兵士が戦ったこと、そしてこの場所の到るところで、英雄たちが死んでいったことを」。館内には「戦争のために作られ、破壊された橋は、平和の時には必要がない」と説明があった。実際、現在ここには鉄橋もその他の橋もなく、ライン川はフェリーで渡る。展示では第二次世界大戦後の現代の戦争についても説明があった。近くの捕虜収容所の跡地には礼拝堂が建立された。その床には、「犯された失敗は二度と繰り返されてはならない。報復は決して愛ではない。憎悪は平和を咲かせる土壌でもない」とあった。

V-6　ベルヒテスガーデン市庁舎、レーマーゲンの鉄橋

V-7　第二次世界大戦の記念碑（西ベルリン）

ベルリンの〈ブランデンブルク門〉から西に進むと、間もなく通りの北側に、台の上に置かれた戦車と巨大な〈ティーアガルテンのソ連栄誉の碑〉[V-7-1]（一九四五）が見える。西ベルリンの目抜き通りクーダムの起点に立つ〈皇帝ヴィルヘルム記念教会〉[V-7-2]は、空爆で破壊されたままの姿で残され、広島の〈原爆ドーム〉のように第二次世界大戦を「記念」し続けることになった。現在は隣接して建てられたモダンな教会が用いられており、スターリングラードでドイツ兵士が木炭のかけらで描いた〈黒いマリア像〉[V-7-3]が展示されている。

男たちの多くが戦死し、戦地からもまだ戻って来ない時、戦後復興のために瓦礫の山を片付けたのは女たちだった。ベルリン、ノイケルンのハーゼンハイデ公園には〈瓦礫女の像〉[V-7-4]（一九五五）がある［一〇〇頁］。

ドイツ戦争墓維持国民同盟の活動によってドイツ以外の多くの戦場にもドイツ兵士墓地が作られていった。一九五五年には、一九四二年の北アフリカの戦場跡に八角形の「死者の城塞」としての兵士墓地〈エル・アラメイン記念碑〉[III-14-7]が作られた［一四八頁］。

2　ナチズムと抵抗運動の記念碑

a　強制収容所

一九六七年に西ベルリンの〈ヴィッテンベルク広場〉に〈我々が決して忘れてはならない恐怖の場所〉[V-8-1][27]と書かれたプレートが掲げられた。アウシュヴィッツ、マイダネク、トレブリンカなど一〇の代表的な強制収容所のあったところが挙げられている。ナチが支配した広大な占領地域には、労働教育収容所、青年保護収容所など様々な名前の、多数の収容施設が作られた。隈なく張り巡らされたネットワークは、ナチの恐怖支配の動脈だった。

西ドイツにおける「ナチズムの記念」[28]の例として、〈ベルゲン＝ベルゼン強制収容所〉を取り上げる。[29]第一次世界大戦時に捕虜収容所として作られた同所には、一九四一年以後ロシア人捕虜が収容された。一九四三年、運営が親衛隊に一任されて強制収容所となり、アンネ・フランクもここに移送され、不衛生な状況でチフスを病んで死んだ。

「ベルゲン＝ベルゼン　一九四〇―一九四五」と書かれた門を入ると、広大な野原に立つ〈ダヴィデの星が刻まれた石碑〉[V-8-3]が目に入る。施設は破壊され建物は残っていない。記念碑には「ユダヤ人と世界はベルゲン＝ベルゼン強制収容所で殺人者ナチの手によって皆殺しにされた三万人のユダヤ人を忘れない。「大地よ、私の血を覆うな［『旧約聖書』ヨブ記一六章一八節、私の叫びを閉じ込めるな、と続く］」。解放記念一周年の記念日の一九四六年四月一五日に　イギリス占領地域中央ユダヤ人委員会」と英語で書かれていた。脇には、「悲しみは永遠に続く」という『詩篇』の言葉と「イスラエル大統領ハイム・ヘルツォーグ」の名が英語、ドイツ語、ヘブライ語で刻まれた〈石碑〉もあった。

帰りに門を出てしばらく行くと、赤軍の星、ロシア正教の八端十字架と共に〈ソ連人の戦争墓墓地　一九四一―一九四五〉［一七九頁］とドイツ語、ロシア語で書かれた別の門[V-8-5]が目に入った。墓地に置かれた〈悲しむ少女〉[V-8-4]の台座には、「ここに、ドイツ・ファシストの捕虜となり、拷問され殺害された五万人のソ連の戦争捕虜が葬られている」とあった。三万人のユダヤ人と五万人のソ連兵捕虜が同じ収容所で殺害されながら、別の場所で記念されていた[30]。

b　抵抗運動とナチズムの記念

ベルリン自由大学の学生食堂の脇にカール・ハインツ・ビーダーベック〈出発　ドイツの学者たちの声明、一九三三年一一月一一日、ライプツィヒ〉[V-8-2]（一九七八）がある。ドイツの学者がナチとの連帯を誇示した政治集会の写真[31]を元にしたもので、実際、当時は大学関係者が先頭に立ってナチを支持し、各大学で焚書が行なわれた［二五四頁］。

ミュンヘン大学の学生だったショル兄妹たちの抵抗運動、「白バラ事件」は、映画などで日本でもよく知られている[32]。ミュンヘン大学の前には、撒かれたビラなどを硬質ガラスで埋め込んだ〈白バラ事件記念碑[33]〉[V-9-1]があり、校舎内にも地下に〈白バラ事件記念碑と展示室〉がある。二〇〇三年にはドイツの偉人の廟〈ヴァルハラ〉にも〈ゾフィー・ショル像〉[II-5-4]が置かれた［七四頁］。

V-8　ナチズムの記念碑（西ベルリン）、ベルゲン＝ベルゼン強制収容所

V-9　白バラ事件記念碑（ミュンヘン）、抵抗運動記念の場（西ベルリン）

西ドイツでは、ナチへの抵抗運動の中で、一九四四年七月二〇日のヒトラー暗殺未遂事件が特に重視された[34]。当時三六歳の国内予備軍総司令部幕僚長シュタウフェンベルク大佐が仕掛けた時限爆弾は、発火したがヒトラー暗殺には到らず、シュタウフェンベルクは即日、国防軍本部の〈ベントラーブロック〉で射殺された。激怒したヒトラーは関係者を全員逮捕するよう厳命し、逮捕者は七〇〇〇人に及んだ。形式だけの裁判に掛けられて死刑判決を受けた約二〇〇名はベルリンの〈プレッツェンゼー刑務所〉で絞首された。ナチと国防軍の対立を象徴するこの事件は、ナチではない「もうひとつのドイツ」の証とされた。一九五二年七月二〇日に〈ベントラーブロック〉の中庭に記念碑の礎石が置かれ、一年後にブロンズ製の青年像〈一九四四年七月二〇日事件犠牲者記念碑〉[V-9-2]が完成した。この時、「七月二〇日事件」の関係者をはじめ、一九三三年から一九四五年までに一万六五六〇人が処刑された〈プレッツェンゼー刑務所〉も記念施設となった。

一九八〇年に、後に大統領となる当時のベルリン市長ヴァイツゼッカーが、この記念碑の青年像を一メートルほどの台座から地面に下ろし［写真の右］[V-9-3]、さらに展示施設を拡大するために歴史家による委員会を設置し、検討を始めた。施設は一九八九年に完成し、〈ドイツ抵抗運動記念の場〉[V-9-3]として除幕された。展示では、「七月二〇日事件」だけではなく、キリスト教徒や共産主義者などによる様々な抵抗運動が、テーマ別に二六のブロックに分け説明されている。抵抗運動に東ドイツの指導者となった共産主義者を含めることについては、シュタウフェンベルクの遺族や旧軍隊関係者から強い批判があったが、展示はその後も維持され、研究機関としても精力的に活動し、ベルリン各地の抵抗運動の詳細な資料集を編集、配布している。

c　「ナチズムの犠牲者」と「共産主義の犠牲者」

ベルリン問題は一九四五年以後の東西対立の焦点であり、厳しい軍事的対立が続いていた。一九四八年にソ連が西ドイツから西ベルリンへの陸路を封鎖したため、西ベルリンへの物資はすべて空輸されなければならなくなった。テ

V-10　ナチズムの犠牲者、共産主義の犠牲者（西ベルリン）

ンペルホーフ空港［二〇〇八年に閉鎖］には、その際の事故で亡くなったパイロットら犠牲者を記念する〈ベルリン空輸記念碑〉[V-10-4]（一九五一）があり、同じ形のものがフランクフルト・アム・マイン空港にもある。

ベルリン市営の〈ヴェディング墓地〉には、〈一九五三年六月一七日事件記念碑〉[V-10-1]があり、〈犠牲者の墓石〉[V-10-2]が並び、プレート〈ベルリン州　栄誉の墓〉[V-10-3]が置かれている。この墓地には「安楽死」計画で殺害された障害者など、「ナチズムの犠牲者」の骨壺もある。

ベルリンには冷戦時代に作られた「二つの暴力体制の犠牲者」の記念碑[35]が残っている。シュテークリッツのマテウス教会の前に「一九三三―一九四五年の迫害者へ」と刻まれた〈縛られた女性〉[V-10-5]（一九六〇）、近くに〈壁の前で倒れる男性〉[V-10-6]（一九六五）がある。ツォー駅近くのシュタイン広場にも二つの体制の犠牲者をセットにしたものがある。

d　ヴァイツゼッカー演説と「忘れられた犠牲者」

一九八五年五月八日の終戦記念日にヴァイツゼッカー大統領がドイツ連邦議会で行なった演説は、日本でも『荒れ野の四〇年』と題して出版され、広く知られている[36]。「五月八日」を「人々が嘗めた辛酸を心に刻む日」としながら、その「一九四五年五月八日と一九三三年一月三〇日［ヒトラーの政権獲得の日］を切り離すことは許されない」、「過去に目を閉ざすものは結局のところ現在にも盲目になります」と述べて、ドイツ人の歴史的責任の自覚を国民に訴えた演説は、「第二次世界大戦とナチズム」の記念をめぐる新しい議論の契機となった。演説では「戦争と暴力支配」の中で死んだすべての人々として、最初に「ドイツの強制収容所で命を奪われた六〇〇万のユダヤ人」、次に「戦いに苦しんだすべての民族、とりわけソ連・ポーランドの無数の死者」、その後に「ドイツ人としては」に続けて「兵士として戦死した同胞」「故郷の空襲で、捕らわれの中で、あるいは故郷を追われる途中で命を失った同胞」、さらに「殺害されたシンティとロマ」[37]「殺された同性愛の人々」「殺害された精神病患者」「宗教もしくは政治上の信念のゆえに死なねばならなかった人々」、最後に「市民としての、軍人としての、信仰に基づいての、労働者や労働組合の、そして共産主義者の、抵抗運動の犠牲者」を挙げた。前述のように、ヴァイツゼッカーはベルリン市長時代、[V-9-3]〈ドイツ抵抗運動記念の場〉に様々な抵抗運動を展示するよう努力した。ここではさらに「シンティとロマ」「同性愛の人々」「精神病患者」が挙げられた。以後、「忘れられた犠牲者」が注目され、補償が問題にされると共に、各地に記念碑、記念施設が作られていく。

ベルリン・フィルハーモニーの裏手に「忘れられた犠牲者に栄誉を」と書かれたプレートが置かれている。[V-9-4]〈ナチによる「安楽死」計画の犠牲者の記念碑〉である。

> ティーアガルテン通り四番地のこの場所で、一九四〇年より、ナチズムによる最初の集団的殺害が組織され、それはこの場所の住所にちなんで「Ｔ４計画」と名づけられた。一九三三年から一九四五年まで、およそ二万人の無力の人間が死んだ。彼らの生は「生きる価値がない」とされ、彼らの殺害は「安楽死」と呼ばれた。［中略］彼らは死刑執行部隊によって、計画的な飢餓と毒ガスによって死んだ。
>
> 実行者は科学者、医者、看護人、司法関係者、警察関係者、健康・労働行政関係者だった。犠牲者は貧しく、絶望し、反抗し、あるいは助けを求めていた。彼らは精神病院から、小児病院から、老人ホームから、そして養護施設から、野戦病院や収容所から連れて来られた。犠牲者の数は多いが、処罰された犯人の数は少ない。

「安楽死」計画の施設があったハーダマーでは、記念の〈オベリスク〉が建てられ施設が記念館として公開された[38]。一九八九年には、ベルリンの地下鉄ノレンドルフ広場駅に、同性愛者に付けられたバラ色の三角形の標章をデザインしたプレート[V-10-7]〈ナチによる同性愛者犠牲者の記念碑〉が除幕された［二五〇頁］。

第3節　東ドイツと「ファシズムと軍国主義の犠牲者」

1　「ファシズムと軍国主義の犠牲者」

a　ベルリンの新衛兵所

〈新衛兵所〉[0-3-1][39]は戦後、東ベルリン領に入った。しばらくは破壊された無残な姿をさらしていたが、[V-II-1]修復され、一九五七年には右の壁に「ファシズムと軍国主義の犠牲者へ」[V-II-2]の銘が掲げられ、〈ファシズムと軍国主義の犠牲者のための警告の碑〉となった。東ドイツでは、ナチズムは「資本主義の全般的危機の時代の反革命」としての「ファシズム」とされ、「帝国主義」「軍国主義」との関係で説明された。ソ連を中心とする共産主義者の国際的連帯によって反ファシズム闘争に勝利し、その結果として東ドイツという新しい国家が成立した、という理解だった。一九六二年から国家人民軍兵士による衛兵交代式[V-II-3]が毎日行なわれ、建国記念日の一〇月七日と国家人民軍創設記念日の三月一日、「ファシズムの犠牲者の日」の九月の第二日曜日には国家的儀式が挙行される場となった。

一九六九年には建国二〇年を記念して改装された。[V-II-4]部屋の中央のイエナで作られた透明なガラス・ケースの中に〈永遠の火〉が灯された。その手前に、右に「無名の兵士」、左に「無名の抵抗運動の闘争者」と記された二つのプレートが置かれ、一人の戦没兵士と一人の強制収容所の犠牲者の亡骸が戦場と強制収容所の土と共に埋められた。この〈無名兵士と無名の闘争者の墓〉と〈永遠の火〉のモデルは、モスクワのクレムリンの壁に作られた〈無名兵士の墓〉と〈永遠の火〉だった。ソ連の〈無名兵士の墓〉は、イギリス、フランスなどで第一次世界大戦後に成立した個人ごとの戦争墓を前提としたものではなかった。独ソ戦の犠牲者は膨大で、兵士も民間人もほとんどが集団墓に埋葬された。一九六〇年代に集団墓が整備され、一九六七年にモスクワ郊外の集団墓の遺骨を改葬して、クレムリンの

V-11　東ドイツ：新衛兵所、「ファシズムと軍国主義の犠牲者」

〈無名兵士の墓〉が作られた。西ドイツではアメリカ合衆国に倣って戦争墓墓地内の〈戦争と暴力支配の犠牲者のための栄誉の碑〉が外交的儀礼の場となり、東ドイツではソ連に倣った〈ファシズムと軍国主義の犠牲者のための警告の碑〉が同様な機能を持つことになった。

b　東ドイツと第二次世界大戦

東ドイツでは、ソ連が多大な犠牲を払って、ドイツを、そして世界の人民をファシズムとしてのナチズムから解放したことが強調され、第二次世界大戦の記念の中心は、「大祖国戦争」［五二頁］の勝利を讃えるソ連の「栄誉の碑」と兵士墓地だった。初期にはドイツ兵の戦争墓も作られたが多くは放置され、西ドイツやオーストリアのように第一次世界大戦後に作られた「栄誉の碑」に第二次世界大戦の年号と戦没者名を加えて二つの大戦の碑とする［一八四頁］ことはありえなかった。一九四五年五月九日にソ連軍との降伏文書が調印されたベルリン、カールスホルストの建物は〈無条件降伏記念館〉となり、調印式の行なわれた部屋が保存されている。一九九〇年以降も「大祖国戦争」についての常設展示はほぼそのまま維持され、特別展示が加えられている[40]。

二つのドイツの時代、西ベルリンから東ベルリンに向かった観光バスは必ず〈トレプトウ公園のソ連栄誉の碑〉[V-12-1]を訪れることになっていた。広大な公園に入ってしばらく進むと、〈ひざまずく兵士の像〉[V-12-2]が置かれた門があり、そこには「永遠の安息を、ファシズムの隷属状態から人間を解放するための闘争において命を捧げたソヴィエト軍の闘争者へ」と書かれ、地表に置かれた石碑には「故郷はその英雄たちのことを決して忘れない」とある。両側にスターリンの言葉を刻んだ碑が並び、最も奥に〈赤子を抱き鉤十字を踏みつける兵士〉[V-12-3]が立っている。

東ベルリンにはもう一つ、〈シェーンホルツァーハイデ公園のソ連栄誉墓地〉[V-12-4]があり、こちらは三ヘクタールの広大な墓地に一万三二〇〇人のソ連兵士が眠っている。入口には、「脱帽せよ、ここにはソヴィエト兵士たち、一九四一年から一九四五年の大祖国戦争の英雄たちが埋葬されている。彼らはその命を未来のために与えた」とある。正面の記念碑は〈ロシアの母と横たわる兵士〉《V-12-5》で「ピエタ」を連想させるが、ここにいるのは悲しむ女性ではない。いかにも強い「ロシアの母」である。像の背後には赤軍の星に添えて、「彼らはファシズムに決して屈服しなかった。彼らの故郷への愛とその人民への忠誠は死よりも強かった」とある。

ザクセンのエルベ川沿いの古都ドレスデンは、一九四五年二月一三日から一四日にかけてのイギリス空軍の夜間空襲[41]によって美しい市街は完全に破壊され《V-13-1》、多くの民間人が犠牲になった。郊外の〈ハイデ墓地〉には、空爆犠牲者の集団墓が作られた。入口には、炎の標章のある〈国際レジスタンス連盟ＦＩＲのオベリスク〉《V-13-2》が立っている。〈円形広場〉《V-13-3》には、中央に「犠牲者のための皿」が置かれ、周りに立つ一四の石柱のうち、七つにはアウシュヴィッツ、ブーヘンヴァルトなど強制収容所のあった場所の名前が、他の七つにはコヴェントリー、レニングラードなど、空襲で民間人が大きな被害を受けた都市の名前が刻まれている。

ドレスデンの〈瓦礫女の像〉《V-13-4》は市庁舎前に立ち、銘板に「一九五二年に鉄製で建てられ、六七年にブロンズ製になり、二〇〇一年に改修された。記念碑は厳しい時代に、自らの手で、破壊された都市の再建の礎石を置いた女性たちに捧げられている」とある〔西ベルリンの〈瓦礫女の像〉《V-7-4》〕。市庁舎近くの〈十字架教会〉は完全に修復されないまま、戦争の傷跡を記念する場となった。

ドレスデン新市街の中心、〈アルベルト広場〉には〈ソ連栄誉の碑〉《V-13-5》（一九四五）が置かれていたが、一九九四年四月、郊外の〈ドイツ連邦軍軍事史博物館〉〔三九頁〕近くの広場に移された。

2　ナチズムと抵抗運動の記念碑[42]

a　強制収容所

ヴァイマル近郊のエッタースベルクの森に一九三七年、〈ブーヘンヴァルト強制収容所〉が作られた[43]。短期滞在と

V-12　ソ連栄誉の碑と兵士墓地（東ベルリン）

V-13　ドレスデン空襲

選り分けのための収容所には、外国の政治犯も多く収容された。『集合的記憶』で知られるアルバックスは、ストラスブール大学に開かれたフランス初の社会学講座の教授だったが、抵抗運動中に秘密警察に逮捕され、一九四四年にここで命を落とした[44]。外国人が多かったこともあり国際的な抵抗運動が組織され、最後には武器が用意され蜂起に備えた。一九四五年一月二七日に〈アウシュヴィッツ強制収容所〉が解放され、連合軍はドイツ国内に向けて進軍した。四月には撤収の準備が始まり、被収容者は次々に「死の行進」を強いられた。最後に残った人々は四月一一日に看守から管理権を奪取し、一三日にアメリカ軍が到着するまでの四八時間、自主管理した。ドイツ共産党中央委員会議長だったテールマンが虐殺され、しかし自力で解放された〈ブーヘンヴァルト強制収容所〉は、東ドイツにとって最も重要な「記念の場」とされ、展示施設入口の「MEMENTO（忘れるな）」V-14-2が印象的だった［展示が変更され、現在は無い］。

一九四七年にエッタースベルク頂上の〈ビスマルク塔〉（一九〇一）が撤去され、一九五八年に〈鐘楼〉とその前にフリッツ・クレーマー〈蜂起した人々の像〉V-14-5が置かれ、〈ブーヘンヴァルト強制収容所〉は「警告と記念のための国民的施設」となった。丘の上の〈鐘楼〉は巨大で、かなり遠くからも見える。〈鐘楼〉の扉には、「ナチズムの根絶こそ我々の解決、平和で自由な新しい世界の建設こそ我々の目的」とある。「ブーヘンヴァルトの誓い」の一節である。一九五七年にはアーピッツ『裸で狼の群のなかに』が発表された[45]。小説とはいえ、実際に〈ブーヘンヴァルト強制収容所〉に収容されていた共産党員アーピッツの体験を元に書かれた革命文学は、東ドイツでベストセラーになり、日本語を含む多くの言語に翻訳され映画も作られて、ブーヘンヴァルトの名を広めた。

　収容所全体の模型V-14-1を見ると、その広大さが実感される。ここに一九三七年から一九四五年までの間に約二五万人が拘留され、五万人以上が命を落とした。テールマンが殺害された場所は火葬場のすぐ近くで、ブロンズのプレートV-14-3があり、「ドイツの人民の偉大なる息子であり、ドイツ労働者階級の指導者であったエルンスト・テールマンに永遠の安息を。彼はこの場所でファシズムによって一九四四年八月一八日に殺された」と刻まれた。現在ではプレートの下に、「東ドイツ政府によって掲げられた」と添えられている。丘には犠牲者の遺灰が埋められた大きな円形の集団墓が三つあり、それを巡る順路が作られた。[V-14-4] 尾根伝いの「諸国民の道」には〈一八の国名を書いた石柱〉に犠牲者を悼む皿が載せられている。当時のインターナショナル、国際連帯の表現だった。

b 「ナチ体制被迫害者」「ファシズムの犠牲者」「反ファシズムの闘争者」

ヴァイマルの墓地でグローピウス[III-2-5]〈三月の戦没者の記念碑〉を調査した折、近くに赤い三角形と〈ナチ体制被迫害者VdN　栄誉の森〉と書かれた[V-15-1]プレートを掲げた一角があった。一九四八年にでき、一九七六年に整備されたこの墓地には、名前と生没年を記した多くの[V-15-2]プレートと共に、「一一四人の無名の犠牲者」と書かれた〈無名の犠牲者の墓石〉と「すべての国の反ファシズムの無名の闘争者へ、その記念のために」と刻まれた球形の[V-15-3]〈無名の闘争者の記念碑〉が置かれていた[46]。

前述のようにナチ体制被迫害者連盟は当初は活発だったが、次第に活動を制限された。一九五四年以後は、新しく作られる記念施設に「VdN」などの略号を書くことは禁止され、政治犯を示す赤い三角形だけを正三角形で描くこと、「赤以外の色、特に明るい赤、バラ色を決して用いてはならない。この色はファシストによって、政治犯ではなく他の種類の被収容者の標識として用いられた」と通達が出された[47]。バラ色の三角形は、同性愛者を意味した［一七九頁］。ブランデンブルク刑務所の[V-15-5]〈処刑された反ファシズム闘争者の記念碑〉は、政治犯として殺された多くの[V-15-4]〈闘争者の墓〉の前に立ち、表に「死に到らしめられた者に、見よ我々は生きている」、裏に「あなたたちの戦いは我々に義務を課す」とあった。抵抗運動の闘争者が讃えられ、それは現在への「警告」「義務」と関係づけられていた。

そのような東ドイツの建国の理念を象徴する場所が、「東ドイツの首都」東ベルリンの〈フリードリヒスフェルデ墓地〉の[V-15-8]〈社会主義者の記念の場〉だった[48]［九四頁］。一九五一年に、右奥の〈死者は我々に警告する〉と刻まれた碑を取り囲むように、ルクセンブルクとリープクネヒト、そしてナチ時代と東ドイツ成立後の指導者、テールマン、ピ

V-14　ブーヘンヴァルト強制収容所

V-15　ファシズムの犠牲者、反ファシズムの闘争者、社会主義者の記念の場

ーク、ウルブリヒトらの墓が並べられた。

一九七〇年代初めにホーネッカーがドイツ社会主義統一党書記長に就任し、東ドイツの「ファシズムの犠牲者」の記念に変化が見られた。ウルブリヒト書記長の時代には、ソ連から帰国した亡命者たちの方が、ドイツでナチズムに迫害された古参幹部よりも優遇されていた。前述のブランデンブルク刑務所の囚人だったホーネッカーのもとで、「振り子が国内抵抗者の方に有利にふれた」[49]。「ファシズムの犠牲者」のために多くの記念碑が作られ、反ファシズムの「無名の闘争者」と並んで「有名な闘争者」、特にテールマンの記念碑が東ドイツ各地に建てられた。一九七五年には反ファシズムの記念の場や施設の数は四五八〇にもなった。

c　東ドイツのユダヤ人と「忘れられた犠牲者」

東ドイツ国内のユダヤ教徒は少数だったが、ドイツ最大のユダヤ人墓地だった東ベルリンの〈ヴァイセンゼー・ユダヤ人墓地〉には一九五三年に〈ナチによるユダヤ人犠牲者の記念碑〉が作られた[50]。

国際的には「東ドイツのイスラエル政策は西ドイツの陰画」だった[51]。東ドイツのドイツ社会主義統一党はイスラエルの補償金支払い要求を拒絶し、西ドイツがユダヤ人への補償としてイスラエルと締結した一九五二年のルクセンブルク協定を「帝国主義侵略への支援」と見なした。しかしそのような中で、「水晶の夜事件」の「一一月九日」が、東ドイツにおいてユダヤ人犠牲者を偲ぶ唯一の手掛かりとして生き続けた[52]。「水晶の夜事件」五〇年の一九八八年までに各地のシナゴーグ跡などに記念碑が建てられた。二つ紹介したい。(1)ベルリンの旧ユダヤ人街、グローセ・ハンブルガー通りの〈一三人の母と子の像〉[V-15-6]は、一九八五年に建てられた。(2)ルターゆかりのヴィッテンベルクでは、一九八三年のルター生誕五〇〇年祭の折、市教会の屋根に一三〇五年に作られたユダヤ人蔑視の〈豚の彫刻〉が問題とされ、一九八八年に真下の地面に〈警告と懺悔のプレート〉[V-15-7]が置かれた。東ドイツは一九八八年一一月一八日、イスラエルを承認した。ソ連が承認したのは一九九〇年一月だった。

一九八九年一一月九日、奇しくも「水晶の夜事件」記念日に「ベルリンの壁」は突然崩壊し、選挙で成立した人民議会は翌年四月、共同声明を発表した。「我われは世界中のユダヤ人に許しを乞う。イスラエル国家に対する公式の東ドイツ政策の偽善と敵愾心に対する許しを、またわが国で一九四五年以降も見られたユダヤ系国民の迫害と名誉毀損に対する許しを、我われはイスラエルの国民にお願いする[53]」。

一九八〇年代には東ドイツでも「忘れられた犠牲者」の記念碑が作られた。一九三六年のベルリン・オリンピックの際、多くのシンティとロマが隔離され、〈アウシュヴィッツ強制収容所〉に移送された。東ベルリンの〈マールツァーン公園墓地〉の〈シンティとロマ記念碑〉(一九八六)には、「一九三六年五月から栄誉あるソヴィエト軍によって我々の人民が解放されるまで、この近くで数百人のシンティとロマが強制労働に従事させられた。犠牲者に栄誉を」と刻まれた[54]。

第4節　オーストリアと「戦争とファシズムの犠牲者」

1　「戦争とファシズムの犠牲者」

a　ウィーンの城門と合邦五〇年記念碑——犠牲者神話

東ドイツでは一九五七年にベルリンに「ファシズムと軍国主義の犠牲者」の銘が、西ドイツでは一九六四年にボンに「戦争と暴力支配の犠牲者」の銘が刻まれた。一方、オーストリアのウィーンに「戦争とファシズムの犠牲者」と刻まれた記念碑ができたのは一九八八年だった。国家の記念政策を象徴する記念碑がなぜ、その時になってできたのだろうか。

ヒトラーが生まれたオーストリアは、一九三八年の「合邦」以降、「ドイツ以上にナチ的な社会[55]」となった。オーストリア人がナチズムの暴力支配を支え、オーストリア兵はドイツ国防軍として第二次世界大戦を戦った。しかし、そのオーストリアは一九四五年以後、ナチズムを「外からの侵略」とし、自らを一貫して犠牲者の立場に置いた。イスラエルからの補償要求を拒否し、西ドイツとの間にナチ被害者に対する補償協定（一九六一）を締結した。犠牲者神話の根拠とされたのは、モスクワ宣言（一九四三）だった。勝利を急ぐ連合国は、オーストリアの戦意を挫き、ナチ・ドイツから引き離すために、「オーストリアは、ナチ・ドイツの被侵略国である」と宣言した。厳しい東西対立の狭間に位置したオーストリアは、自らの再生のためにモスクワの権威を利用し、妥協的な記念政策を取り続けた[56]。

一九四六年、オーストリアは「オーストリア（オスタリチ）」の名が初めて史料に登場してから九五〇年を祝った。この祝典は「何よりもその名を公式の記録から消し去ろうとしたナチ・ドイツへの回答」だったし、「「オーストリア」という名の復活への狼煙であると同時に「ドイツ」からの必死の逃走だった[57]」。オーストリアは我々はドイツではない、と主張し続けた。「オーストリアの非ナチ化は非ドイツ化、つまりドイツとのつながりを切断し、新しいオーストリアの国民意識を確立するため[58]」だった。

オーストリアの戦没兵士記念の中心だった〈城門〉[0-4-3]は、一九四五年以後に再び改装された[59]。〈英雄記念碑〉[0-4-4]の背後に「一九三九―一九四五」の数字が加えられ、第二次世界大戦の戦没兵士名簿も置かれた。一九五五年五月一五日に主権を回復し、一〇月二六日に中立を宣言した後には、〈城門〉での行事も毎年、一〇月二六日に行なわれるようになった。国家条約締結から一〇年後の一九六五年、〈城門〉の右側の部屋に新しく、石碑〈オーストリアの自由のための闘争における犠牲者を記念して〉[0-4-5]が置かれた。国家条約調印時の写真[V-16-1]と臨時政府の独立宣言[V-16-2]も展示されている。〈城門〉の左右に分かれて、一方では兵士が「栄誉の碑」で記念され、他方ではナチズムの犠牲者が記念されていることは、オーストリアの記念政策における「第二次世界大戦後」意識と「ナチズム後」意識の分裂を象徴している。

オーストリアでは、各地の〈栄誉の碑〉での式典は、今でも毎年万聖節（一一月一日）や万霊節（一一月二日）に宗教行事として行なわれている。一九八三年にはローマ教皇ヨハネ・パウロ二世が〈城門〉を訪ねた。

〈城門〉に新しい記念碑ができた翌年の国家祝日、一九六六年一〇月二六日に、スイス公園に〈建国記念碑[V-16-4]（第二共和国記念碑）〉が除幕された。〈共和国記念碑[III-3-1]（第一共和国記念碑）〉が三人の政治家の胸像だったのに対し、こちらは抽象的な彫刻が芝生の中に屹立し、手前には独立宣言を刻んだプレート[V-16-3]が並んでいる。モスクワ宣言を引用し、「一九三八年三月のナチ・ドイツによるオーストリア併合は無効であり空虚なものである」とし、オーストリアがナチの支配下で払った大きな犠牲を強調、一九二〇年憲法の理念を基礎に、「自由で独立したオーストリアが再建されることを希望する」としている。ブレーンスドルフが「ほとんど四〇年にもわたって通用する決定的な解釈図式を、オーストリアの政治家たちが打ち出したのは、一九四五年四月末の再出発の瞬間であった[60]」としたように、その瞬間が記念され続けた[61]。

一九八七年には、二〇年ぶりの大連立政権が成立し、国連事務総長を務めたヴァルトハイムが大統領に就任した。ヴァルトハイムは大統領選に出馬した際、ヒトラーユーゲントを経てナチ突撃隊の将校となり、大戦中の一九四三年にユーゴスラヴィアで残虐行為を働いた部隊にいたという過去が判明し、国際的にも大きな議論が沸き起こった[62]。ヴァルトハイム大統領のもとで迎えた「合邦」五〇年の一九八八年は、オーストリアにとって記念の年になった。彼自身、ラジオで次のように述べた。「私たちは、ナチズムの最も悪質な手先の多くがオーストリア人だったことを忘れてはなりません。オーストリア人のなかには、犠牲者だけでなく加害者もいたのです。［中略］私はオーストリア共和国の国家元首として、ナチズムのもとでオーストリア人が犯した罪について、お詫びをしたいと思います[63]」。

「合邦五〇年記念碑」としての〈戦争とファシズムに対する警告の碑[0-5-5; V-17][64]〉は、〈城門〉からも近い、国立歌劇場の裏に置かれた。一九四五年三月一二日の空襲で多くの市民が犠牲になった場所だった。一九八八年一一月二四日、ウィーン市が建てたフルドリチカ作の記念碑が除幕された。広場を上から眺めると、大きな石の、三群の彫刻が置かれてい

V-16　オーストリア：城門、建国記念碑

る。記念碑のタイトルと説明のプレートの前にあるのは〈暴力の門〉[V-17-1]で、二つの巨大な大理石に彫られている。〈英雄の死〉[V-17-2]と題された石は兵士の戦場での死をテーマとし、ガスマスクを着けた兵士の死と対比するように赤子の誕生の場面もある。〈銃後の戦線〉と題された石には、ユダヤ人、ポーランド人などの大量虐殺が表現されている。二つの大理石の間から、ブロンズ製の彫刻〈道路を清掃させられるユダヤ人〉[V-17-3]が見える。その先に抵抗運動の犠牲者を象徴する〈黄泉の国に入るオルフェウス〉[V-17-4]、奥のマウトハウゼンの石材を用いた〈共和国の石〉[V-17-5]には独立宣言が刻まれ、末尾に「一九四五年四月二七日」の日付がある。フルドリチカ［一六二頁］は、前衛的な、強烈な表現で知られ、残酷なシーンを描いた像を、また一般市民もユダヤ人迫害に荷担していたことを示す記念碑を、観光都市ウィーンの中心部に置くことについて、計画中から強い反対があり、完成してからも議論が続いた。

b　オーストリアと第二次世界大戦

オーストリア国内最大の第二次世界大戦の戦争墓墓地は〈ウィーン中央墓地〉内にあり、第九七群の〈兵士墓地一九三九—一九四五　ウィーン〉[V-18-1]の標識の裏には「一九六九年から一九七五年にかけてウィーン近郊の墓地から移され改葬された」とある。正面に大きな十字架が立ち、墓が並んでいる。オーストリア黒十字、ドイツ戦争墓維持国民同盟、ウィーン市、オーストリア内務省が共同して整備、維持している。銘板に墓の数が七〇三二とあり、「助からなかったドイツ兵士、およびウィーン市の戦争犠牲者を記念して」「彼らのことと共に、異国に眠る死者のことも想起せよ」と刻まれている。かつてのドイツ国防軍兵士ということで、オーストリア人とドイツ人は区別されていないし、市民の犠牲者も含まれている。〈ウィーン中央墓地〉には他にも様々な国の兵士墓地、捕虜の墓、記念碑があり、また、オーストリア各地にも第二次世界大戦の戦争墓墓地と記念碑がある。第一次世界大戦と一緒にされ、「栄誉の碑」「栄誉墓地」とされているものが多いのは西ドイツと同様である。

ウィーンのリング通りの〈シュヴァルツェンベルク広場〉は、一九五六年まで〈スターリン広場〉という名前だっ

V-17　オーストリア：「戦争とファシズムの犠牲者」

た。ここから見える、赤軍兵士が旗と盾とを持って屹立する〈赤軍英雄記念碑［ソ連栄誉の碑］〉[V-18-2]は、一九四五年八月一九日に除幕された、戦後の最も初期の記念碑だった。一九五五年まで、ベルリンの記念碑[V-7-1]と同様に脇に戦車が置かれていた[65]。

オーストリアの西部はフランス軍によって占領された。インスブルックのティロール州庁舎前の〈解放記念碑〉[V-18-3]は、占領下の一九四八年、フランス人の設計により建てられた。上部にはティロールの鷲が載り、ラテン語で「オーストリアの自由のために死んだ者へ」とある。フランス語の銘にする予定がオーストリア人の反対でラテン語になった。銘の下にはオーストリアを構成する九つの州の紋章が十字架の形に組み合わされている。これに対しても解放運動で多くの犠牲者を出した社会民主党、共産党から、ナチ時代のカトリック教会への批判を含めた強い反対があった。

2　ナチズムと抵抗運動の記念碑

a　強制収容所

オーストリアのナチ・ハンターとして知られるヴィーゼンタールは、回顧録でオーストリア人が関与したユダヤ人殺害について述べている。「第三帝国の全人口にオーストリア人が占める割合はわずか八パーセントにすぎなかったのに、オーストリア出身のナチはヒトラーのもとで行なわれたユダヤ人殺害件数の半分に責任を負っている」[66]。その理由として、元々オーストリアでは反ユダヤ主義がドイツより激しかったこと、ユダヤ人殺害の中心人物アイヒマンがリンツ出身だったことを挙げている[67]。

一九三八年、「合邦」後まもなく建設された〈マウトハウゼン強制収容所〉[V-19-1]は、リンツ郊外のドナウ川を見下ろす丘の上にあり、外壁は花崗岩で銃眼のある見張り塔を持ち、荘厳な要塞といった趣がある。立派な建物になったのは、オーストリア最大の花崗岩の採石場に隣接していたからだった。被収容者は重い石を担いで一八六段の石段[V-19-2]を上る重

V-18　第二次世界大戦戦没兵士の墓、赤軍英雄記念碑、解放記念碑

労働を強いられた。一九七〇年に完成した展示は、「オーストリア人の抵抗」「オーストリア人は解放された故郷を歓迎する」など、ナチは「外部」のものとされ、「犠牲者としてのオーストリア」が強調されていた(68)。〈同性愛者犠牲者の記念プレート〉[0-5-4]は一九八四年に掲げられた［二五〇頁］。

b　抵抗運動

一九四八年に〈ウィーン中央墓地〉の第四一H群に除幕された〈ウィーン市の警告の碑〉[V-19-3]は、「自由オーストリア[V-19-4]のための犠牲者へ　一九三四―一九四五」の銘があり、「合邦」以前の一九三四年から三八年のオーストリア・ファシズムの時代を含めて犠牲者が記念されている。ここの彫刻もブーヘンヴァルト強制収容所の記念碑〈蜂起した人々の像〉[V-14-5]と同じく、クレーマーによるもので、中央に〈解放された人間〉としての男性のブロンズ像、左右に〈哀しむ女〉〈告発する女〉の二体の大理石像が置かれている。〈哀しむ女〉〈告発する女〉は、そのブロンズ像が、東ベルリンのアルテス・ムゼウム入口の左右に置かれ、当時のオーストリアと東ドイツの友好関係を象徴している(69)。

隣の第四〇群には〈ナチによって処刑された抵抗運動の闘争者の墓と記念碑〉[V-19-5]がある。「一九三八年から一九四五年の犠牲者を敬意をもって記念して」と書かれた標識があり、大きな十字架の下には、〈アウシュヴィッツ強制収容所〉と〈ブーヘンヴァルト強制収容所〉の死者の灰が埋められ、プレートには政治犯を示す赤い三角形が見える[V-19-6]。

ウィーンの聖シュテファン大聖堂の外壁には数字〈０５〉[V-20-1]が刻まれている。「０」はアルファベットの「Ｏ」を、「５」はアルファベットの五番目の「Ｅ」を意味し、二つを合わせたＯＥ＝「Ö」はオーストリアの頭文字であり、抵抗運動のシンボルだった(70)。

一九六四年に抵抗運動の生存者と研究者によって設立されたオーストリア抵抗運動記録文書館は、旧市庁舎で常設展示を行なっていたが、一九八三年にオーストリア共和国政府、ウィーン市などによって運営される財団となった(71)。

ナチの秘密警察本部の跡地に建てられたレオポルト・フィーグル・ホーフのバルコニーには〈一九三八―一九四五[V-20-2]

V-19　マウトハウゼン強制収容所、ウィーン中央墓地

V-20　ナチズムの犠牲者（ウィーン）

〔ローマ数字で表記〕〉が見える。一階には一九六八年に〈[V-20-3]オーストリアの自由闘争の犠牲者のための記念の場　一九三八―一九四五〉が設けられ、オーストリア抵抗運動記録文書館による展示がある。抵抗運動を担い、一九四五年以後のオーストリアを指導した三政党の政治家の言葉が、「決して忘れない」と共に正面に掲げられている。[V-20-4]一九八五年には近くの〈モルツィン広場〉にウィーン市が〈[V-20-5]抵抗運動記念碑〉を建てた。閉じ込められた男の上には「決して忘れない」とあり、その両脇に政治犯を示す「赤い三角形」とユダヤ人を示す「黄色い星」がある。銘文は「ここには秘密警察本部の建物があった。〔中略〕その建物は千年の帝国〔ナチズム〕と同様、崩壊し瓦礫となった。しかしオーストリアは、我々の死者、不滅の犠牲者と共に復活した」とある。

「ベルリンの壁」が崩壊した一九八九年は、ヒトラー生誕一〇〇年だった。この年、ブラウナウのヒトラーの生家の前に〈[V-19-7]マウトハウゼン強制収容所の石〉が置かれた。

おわりに

本章の最後に、三つの国家の外にあるが、改めて紹介しておかなければならない場所がある。ポーランド領内の〈[V-21]アウシュヴィッツ強制収容所〉[72]である。アウシュヴィッツという地名はドイツ語で、ポーランド語ではオシフィエンチムである。〈アウシュヴィッツ強制収容所〉は、一九四〇年以降に建設された複合的な収容所で、一九五五年に〈[V-21-7]第二収容所ビルケナウ（ポーランド語ではブジェジンカ）〉と一緒に〈ポーランド国立博物館〉として公開され、一九七九年、ユネスコの「負の世界遺産」に登録された。二〇ヘクタールのアウシュヴィッツ、一七五ヘクタールのビルケナウに作られた「死の工場」には、多くの見学者が訪れる。[V-21-2]「[V-21-1]労働は自由にする」と書かれた門を入ると、かつては高圧電流の流れていた[V-21-3]有刺鉄線で囲まれた施設内に、被収容者についての展示、[V-21-4]所長ヘスの[V-21-5]処刑所などがある。膨

V-21　アウシュヴィッツ強制収容所

V–22　ワルシャワ

大な靴、食器[V-21-6]、鞄、そしてドイツの企業に一キロ一・五マルクで買い取られていた毛髪、眼鏡、義足などの遺品、遺物の展示は、当時、実際に生き、生活し、ここで殺された多くの人々の「メモリー（記念の品）」として、強く印象に残る。

一九九〇年以降、政治が大きく転換する中で、記念政策も変化していくが、変化の兆しは一九八〇年代に始まっていたし、それ以前にもあった。一九七〇年一二月六日午後にワルシャワを訪ねた西ドイツ首相ブラントは、翌七日朝、サスキ公園の〈無名兵士の墓〉[V-22-1]に献花した。ブラントは、さらに約一・五キロメートル北西の〈ゲットー記念碑〉[V-22-2]を訪ね、記念碑の前で突然ひざまずいて祈りを捧げた[V-22-3][73]。西ドイツとポーランドの関係は冷え切っていたが、このブラントの行為が対話の糸口となった。当時のポーランド首相は、「一九七〇年一二月七日は一九三九年九月一日［ドイツ軍のポーランド侵攻によって第二次世界大戦が勃発した日］を打ち消す日付である」とまで言った[74]。

ワルシャワには、市民の抵抗を象徴する〈人魚像〉[V-22-4]など様々な記念碑がある。多くの市民が犠牲になった一九四四年八月の蜂起を記念する〈ワルシャワ蜂起記念碑〉[V-22-5]が除幕されたのは、ウィーンの〈戦争とファシズムに対する警告の碑〉[0-5-5]と同じ一九八八年、「ベルリンの壁」が崩壊する一年前だった[75]。

第六章　記念碑論争

——「一九九〇年のドイツ統一」後

はじめに

一九八九年夏、東ドイツ国民の「大量脱出」が始まった。秋になって国内の民主化への動きは大きな広がりを見せ、一〇月七日の建国四〇年記念式典の直後の九日から、ライプツィヒのニコライ教会を出発点にした月曜デモが始まり、数万人の市民が参加した。集まった人々は非暴力を示すために手に武器ではなくろうそくを持ち、整然と行進した。首都東ベルリンでも集会やデモが続き、月曜デモからちょうど一ヵ月後の一一月九日、「ベルリンの壁」は崩壊した。月曜デモ一〇周年の一九九九年一〇月九日にはニコライ教会で記念コンサート(1)が開かれ、デモを記念する〈ニコライの柱〉[VI-1-1]が除幕された[VI-1-2]。教会内部を飾る棕櫚の木をデザインした柱が教会の外に立ち印象的である。記念碑の脇の地表には、〈月曜デモの足跡と「一九八九年一〇月九日」を刻んだプレート〉[VI-1-3]がある。

「ベルリンの壁」ができて二〇年目の一九八一年、ブラントは「「壁」がなくなるのは、ドイツとヨーロッパの情勢が根本的に変わる時です。そうなることを確信しています。しかし、私が生きているうちにそうなるかどうか、と問われれば、自信がないと言うほかありません」と述べた。永井清彦は『現代史ベルリン』の最後でこの言葉を引用し、「［ヴィリー・ブラントの］子のペーターが生きているうちにそうなるかどうかも確かではない」と結んでいた(2)。しかし、

「壁」と共に東ドイツという国家は崩壊し、西ドイツに吸収される形で、一九九〇年一〇月三日に東西ドイツは統一した。「全ドイツ国民は、自由な自決権によってドイツの統一と自由を完成させることを、引き続き要請されている」としていたドイツ連邦共和国基本法（一九四九）は、「ドイツの統一と自由は成し遂げられた」と書き換えられた。

「一九九〇年のドイツ統一」の直後は「歴史家の沈黙」[3]が言われたが、しばらくして歴史家が発言せざるをえない状況が生じた。記念碑問題である。ドイツ統一とベルリンへの首都移転によって、ドイツは大きく変化した。旧東ドイツのマルクス像、レーニン像などが撤去され、古い記念碑的建造物が修復され、新しい記念碑が建設された。「新しいドイツ」を象徴する記念碑は国際的な話題になり、議論の的になった。例えば、[0-1]〈ドイツ連邦議会議事堂となった旧帝国議会議事堂〉である。一九世紀末に作られ［四〇頁］、ナチ時代には放火によりドーム部分が破壊されたまま使用されなかった議事堂は、戦争で大きな被害を受けた。戦後、西ドイツ領内に入った建物は、首都がボンに置かれたため、外観は修復されたものの議場は用いられず歴史博物館となっていた［第一章注（19）］。その建物が数十年ぶりに本来の目的のために用いられることになり、イギリスの建築家ノーマン・フォスターの設計で改装され一九九九年に完成した。エコロジーと民主主義を象徴する直径四〇メートルのガラスの大ドームを載せた建物[0-1-1]は、ベルリンでも有数の観光名所になった。ドームに登るとベルリンが一望でき、眼下の議場[0-1-3]を望む場所には議事堂の歴史についての写真と説明がある。[0-1-2]〈帝国議会議事堂〉時代に正面に大きく「ドイツ国民へ」[0-1-1]と書かれた[4]が、改装された議事堂の中庭には、ハラルド・ハーケ〈住民へ〉[0-1-4]が置かれている。議事堂を出ると、目の前に[0-1-5]〈ナチによって殺害された九六人のライヒ国会議員の記念碑〉（一九九二）がある。この「記念の場」でもドイツ史の光と影のコントラストは強烈である。

ベルリンは文字どおり新生ドイツの顔になり、そこに作られる記念碑、記念碑的建造物が国家にふさわしいかどうか、既存の歴史的建造物をどのように修復、改装するか、多くの議論が起こった。問われたのは二〇世紀だけではな

VI-1　ニコライの柱（ライプツィヒ）と3月18日広場（ベルリン）

い。一九世紀、さらにはそれ以前にさかのぼって、ドイツ史が問い直された。一九九〇年三月一八日に、東ドイツで最初で最後の自由選挙が行なわれた。「三月一八日」は一八四八年にベルリンで革命が勃発した日だった。選挙のポスター[VI-1-4][5]は、一八四八年革命のバリケード戦の絵を用い、「革命は、暴力ではなく、選挙による民主主義を選んだ」とある。革命一五〇年だった一九九八年には、五〇周年、一〇〇周年［二八頁］に続いて、今回も様々な記念行事があった[6]。二〇〇〇年にベルリンの〈ブランデンブルク門前広場〉は、〈三月一八日広場〉と改称された[VI-1-5, 6]。

一九八〇年代に西ドイツの歴史学界では「ドイツの特殊な道」論争[7]、続いて歴史家論争が起こった[8]。「一九九〇年のドイツ統一」後の記念碑論争は、直接関係が無かったオーストリアも巻き込み、歴史学界の関心が社会史から文化史へと展開する中で、記念と記憶をめぐる議論へと発展した[9]［二二頁］。

第1節　「ベルリンの壁」の崩壊とドイツ統一

1　「ベルリンの壁」と東西国境

a　ベルナウアー通りの「ベルリンの壁」記念施設

「ベルリンの壁」の記念館といえば、検問所だけが残された〈チェックポイント・チャーリー〉の脇にある〈壁博物館〉が有名だが、これは「壁」のあった時代に私的に作られたもので、「壁」が撤去された後、公的な記念施設がベルナウアー通りに建設された[10]。ここはかつて「壁」の間の無人地帯に入ってしまった和解教会が爆破された[VI-2-3]、「壁の悲劇」を象徴する場の一つで、そこに地図[VI-2-1]に番号のある以下の四つからなる複合施設ができた。(1)「壁」の一部が残され、(2)「壁」[VI-2-2]の間の国境の無人地帯が切り取られた形で[VI-2-4, 5]〈ベルリンの壁の記念の場〉（一九九八）とされ、次の銘が刻まれた。「一九六一年八月一三日から一九八九年一一月九日までの都市の分割を記念し、共産主義の暴力支配の

VI-2　「ベルリンの壁」記念施設（ベルリン）

VI-3　東西ドイツ国境の記念施設、被追放者記念碑

犠牲者を想起するために。ドイツ連邦共和国とベルリン州、これを建つ」。(3) 犠牲者のための新しい〈和解教会〉(二〇〇〇)と、(4)〈ドキュメントセンター〉に展示施設(一九九九)もできた。遺跡、記念碑、博物館の複合施設は、現在の「記憶、記録、記念」意識を象徴している。

〈ブランデンブルク門〉から〈連邦議会議事堂〉へ至る道には、「壁」のあった所に石が敷かれ、[VI-2-6] かつてそこが国境だったことを示している。その後、ベルリンを囲む「壁」のあったすべての地点に標識が置かれた。

b　マリーエンボルン国境検問所、ヘーテンスレーベン国境記念施設

東西ドイツ間の国境通過は厳しい検問所を通ってのみ可能だった。一九八二年、西ドイツの南端、スイス国境に近いフライブルクに住んでいた私は、バスでベルリンまで行く機会があった。北へ上り、ハノーファーから高速道路二号線で東ドイツ領を通って西ベルリンに入り、強制両替で東ドイツ・マルクを買って一日だけ東ベルリンを見た。二号線は幹線で、〈マリーエンボルン国境検問所〉[VI-3-1]は最も重要な国境施設の一つだった。その検問所が全体として保存されている。近くに〈ヘーテンスレーベン国境記念施設〉[VI-3-3]があり、監視塔や地雷が埋められ警備犬が放たれた無人地帯[VI-3-2]などから、かつての厳しい国境の様子を知ることができる。

c　「六月一七日事件」記念碑

西ドイツでは「六月一七日事件」の日が「ドイツ統一の日」として記念されていた〔一八〇頁〕。この事件の一つの中心が、旧東ベルリンの官庁街、ライプツィヒ通りとヴィルヘルム通りの角、かつて東ドイツの内閣府が置かれ、現在はドイツ連邦政府財務省がある建物の前の広場だった。[VI-4-1] 一九九三年六月一七日、そこに次のようなプレート[VI-4-3]が掲げられた。

　この場所、ドイツ民主共和国の内閣府で、一九五三年六月一七日、フリードリヒスハインのスターリン通りの建設労働者が労働ノルマの軽減、政府の退陣、すべての政治犯の解放、そして自由・秘密選挙を要求した。この

VI-4　6 月 17 日事件記念碑

反対集会は一九五三年六月一七日の人民蜂起の出発点になった。我々は、その犠牲者を記念する。

二〇〇〇年六月一七日、当時のデモの写真が拡大されて地面に置かれ、〈六月一七日事件記念碑〉[VI-4-2]ができた。建物には、東ドイツ時代の社会主義建設を讃える〈壁画〉[VI-4-4]がそのまま残されている。[11]

旧東ドイツのハレでも、〈ハル広場〉の壁に一九九〇年以後、「ここで、一九五三年六月一七日、市民男女が勇気を持って自由と民主主義のためにデモを行なった」と説明を付けた〈六月一七日事件の写真〉[VI-4-5]が掲げられた。同じ壁に、「ここで、一九三三年一月三〇日、ヒトラーの独裁に反対する反ファシズムのハレ市はデモを行なった」と書かれた東ドイツ時代の〈反ファシズムのデモのプレート〉もある。

2　「一九九〇年の統一」のドイツ

a　コブレンツの皇帝記念碑

コブレンツのライン川とモーゼル川が交わる地点は「ドイツの角」と呼ばれる。交通の要所であり、軍事的拠点で古くから要塞が置かれた。歴史研究者にとっては連邦文書館のある所として知られる。「ドイツの角」には巨大な〈皇帝ヴィルヘルム一世像〉（一八九七）があった。[12]〈キュフホイザー記念碑〉[I-10-1, 2]〈ライプツィヒ諸国民会戦記念碑〉[I-11-3, 4]などを作ったシュミッツによるもので、記念碑ブームを代表する作品の一つだった。第二次世界大戦末期に爆撃で破壊され、その後は台座の上にドイツ連邦共和国国旗が置かれた。[0-14-2]一九五三年五月一八日、つまり「六月一七日事件」のほぼ一ヵ月前、ホイス大統領が「ドイツ国旗はドイツが統一されるまではためいていなければならない」と演説し、記念碑は〈ドイツの角のドイツ統一の警告の碑〉[0-14-3]になった。銘板には、以下のように書かれた。

ライン地方がドイツ帝国統一への感謝として、一八九七年に皇帝に贈ったモニュメント、皇帝ヴィルヘルム一世の一四メートルの巨大な騎馬像は、一九四五年までは皇帝を想起させていた。像が破壊された後、一九五三年に、記念碑は〈ドイツ統一の警告の碑〉と宣言された。記念碑は、自由な自決権に基づきドイツの統一と自由を完成させる、という基本法が全ドイツ国民に課した任務を想起させている。

ここに来た人は、台座の上の西ドイツ国旗を見て、第二次世界大戦とナチズムによってドイツが分割された現実を思い、ドイツの統一と自由を願う、そういう場とされていた。

ところが、一九八七年一一月にコブレンツの実業家が、記念碑再建のための費用三〇〇万マルクを寄付する用意があると公表したため、議論が沸騰した(13)。観光のために大歓迎という意見もあれば、皇太子時代に一八四八年革命を圧殺した皇帝に対する批判もあった。一九八八年一月、州首相フォーゲルは提案を正式に拒否した。記念碑は〈ドイツ統一の警告の碑〉とされた以上、ドイツ問題が解決していない現在、それにふさわしいものでなければならない。黒赤金の三色旗を台座から降ろすことは、基本法の統一要求を断念することになる。〈ブランデンブルク門〉が閉ざされ、この記念碑がある間は、ドイツ問題は未解決である、というのがその理由だった。

しかし一九八九年一一月九日、〈ブランデンブルク門〉は突然、開いた。ドイツ統一への機運が高まっていた一九九〇年のドイツ統一記念日の六月一七日には、ドイツ統合促進機構による祝祭が行なわれた。州政府は一〇月三日に先立つ九月一一日、記念碑再建提案の受け入れを表明した。理由として、文化大臣ゲルターは述べた。

一九八九年一一月に壁が崩壊した後では、台座は〈ドイツ統一の警告の碑〉としての意味を失った。ドイツの角の記念碑は遅くとも再統一の日と同時に、その警告の碑としての性格を失わなければならない。さもないと記念碑は将来において、失われた東部地域への警告の碑としての役割を担わされることになる。

この記念碑が〈ドイツ統一の警告の碑〉とされた時、碑を囲む柵に国章の鷲にドイツ各地[V-3-1, 2]の地名を刻んだプレートが掲げられた。地名の中にはシュレージエン、東プロイセンもあった。マインツの〈ドイツ統一の警告の碑〉で説明した〔一七二頁〕ように、一九四五年以降の国境移動によってシュレージエンや東プロイセンはポーランド領、ソ連領（現ロシア領）になり、「一九九〇年のドイツ統一」は、その東部国境、オーデル＝ナイセ線を承認することで初めて可能になった。しかし、「失われた東部地区」を統合しなければドイツ統一は完成しない、と訴える勢力は根強くある。文化大臣の発言はそのことを意識してのものだった。結局、記念碑は復活することになり、一九九二年九月二日の独仏戦争のセダン戦勝記念日にクレーンで台座に据えられ、二五日に除幕式[0-14-4]が挙行された。ベルリンにいた私もコブレンツまで見に行った。その後、〈「ベルリンの壁」の三枚のプレート〉[0-14-5]が置かれ、「ドイツ分割の犠牲者」「一九五三年六月一七日」「一九八九年一一月九日」と書かれた。要塞跡から全体を望むことのできる「ドイツの角」の〈皇帝ヴィルヘルム一世像〉[0-14-1]は、一九世紀と二〇世紀の二つのドイツ統一の記念碑となった。

b　ニュルンベルクの被追放者記念碑

二〇〇四年にニュルンベルクを訪ねた時、新しい〈被追放者記念碑〉[VI-3-4]を見つけた［一七〇頁］。「ドイツの被追放者へ　彼らの強制移送、難民化、追放の記念のために、彼らの故郷と死者たちの想起のために、そして彼らのバイエルン再建のための出動に感謝して、バイエルン政府、一九九九年」とあり、少し離れた地面に置かれた二枚のプレート[VI-3-5,6]には、東欧、中欧各地に住んでいたドイツ系住民が、バルトドイツ人、シュレージエン人、ズデーテンドイツ人、カルパチアドイツ人などそれぞれ出身地別に挙げられ、最後に「すべての東からの被追放者たち」とあった。

被追放者問題も、一九九〇年以後、新たな段階に入った。二〇〇〇年には財団「追放に反対するセンター」が設立され、二〇〇二年、ドイツ連邦議会で〈被追放記念館〉の建設が決定された。しかし、どのような記念館を作るか、激しい議論になり、国際的な論争に発展している。二〇〇六年にはボンの〈歴史の家〉［二四〇頁］主催、そして「追放に反対するセンター」主催の二つの被追放者展が、ベルリンで同時期に向かい合った会場で開かれ、話題になった。[14]

第2節　ベルリンの記念碑論争

記念碑論争の焦点となったのは、ベルリンの三つの記念碑をめぐる議論だった。それぞれ別の経緯から建設されることになったが、相互に関係せざるをえず、議論は広く発展し、その後の記念政策に大きな影響を与えた。[15]

1　新衛兵所[16]

東西ドイツが統一し新しい国家になった後、〈新衛兵所〉[V-II-4]がどうなるのか、内外の多くの人々が注目した。〈新衛兵所〉は一九九三年に改装され、〈戦争と暴力支配の犠牲者のためのドイツ連邦共和国中央記念館〉となった。東ドイツ時代の「ファシズムと軍国主義の犠牲者へ」の銘と国章、「無名の兵士」「無名の抵抗運動の闘争者」のプレート［一九七頁］は撤去され、ホールの中央にコルヴィッツの〈死んだ息子を抱く母＝ピエタ〉[17]を拡大した像[0-3-5]が置かれ、その前に「戦争と暴力支配の犠牲者へ」と刻まれた。この〈ピエタ〉は、実際に次男ペーターが戦死した経験を持つ、母親としてのコルヴィッツの痛切な思いに満ちた作品だった［一五八頁］。コルヴィッツは生前、戦争で息子を亡くした知人から、墓地に〈ピエタ〉の拡大像を置きたいという依頼を受けて許可していた。[18]しかし今回は、高さ三八センチメートルの小さな彫刻がハーケによって一五二センチメートルにまで、高さで四倍、体積では六四倍に拡大されることになった[VI-5-2]。[19]コール首相によるこの改装プランが公表されると、様々な立場から反対意見が出された。特にユダヤ人からはキリスト教美術のモティーフである「ピエタ」をこの場所に置くことに対し厳しい批判が起こり、歴史家コゼレックはすべての死者を「犠牲者」としている銘を問題にした。一九九三年一一月一四日、「国民追悼の日」の〈新衛兵所〉の除幕式は騒然とした中で行なわれた。

ウンター・デン・リンデンに面した〈新衛兵所〉には、多くの外国人観光客が訪れる。銅板に彫られたドイツ語の銘板には多数の外国語訳も添えられ、日本語訳（二〇〇六年撮影）もある。[20] VI-5-1; VI-6 左側に〈新衛兵所〉の歴史が説明され、右側に追悼の言葉がある。まず戦争で苦しんだ各民族、つまり「戦争の犠牲者」が被追放者を含めて挙げられ、次にユダヤ人、そしてシンティとロマ、同性愛者などの「忘れられた犠牲者」、つまり「暴力支配の犠牲者」と続き、一九八五年のヴァイツゼッカー演説を思い出させる［一九五頁］。ただしそこでは、「ドイツ人としては」という言葉が何回も出てきたが、この〈戦争と暴力支配の犠牲者のためのドイツ連邦共和国中央記念館〉には、「ドイツの戦没兵士」も「ドイツ人の犠牲者」も全く出てこない。

2　ユダヤ博物館[21]

一九七一年、西ベルリンの市立ベルリン博物館でベルリン・ユダヤ人教区成立三〇〇年記念展が開催された折、新たな博物館を建設するプロジェクトが動きだし、一九七五年には推進のための協会が設立された。一九八八年から一九八九年にかけて設計コンペが行なわれ、ユダヤ系ポーランド人ダニエル・リベスキントの案が採択された。一九九〇年以後の激動の時代に建設が進められ、二〇〇一年九月に〈ユダヤ博物館〉VI-7-1 は開館した。

博物館は、鋭い亀裂を刻んだ建物自体 VI-7-2 を含め、全体が記念碑である。入館者は地下を通り、温度調節によって「冷え切った」状態にされた〈ホロコーストの塔〉に入る。部屋の入口が閉じられ、暗闇の中で高い所にかすかに光が見える。館内には「ドイツ・ユダヤ人の二〇〇〇年」の展示に加え、現代彫刻作品 VI-7-3 が置かれている。中庭には〈亡命の庭〉と題された彫刻があり、四九本の柱の中央にはイスラエルの土が埋められている。

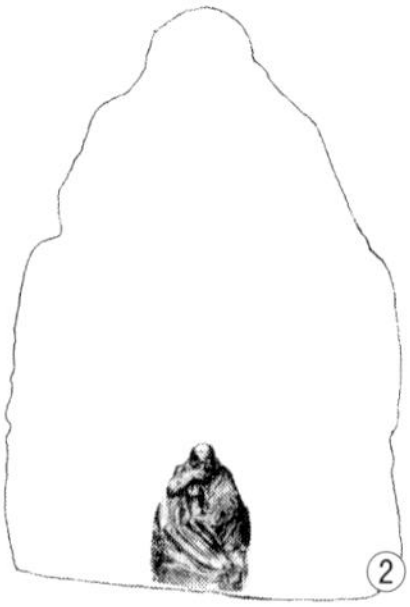
②

ノイエ・ヴァッヘは
戦争と暴力支配の犠牲者に対する
記憶と追悼の場である

我々は
戦争で苦しんだ各民族に思いをいたす。
我々は、そうした民族の一員で
迫害され命を失った人々に思いをいたす。
我々は、世界大戦の戦没者たちに思いをいたす。
我々は、戦争と戦争の結果により
故郷で、捕われの身で、また追放の身で
それぞれ命を落とした罪無き人々に思いをいたす。

我々は殺害された何百万ものユダヤの人々に思いをいたす。
我々は殺害されたシンティ・ロマの人々に思いをいたす。
我々は、その出自、その同性愛、その病いや弱さゆえに
それぞれ殺されていった全ての人々に思いをいたす。
我々は生きる権利を否定され殺害された全ての人々に思いをいたす。

我々は、宗教や政治的信念ゆえに
命を落とさなければならなかった人々に思いをいたす。
我々は暴力支配に抵抗し命を犠牲にした
女性たちや男性たちに思いをいたす。
我々は自らの良心を曲げるより死を受け入れた全ての人々の栄誉を讃える。

我々は、1945年以降の全体主義独裁に逆らったために
迫害され殺害された女性たちや男性たちに思いをいたす。

①

VI-5　新衛兵所の銘　右

「ノイエ・ヴァッヘ」（直訳では「新衛兵所」）は、カール・フリードリッヒ・シンケルの設計によりプロイセン王フリードリッヒ・ヴィルヘルム三世のために1816年から1818年にかけて建設されました。ここには1818年から1918年まで国王直属の親衛兵（ヴァッヘ）が配置されていました。

1931年、当時のプロイセン政府はこのノイエ・ヴァッヘを改築、ハインリッヒ・テッセノウの設計で「世界大戦戦没者慰霊館」を設立しました。訪れる人々を黙想へといざなう部屋の中央には、銀色の柏葉の冠を配した花崗岩の岩塊が置かれていました。

第二次世界大戦終結の直前、ノイエ・ヴァッヘは爆撃により大きな損傷を蒙りました。

ノイエ・ヴァッヘの建物は旧ドイツ民主共和国（旧東独）により再建され、1960年以降、「ファシズムと軍国主義の犠牲者慰霊館」として使用されるようになりました。また1969年からは、屋内中央に永遠の炎が灯されていました。

1969年、無名戦士一名と強制収容所の無名犠牲者一名の亡骸がここに葬られました。この亡骸は第二次世界大戦の戦場と強制収容所の土地からもってきた土に埋葬されています。

1993年、ノイエ・ヴァッヘはドイツ連邦共和国中央慰霊館となりました。

室内は大部分ワイマール共和国時代の状態が再現されています。慰霊館の中央にはケーテ・コルヴィッツの作品「死んだ息子を抱く母」を拡大した像が立っています。この拡大像はハラルド・ハーケの制作によるものです。

ノイエ・ヴァッヘはファシズムと暴力支配の犠牲者に対する記憶と追悼の場です。

VI-6　新衛兵所の銘　左

VI-7　ユダヤ博物館、殺害されたヨーロッパ・ユダヤ人のための記念碑（ベルリン）

3　殺害されたヨーロッパ・ユダヤ人のための記念碑[22]（ホロコースト警告の碑）

ジャーナリスト、ロッシュを代表とする市民団体は、一九八九年一一月、「ベルリンの壁」の崩壊直後に前西ドイツ首相ブラント、作家グラスらと協力して、「殺害されたヨーロッパ　ユダヤ人のための警告の碑建設促進会」を立ち上げた。「壁」の崩壊後の高揚したムードの中で、連邦政府もベルリン市も賛意を表明し、促進会の要望に沿う形で、建設へ向かって進みだした。しかし、計画が具体化するにしたがって記念碑への疑念が出されるようになった。論点は、場所、大きさ、デザイン、誰を記念するのか、など多岐にわたった。ユダヤ人だけを対象とすることに対して、「忘れられた犠牲者」だったシンティとロマや同性愛者から厳しい批判があった。

一九九九年六月、ベルリンの中心、〈ブランデンブルク門〉のすぐ南の、サッカー場四つ分の広さの場所に、二七一一本の墓石のような石柱を建立するという、アメリカ人ピーター・アイゼンマンの案が連邦議会で決定された。二〇〇一年夏には、記念碑が完成しないとナチズムは無かったことになる、という衝撃的な建設促進の看板が立てられ、それをネオナチが利用する、などの混乱もあった。議論の中で地下に展示施設を加えることになり、二〇〇五年五月一二日、〈殺害されたヨーロッパ・ユダヤ人のための記念碑〉[VI-7-4]は除幕された。

第3節　ドイツにおける歴史意識の現在

1　世紀転換期の歴史ブーム

ドイツでは一九四五年に終結した「第二次世界大戦とナチズム」の犠牲者の記念碑をめぐって、五〇年後、六〇年後に大きな議論になった。実はロシアでもモスクワに〈大祖国戦争中央博物館〉が一九九三年に開館し、アメリカでもワシントンDCに〈第二次世界大戦記念碑〉が二〇〇四年に除幕した。一九世紀にも解放戦争五〇周年の一八六三年は大きな節目で［三三頁］、戦争の記念はその後も続いた。

第二次世界大戦の記憶は、それぞれの国で神話化された(23)。戦争の災禍はあまりに大きく、人々は絶望的な状況から立ち上がり、自らの生活と社会を再建することで精一杯だった。戦争の被害はいやというほど実感していたが、加害という「恥辱の歴史」を含む戦争の真実、被害と加害が関係しあう戦争の歴史の全体を理解することは容易ではなかった(24)。特に一九四五年以後の厳しい東西対立の中では、戦争の記念はそれぞれの国家の政策、政治教育と関係せざるをえず、次第に一面化し、儀礼化していった。

オーウェルの本のタイトル「一九八四年」(25)は歴史意識の変化にとって象徴的な年だった。その年に刊行の始まったノラ編『記憶の場』シリーズの最後の論文は、「コメモラシオンの時代」だった［三頁］。ドイツでも、ルター生誕五〇〇年（一九八三）、バッハ生誕三〇〇年（一九八五）、ベルリン市制七五〇年（一九八七）と、過去の「栄光の時代」についてのイベントが各地で開催され、「記念碑公開の日」も制定された［三五頁］。一方、「悲惨な時代」だった「第二次世界大戦とナチズム」から四〇年、歴史の問い直しによって、記念と記憶の乖離が意識され始めた。

「一九九〇年のドイツ統一」によって、人々の歴史への関心が高まる中で、東ドイツの歴史博物館だった(26)ベルリンの〈旧武器庫〉に、一九九一年に〈ドイツ歴史博物館〉(27)が開館した。イオ・ミン・ペイの斬新な設計による〈新館〉も完成した。一九九四年にはボンに〈歴史の家〉[VI-12-4]が、一九九九年にはライプツィヒに、〈歴史の家〉の別館として東ドイツの歴史を展示する〈現代史フォーラム〉もできた(28)。これらは西ドイツ時代の一九八〇年代以来、コール首相の歴史政策＝記念政策として推進されてきた企画が実現したものだった。新衛兵所をめぐる論争で見られたように、コール首相の「歴史の政治的利用」に対して厳しい批判が続いたが、三つの博物館は、常設展示に加え、様々なテーマによる展覧会を他の博物館や機関と共同しつつ精力的に開催し、ニューメディアに対応した出版活動にも積極的に取り組み、歴史教育の場としても広く活用されるようになっていく。一九九〇年代には、さらに多くの博物館が開館し、大規模な企画展が続き、映画やマスメディア、文化産業による「演出された歴史」によって、歴史ブームが到来した。ドイツ統一とEU統合という歴史の激動、そして情報化のめざましい進展で世界の急激な変化がますます実感される時代になった。二一世紀への世紀転換期に、人々は改めて歴史にアイデンティティを求め、歴史をめぐる議論も盛んになった。

アライダ・アスマンは指摘している。「想起とアイデンティティの関係は、二〇世紀の八〇年代以降、新たなアクチュアリティを獲得した。これは世界の至るところで政治や文化の境界線が消され、新たに設定し直されたことに関係している。ヨーロッパでは東西の境界が崩壊したことで、それのみが真実とされた二つの教義の対立によって張りつめた氷に覆われ、凍結していた思い出の時代が終わった(29)」。二つのドイツでの記念政策の相違が意識され(30)、歴史、記憶、記念・想起の関係が根底から問い直された。記念政策の焦点だった「第二次世界大戦の犠牲者」と「ナチズムの犠牲者」の関係も改めて議論になった。

2　第二次世界大戦の犠牲者

〈新衛兵所〉の銘が、東ドイツ時代の「ファシズムと軍国主義の犠牲者へ」から「戦争と暴力支配の犠牲者へ」に変わったことは、戦没ドイツ兵士、特に独ソ戦でのドイツ側の戦没兵士を「戦争の犠牲者」として公然と記念し、追悼できるようになったことを意味した。旧東ドイツ地域でも、旧西ドイツやオーストリアと同様に、第一次世界大戦戦没兵士栄誉の碑に「一九三九―一九四五」を加えることが盛んになった。アイゼナハのケオルク教会では「一九三九―一九四五　戦争と暴力の犠牲者」と書かれたプレートが置かれ(VI-8-1)、ヴィッテンベルク市教会の入口扉の上の十字架(VI-8-2)や、ライプツィヒのペテルス教会前の(VI-8-3)〈キリストと兵士の像〉にも「一九三九―一九四五」が加えられた(31)。

戦争末期、首都ベルリンをめぐる攻防戦は激烈だった。一九四五年四月二五日から二八日にかけてのベルリン南方

VI-8　二つの世界大戦戦没兵士の記念碑（旧東ドイツ）、国防軍展

四〇キロのハルベでの戦闘は、独ソ軍双方に多くの戦死者を出した。旧東ドイツ領内に入ったハルベの〈森の墓地〉[VI-9-3][32]には、一九五一年から一九五六年にかけて牧師タイヒマンの個人的な尽力［墓地への道に彼の名前が付けられている］[VI-9-1]で、二万二〇〇〇もの戦没ドイツ兵士の墓が作られた。名前が判明した者は約八〇〇〇で、他は「無名兵士」[VI-9-4]として埋葬された。このドイツ国内最大規模の戦争墓墓地は東ドイツ時代にはほとんど知られることがなかった。一九九〇年以後、近くの戦場跡、墓地などからも遺骨が集められ、新しい戦争墓[VI-9-5]が作られ、墓の数は約二万八〇〇〇に増えた。新たに〈捕虜収容所の犠牲者の記念碑〉なども作られた。

墓地の近くには〈第一次世界大戦戦没兵士栄誉の碑〉[VI-9-1]があり、「我々死者は[VI-9-2]、我々の権利として、新しい世代にドイツの古い忠誠を要求する」とある。東ドイツ時代の一九六〇年に作られた〈第二次世界大戦戦没兵士警告の碑〉[VI-9-6]には、「死者は平和のために生きるよう警告する」と刻まれた。一九九〇年には〈高い十字架〉が、二〇〇一年には〈平和を懇願する母〉[VI-9-7]が置かれた。後者は一九九九年に〈スターリングラード・ドイツ兵士墓地〉に置かれた像と同じデザインで、遠く離れた地の、独ソ戦の二つの包囲殲滅戦の悲劇を象徴している。一九九〇年以降は、旧東欧圏の戦場でもドイツ兵士墓地の整備が精力的に進められている[33]。

一方、「ファシズムの犠牲者」を重視してきた東ドイツの記念政策と西ドイツから持ち込まれた「戦争の犠牲者」への記念政策との対立が公然化することもあった。グロースベーレンの〈解放戦争記念碑〉[I-11-5]を一九九六年に訪れた時、村の職員の案内で、〈収容所跡の記念碑〉も見せてもらった。入口には〈記念の場〉[VI-10-2]とあったが、書き直した形跡があった。一九九〇年以後、墓の維持のための費用が出るということで一度は〈戦争墓墓地〉と書かれたが、批判が出て、〈記念の場〉に直されたとのことだった。入口の説明[VI-10-1]では、収容所の犠牲者を記念する場とあり、「ファシズムと軍国主義の犠牲者」とされていた人々[VI-10-3]の一覧を見ると、ドイツ人は少なく、ソ連人、ポーランド人、フランス人などほとんどが外国人だった。一九九六年当時にも記念の式典[VI-10-4]［村の職員から送られた写真］は「ファシズムの犠牲者の

VI-9　ハルベの兵士墓地

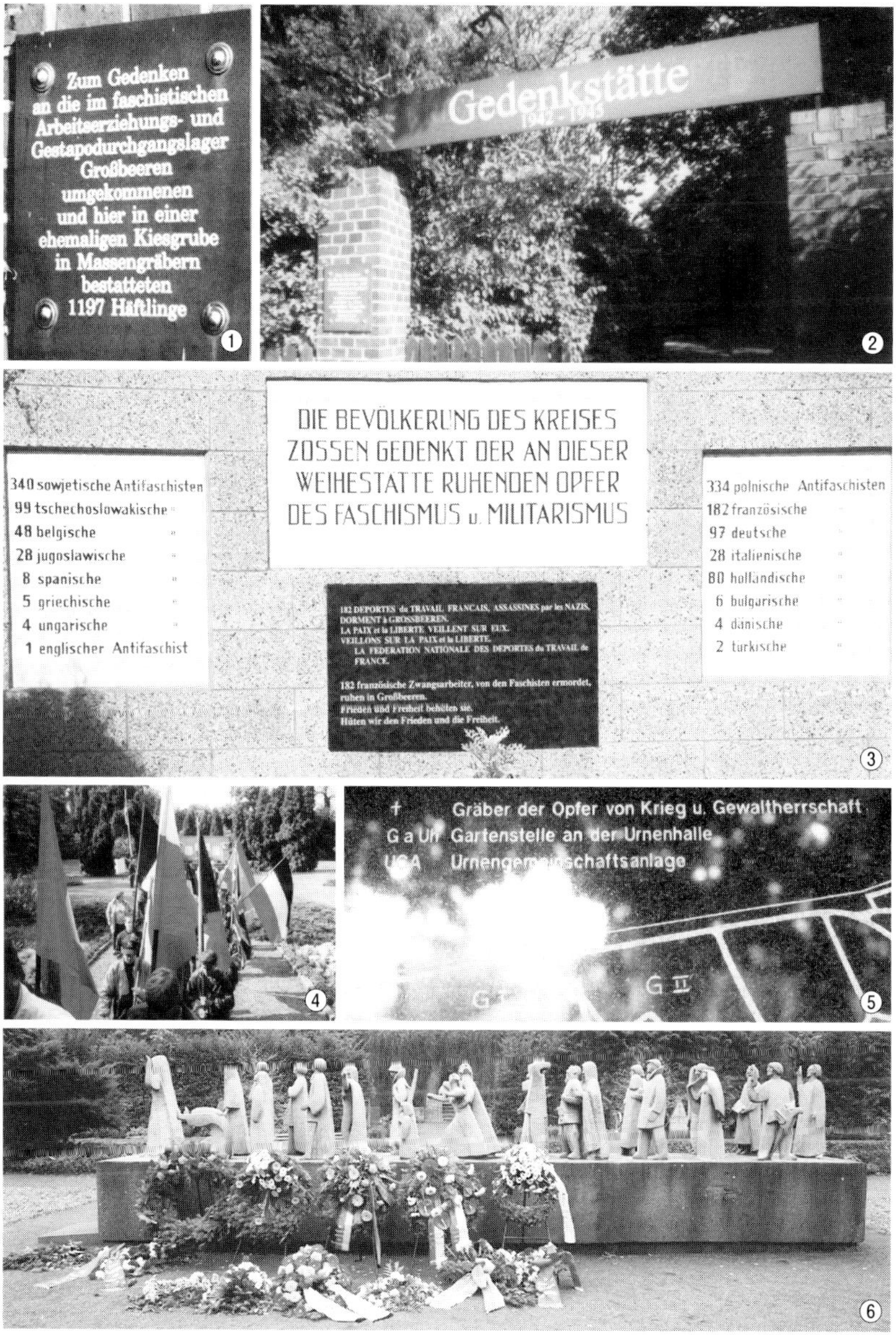

VI-10　旧東ドイツにおける「戦争と暴力支配の犠牲者」

日」としての九月の第二日曜日に行なわれていた。

統一ドイツは、西ドイツで一九五〇年代に復活していた「国民追悼の日」［一一四、一四一、一八〇頁］の伝統を引き継ぎ、改装されたベルリンの〈新衛兵所〉もその日に除幕された。ハレでも「国民追悼の日」に、〈ゲルトラウデン墓地〉に東ドイツ時代に作られた〈死者の行進〉に各政党から花輪が捧げられていた。VI-10-6「国民追悼の日」は一九六五年に「戦争と暴力支配の犠牲者のための日」になったはずだが、元々が第一次世界大戦の「戦没兵士追悼の日」であり、盛り上げようとする右翼とそれに反対する勢力の衝突事件が一九九〇年代には毎年各地で起こるようになり、特にハルベの〈森の墓地〉は極右勢力が集結する場となってしまった。

旧東ベルリンの〈フリードリヒスフェルデ墓地〉には、〈社会主義者の記念の場〉V-15-8と多くの反ファシズム運動の犠牲者の墓があるが、一九九〇年以後、ここにも「戦争と暴力支配の犠牲者の墓」として戦没兵士の墓が他の墓地から移された。入口にある墓地の案内図VI-10-5では、十字架の印がその場所を示している。二〇〇四年に調査した時には、その事情を説明した石の銘板に泥が塗られていた。

そのように戦没兵士の記念のあり方が問われている時に、民間の研究機関であるハンブルク社会問題研究所が企画した移動展示「絶滅戦争――ドイツ国防軍の犯罪　一九四一―一九四四」は大きな議論を巻き起こした。[34] 一九九五年三月にハンブルクで最初の展示が行なわれ、一九九九年一一月四日に一時休止されるまでドイツとオーストリア各地を巡回し、八〇万人以上が展示会場を訪れた。この展示は、戦後ドイツにおけるタブーに正面から挑戦するものだった。西ドイツでは、東部戦線での戦闘と並行して行なわれたユダヤ人大量殺害をはじめとするナチの暴力犯罪は親衛隊や行動部隊によるもので、正規軍であるドイツ国防軍は戦争を遂行していたに過ぎないという認識が一般的だった。一九四四年の「ヒトラー暗殺未遂事件（七月二〇日事件）」［一九三頁］が、国防軍とヒトラー、戦争とナチズムは別、という「清廉潔白な国防軍」神話の拠り所となっていた。ほぼすべての会場付近で右翼が巡回展反対のデモを繰り広げたが、社会的な影響は大きかった。展示は、二〇〇一年からテーマを「国防軍の犯罪――絶滅戦争の諸次元　一九四一―一九四四」に変えて続けられた。第一次の展示で用いられた写真について批判が起きたこともあって、第二次の展示では、当時の戦争遂行を指示した様々な書類と、戦時国際法が示され、戦場での犯罪が詳細に説明された。私も二〇〇三年秋、ハレでこの展覧会を見た。[VI-8-4, 5] 見たと言っても、モノトーンの会場には「見る」ものはあまりなく、ひたすら歴史的文書を「読む」ことを強いられる。つまり、ボンの〈歴史の家〉の展示のように教育的に配慮され、誰にでも見てすぐわかるものではないのだが、多くの若い人々がそのような展示に足を運び、真剣に議論していた姿が印象的だった。

「戦争の犠牲者」の記念碑として、一九九〇年以後に最も話題になったのは、ドレスデンの〈聖母教会〉[VI-11-3][35]であろう。〈聖母教会〉は一八世紀前半に、ドレスデンに宮廷のあったザクセン選帝侯がポーランド王位を得るためにカトリックに改宗した後、ドレスデン市民がプロテスタントの信仰のシンボルとして建てた教会だった。その教会が一九四五年二月一三日からの空襲の熱で膨張して崩壊し、東ドイツ時代には瓦礫のままにされ、[VI-11-1] その前に〈ルター像〉[VI-11-2]だけが立っていた。再建にはオリジナルの材料も用いられ、教会は巨大な石のモザイクとして戦争の傷跡を刻んだ。塔の上の十字架が空襲を行なったイギリスの市民から贈られるなど、多くの援助によって、二〇〇五年一〇月三〇日に落成し、六〇年後の再建は平和と和解のシンボルになった。改装された〈アルトマルクト〉にも、新しい〈ドレスデン空爆記念碑〉ができ、[VI-11-5]「空爆の後、六八六五人の遺体が広場で焼かれた」と書かれたプレートなどが置かれた。

一方、二〇〇五年にドイツ国防省がボンから、かつて旧国防軍本部のあったベルリンの〈ベントラーブロック〉［「七月二〇日事件」の現場、〈ドイツ抵抗運動記念の場〉[V-9-3]がある］に「戻り」、〈ドイツ連邦軍栄誉の碑〉[VI-11-4]建設の計画を発表すると、「栄誉の碑」という記念碑の様式が、統一後のドイツの軍隊にふさわしいかどうか、広範な議論が起こった。[36] 二〇〇九年に記念碑は完成し、除幕された。

VI-11　聖母教会と空襲記念碑（ドレスデン）、ドイツ連邦軍栄誉の碑（ベルリン）

3　ナチズムの犠牲者

一九九〇年以後、ナチズムの犠牲者への補償も、改めて重要な政治問題となった。一つのドイツの時代には補償されてこなかった旧東欧諸国の犠牲者に対しては、当該国との間に和解基金が設置された。ナチ・ドイツによる強制労働の補償も訴訟を受け、社会問題となった。二〇〇〇年七月には「記念、責任、未来基金」が発足した(37)。

言うまでもなく、ドイツにも、ナチと戦争の加害を認識し、歴史を考えようとする人々だけがいるわけではない。「第二次世界大戦とナチズム」後の世代が圧倒的になった現在、ナチズムと戦争の歴史に無関心な若者も多く、歴史を都合よく解釈しようとする勢力の広がりも深刻である。ナチによるユダヤ人大量虐殺という事件そのものを「捏造」として否定しようとする「アウシュヴィッツの嘘」を主張する歴史修正主義の広まりは国際的である(38)。日本でも一九九五年に雑誌『マルコポーロ』が、「戦後世界史最大のタブー、ナチ「ガス室」はなかった」という記事を載せ、ユダヤ人団体の抗議と広告差し止めによって廃刊に追い込まれる事件が起きた。ドイツでは統一後の混乱の中で、若年層に極右やネオナチの影響力が強まり、ユダヤ人団体が神経質にならざるをえない状況があった。

映画《シンドラーのリスト》や《ショア》は、日本でも話題になり、「アウシュヴィッツと表象の限界」が議論になった。一九九八年の第四二回ドイツ歴史家大会では、西ドイツの社会史をリードしてきたコンツェやシーダーとナチズムの民族政策との関係が暴露され、衝撃を与えた(39)。さらに、アメリカ人ゴールドハーゲンやフィンケルスタインの著著をめぐって論争が続いた。一九九八年、作家ヴァルザーが、〈殺害されたヨーロッパ・ユダヤ人のための記念碑〉を「恥辱のモニュメント化」と形容し、「善の陳腐さ」としたのに対し、在ドイツ・ユダヤ人中央評議会議長のブービスは、ヴァルザーの言説は、ネオナチに檄を飛ばす「精神的放火」に他ならない、と真っ向から反論した(40)。記念碑論争は、そのような緊張した状況の中で展開した。以下、記念碑論争から派生して議論されている大事な論点をまとめておく。

　第一に、「水晶の夜事件」の「一一月九日」は「ナチズムの犠牲者の日」とされてきたが、その日に「ベルリンの壁」が崩壊したために四重の記念日［九〇頁］となり、記念日としての性格が複雑になってしまった。そのため、一九九五年一月二七日に〈アウシュヴィッツ強制収容所〉解放五〇年が記念されたことを機に、翌一九九六年から「一月二七日」が公式に「ナチズムの犠牲者を記念する日」となり、官公庁では半旗が掲げられている。[41]

　第二に、「ナチズムの犠牲者」の多様さについて改めて議論になり、「忘れられた犠牲者」への関心が広がった。一九九一年、ケルンのライン河畔に〈ナチによる同性愛者犠牲者の記念碑〉[VI-12-1]ができた。「バラ色の三角形」の記念碑の上には、「殴り殺され、黙殺され」[VI-12-2]と刻まれた［他の場所のプレートにも同じ言葉が書かれている］[0-5-4; V-10-7]。記念碑論争［二三四頁］の結果、ベルリンにも同性愛者、シンティとロマの犠牲者のために記念碑を作ることが連邦議会で決定され、前者は二〇〇八年に完成した[VI-12-3]。

　一方、旧東ドイツ地域では一九九〇年以降、ユダヤ人犠牲者のための記念碑やシナゴーグの建設が積極的に行なわれている。旧東ベルリンの〈新シナゴーグ〉[II-2-4]の外観が再建され［六六頁］、ドレスデンでも二〇〇一年に新しい〈シナゴーグ〉が建設された。ライプツィヒでは一九三八年に破壊されたシナゴーグの跡地には〈記念の石碑〉（一九六六）があるだけで駐車場になっていたが、二〇〇一年に一四〇の椅子を置いた〈シナゴーグ跡の記念碑〉[VI-12-5]ができた。新市庁舎の市長執務室のすぐ下に〈ゲルデラー記念碑〉[VI-12-6]（一九九九）も完成した。ライプツィヒ市長ゲルデラーは「ヒトラー暗殺未遂事件」に関与し、成功した場合には首相に予定されていたが、クーデターは失敗し、処刑された。ゲルデラーはナチへの抵抗者だがその立場は保守的で、東ドイツ時代には評価されなかったし、現在も批判がある。ゲルデラーの反対にもかかわらずナチによって撤去、破壊された〈メンデルスゾーン記念碑〉は、生誕二〇〇年祭の前年、二〇〇八年に復活した[VI-12-7][42]。

VI–12　「忘れられた犠牲者」、ライプツィヒの記念碑

VI-13 加害者の遺跡

第三に、加害者の遺跡が意識的に保存、公開されるようになった。ナチが利用していた建物はかなり残っているが、説明が無ければわからなくなっていたところも多く、行政側も、ネオナチに利用される危険もあり、遺跡保存に積極的ではなかった。しかし、記念碑論争を経て、「負の遺産」としての「加害者の遺跡」も注目されるようになった。

その中心がベルリンの〈テロのトポグラフィー〉である[43]。ナチ時代に党と国家の保安組織の中枢機関が置かれたプリ[VI-13-3]ンツ・アルブレヒト通り八番地は、当時、最も恐れられた場所だった。ベルリン攻防戦で廃墟となり、東西ベルリンの境界にあったこの地は再開発から取り残され、忘れられていた。しかし、一九八五年の発掘調査で地下牢が発見され、一九八七年のベルリン市制七五〇年の際に展示施設が設けられた。展示は短期間の予定だったが、遺跡保存の運動が本格化し、どのような施設にするか、論争になった。紆余曲折を経て二〇一〇年に〈ドキュメントセンター〉が完成した。野外展示場のすぐ上には、〈ベルリンの壁〉が残され、周りを［左から］〈マルティン・グロピウス・バウ（展覧会場）〉〈ベルリン市議会（旧プロイセン下院議事堂）〉〈連邦参議院（旧プロイセン上院議事堂）〉の巨大な建物群が取り囲む[VI-13-1]。ベルリン中心部の〈新衛兵所〉[0-3-5, VI-5, VI-6]と〈殺害されたヨーロッパ・ユダヤ人のための記念碑〉[VI-7-4]という二つの記念碑、〈ドイツ歴史博物館〉[0-3-1]と〈ユダヤ博物館〉[VI-7-1, 2, 3]という二つの博物館について熱い論争があった後にできた、遺跡の記念施設〈テロのトポグラフィー〉の「場所」の存在感は圧倒的で、改めて「記憶、記録、記念」について考えさせる。

一九四二年に「ユダヤ人問題の最終解決」について議論したヴァンゼー会議の会場は、五〇周年の一九九二年から〈ヴァンゼー会議記念館〉[44]として公開されている。ベルヒテスガーデン［一八四頁］近郊のナチ幹部の山荘があった場所にも〈オーバーザルツベルク・ドキュメントセンター〉[VI-13-5]ができ、一九九九年から常設展示が置かれ[VI-13-2][45]、地下に張りめぐらされた防空壕[VI-13-4]も見ることができる。ベルリンの〈オリンピック・スタジアム〉[0-13-4; IV-5-3]も、サッカー・ワールドカップのために改修され、説明を加えた展示が整備された［第四章注（27）］。

第四に、「芸術作品としての記念碑」が注目されている。地方公共団体のコンペが広く行なわれるようになったこともあって、従来の直接に政治メッセージを発信する記念碑に代わり、「コンセプチュアル・アートとしての記念碑」が作られるようになった。例えば、ザールブリュッケンのヨッヘン・ゲルツ〈見えない警告の碑広場〉[VI-14-1,2]の敷石[VI-14-3]には、裏側に一九三三年に存在した二一四六のユダヤ人墓地の名前が彫られている。

ベルリン、シェーネベルクのバイエルン地区の道路沿いには、道路標識のように張り出した八〇枚のカラーパネルがある。レナータ・シュティーとフリーダ・シュノックの作品〈バイエルン地区の記念の場〉[46]（一九九三）で、パネルにはナチ時代にユダヤ人の日常生活を細かく規制していた法令が並べられ、反対の面には関係する絵が描かれている。例えば、灰皿[VI-14-4]の絵の裏には「ユダヤ人は、タバコも葉巻も持っていてはならない」[VI-14-5]と書かれた。日常の場に、日常的な迫害を現出させることで、見る者に歴史を考えさせる。

ベルリンのフンボルト大学の向かいの〈ベーベル広場（旧歌劇場広場）〉に一九九五年に作られたミハ・ウルマン〈図書館〉[0-15-1,2][47]は、ガラス越しに覗いた地下に空の書棚が並んでいる。地表には、「一九三三年五月一〇日、この広場でナチによって焚書が行なわれた」[VI-14-6]〔写真は当時〕という説明と、ハイネの言葉「焚書は序曲にすぎない。本を燃やすものは、終には人を燃やすことになる。一八二〇年」〔四四頁〕が書かれている。大学は全面的にナチに協力し〔一九〇頁〕、焚書は各地で行なわれた。ハレ大学の本館の前の〈焚書記念碑〉[VI-14-7]にもハイネの言葉が刻まれている。

第五に、「ナチズムの犠牲者」と「東ドイツの体制の犠牲者」の関係が問われている。ナチの強制収容所が東ドイツ時代にソ連軍の収容所として用いられていたことが明らかになり、各収容所は、それを含めて展示するようになった。[48]国家保安省（シュタージ）本部や各地の刑務所など東ドイツの支配の「遺跡」も公開されている。

イエナ大学の〈真理は汝らを自由にする〉[VI-4-6][49]と書かれたプレートには、「シラー大学（イエナ大学）の政治的抑圧の犠牲者のために」とあり、「一九三三―一九四五」と「一九四五―一九八九」の二つの時代が記されている。〈新衛兵

VI–14　芸術作品としての記念碑

所〉の説明文も、東ドイツを「全体主義」としている〔二三六頁〕。しかし、ナチズムと東ドイツの体制の同一視は、「比較による矮小化」を導くとする多くの批判がある[50]。

第4節　ウィーンの記念碑論争

1　オーストリアの記念政策

一九九〇年以後の激動は、オーストリアの記念政策にも影響を及ぼさずにはおかなかった。オーストリアが政府の名においてナチズムへの共犯性をはっきり言葉にしたのは一九九一年七月だった。フラニツキ首相の声明は、「オーストリアが国家としてではなかったが、それでもこの国の市民が他の人間や国民にもたらした苦痛に対する共同責任、それは認めなければならない」とした[51]。彼は一九九三年六月、オーストリア首相として初めてイスラエルを訪問し、述べた。「我われは、わが国の歴史において起こったことのすべてをみずから認める、すべてのオーストリア人の行なった行為を、善行であれ悪行であれ、みずから認める者である。我われの善行に対する承認を期待するのと同様に、我われの悪行についての許しをお願いしなければならない。生き延びた人たちの許しや、亡くなられた方々の子孫の許しをお願いする」。「オーストリアがナチ侵略の最初の犠牲者だったと言われた一九四三年のモスクワ宣言によって、我が国の歴史の暗いページの認識や罪の自覚が長期にわたってブロックされてしまった」として、その誤りを認めた[52]。

一九九五年四月、クレスティル大統領は、戦後五〇年記念式典で、侵略された犠牲の側面だけでなく、ナチ・ドイツと共に戦争に加担した責任を認め、「加害の側面」に言及した。同年六月、議会は、ナチの犠牲者に対する戦後補償のための基金を創設する法案を可決、さらに二〇〇〇年二月、シュッセル新首相は、ナチ政権下で関与した強制労働者への補償問題に最優先で取り組むという所信表明を行なった。

ドイツが「一月二七日」を記念日に制定したことを受けて、オーストリアも一九九七年、〈マウトハウゼン強制収容所〉解放の日の「五月五日」を「ナチズムの犠牲者を想いつつ、暴力と人種主義に反対する日」とした。「壁」で対峙する西ドイツと東ドイツの間で「中立」とされたオーストリアだったが、冷戦の終結によって一九九五年にEUに加盟した。その後、極右政党、自由党の党首ハイダーは、ナチの雇用政策や外国人排斥を評価する発言によって非難されながらも躍進し、連立政権に参加したため、これに反発するEUからの制裁を受ける事態に発展した。二〇〇〇年二月一九日の反ハイダーを訴えるデモにはウィーンだけで三〇万人が参加した。

2　ユダヤ人広場問題

「合邦」五〇年の一九八八年に、[0-5-5; V-17]〈戦争とファシズムに対する警告の碑〉が除幕されると、ナチのユダヤ人犠牲者のために別の記念碑を、という声が起こり、議論になった。ウィーン市は一九九四年に記念碑建設計画を発表し、中世にゲットーがあった〈ユダヤ人広場〉に記念碑が作られることになり、デザインが公募された。ここには一九三五年に宗教的寛容を象徴する〈レッシング像〉が建てられたが、ナチによって破壊され、同じ作者によって[VI-15-1]別の像が作られていた。一九九五年一〇月、〈ユダヤ人広場〉の発掘でシナゴーグの一部が発見され、ヨーロッパ最大規模の遺跡であることが判明した。改めて議論された結果、記念碑と共に見学施設も作られることになった。二〇〇〇年一〇月二五日、国家祝日の前日に記念碑と施設は一緒に除幕された。[53]「開かない図書館」をモティーフにした[VI-15-2]〈オーストリアのショアのユダヤ人犠牲者のための警告の碑〉には[VI-15-3]「一九三八年から一九四五年のナチ支配下で殺害された六万五〇〇〇人以上のオーストリアのユダヤ人を記念して」という銘と、[VI-15-4]強制収容所のあった地名が書かれている。地下の[VI-15-5]見学施設にはシナゴーグ跡からの発掘品が並べられ、中世のウィーンのユダヤ人についての展示がある。

一九九九年五月五日［オーストリアのナチズム犠牲者の記念日］、〈ウィーンとユダヤ人中央墓地〉の[III-15-4,6]〈第一次世界大戦戦没ユダヤ人兵士記念碑〉に、ウィーン軍司令部とオーストリア黒十字によって[VI-15-6]「ショアの犠牲になった二重帝国軍［第一次世界大戦］および第一共和国連邦軍［第二次世界大戦］のユダヤ人兵士を厳かに記念して」と書かれたプレートが掲げられた［ベルリンにおける[III-13-1]〈第一次世界大戦戦没ユダヤ人兵士記念碑〉へのドイツ連邦軍の献花[III-13-3]、一二一頁］。

一九八八年以降のウィーンでの記念碑論争は、ベルリンでの記念碑論争を強く意識して行なわれた。問われていたのは、「第二次世界大戦の犠牲者」と「ナチズムの犠牲者」、特にユダヤ人との関係であり、「被害者」であった以上に「加害者」であったドイツとオーストリアの歴史だった。ここでも「記憶、記録、記念」が議論の焦点となった。

おわりに

独ソ戦の戦場となった中欧、東欧にはソ連時代の戦勝記念碑が数多く残されている[54]。例えば、リトアニアの〈ポナリの森の記念碑〉には、リトアニア語、ロシア語で「ここポナリの森で一九四一年七月から一九四四年まで、ヒトラー一派は一〇万人以上のソヴィエト市民を銃殺した。そして自分たちの犯罪の痕跡を隠すため、ファシストの占領者たちは、一九四三年一二月から銃殺された者たちの死体を焼いた」と書かれていた。リトアニアが独立した一九九〇年以降、新しい碑文がリトアニア語、ロシア語と共にイディッシュ語、ヘブライ語でも加えられ、「そのうち七万人はユダヤ人である」と記された[55]。ベルリンの〈殺害されたヨーロッパ・ユダヤ人のための記念碑〉のドキュメントセンターの展示によると、「ナチによって殺害されたユダヤ人」は、ドイツでは一六万〜一六万五〇〇〇人だが、旧ソ連圏では九五万〜一〇五万人、ポーランドでは二九〇万〜三一〇万人である。同時期の独ソ戦でソ連では一般市民を含めて二〇〇〇万人以上がナチの犠牲になった。二一世紀になって、「ナチズムの犠牲者」「独ソ戦の犠牲者」「スターリン体制の犠牲者」の関係が明らかにされ、「戦争と暴力支配」が複合して膨大な数の人々が犠牲になった、その

VI-15　ユダヤ人広場（ウィーン）

全貌が究明され、記念され始めた。

ナチズムによってユダヤ人は中欧、東欧でほとんど絶滅させられ、生き残った者もディアスポラ状況になった。イスラエル建国から五年後の一九五三年には、エルサレムに記念館〈ヤド・バシェム〉が設立されたが、一九九〇年に展示は一新された。一九九三年にはアメリカ合衆国の首都ワシントンDCにも〈ナショナル・ホロコースト記念館〉が設立された。一九九六年に「ナチズムの犠牲者の日」となった「一月二七日」は、二〇〇五年の国連総会決議で「国際ホロコースト犠牲者記念日」に制定された。

最後に紹介しておきたい記念碑に、〈躓きの石〉がある。[56] 一九九二年一二月一六日、五〇年前の一九四二年の同日にヒムラーが発布したシンティとロマの強制移送命令を彫刻家グンター・デムニッヒが刻んだ一〇センチメートル四方の小さな真鍮のプレートが、ケルン旧市庁舎前の地面に埋められた。一九九五年にそのケルンで、ナチの犠牲者が住んでいた家、それぞれの前に、犠牲者の名前と生年、どこに連れていかれたか、という基本データを記したプレートを埋め込む作業が試験的に行なわれ、公開シンポジウムが開かれた。一九九七年にケルン市へ許可申請が出され、二〇〇〇年に認可され、路上に〈躓きの石〉[0-15-3, 4]が埋められた。デムニッヒが「芸術家のパフォーマンス」として始めた行動はそれ以後、市民運動となり、全ドイツに広がり、多くの都市に〈躓きの石〉が置かれている。ベルリンでもクロイツベルク地区を中心に設置された。クロイツベルクはヨーロッパ最大のトルコ人街として知られるが、かつては多くのユダヤ人が住んでいた。〈躓きの石〉に刻まれているのはユダヤ人だけではない。「忘れられた犠牲者」を含む「ナチによって差別され、迫害された犠牲者」のすべてが対象とされている。二〇〇七年には、初めて東アフリカ出身の黒人の犠牲者が記念された[III-12-6]。[57] かつてドイツの植民地だったナミビアが独立し、戦争犯罪と植民地犯罪の関係が改めて問われ始めた[58]［〈ドイツ植民栄誉の碑〉、一一八頁］。小さな記念碑は、彼ら一人一人が市民として生活していた、かけがえのない個人であったことを想起させる。

終章　ドイツ・デンマーク国境の記念碑

はじめに

現在、主に「ドイツ語を話す人々」の住む二つの国家、ドイツとオーストリアは多くの国家に囲まれている（図1）。東のポーランド、チェコ、スロヴァキア、ハンガリー、南のスロヴェニア、イタリア、スイス、西のフランス、ルクセンブルク、ベルギー、オランダ、そして北のデンマーク。それぞれの国境は民族紛争の場、悲劇の舞台だった。EU統合以降のヨーロッパでは、国境を意識せずに往来できるようになったが、残された記念碑は過去の傷跡を記録している。終章では「記念碑に刻まれたドイツ」を「記念碑に刻まれたデンマーク」との関係で考える。

最初にこの地域の基本的な問題を確認する。[1] 図4（二六三頁）に境界戦の移動を示した。関係する地名は番号を付けて示し、ドイツ語地名（左）とデンマーク語地名（右）を併記し、本文中では、原則としてドイツ側の記述にはドイツ語地名を、デンマーク側にはデンマーク語地名を用い、初出の際にもう一方の名前を（　）で示す。

現在のドイツ・デンマーク国境は、かつてのシュレースヴィヒ（スレースヴィ）公国のほぼ中間にある境界線Cで、画定されたのは一九二〇年である。

一九世紀初頭のウィーン体制の時代には境界線Aがドイツとデンマークとの境とされていた。デンマーク国王がシュレースヴィヒ、ホルシュタイン両公国の君主であり、二公国はデンマーク王国と同君連合を形成していたが、ドイツ連邦にはホルシュタイン公国だけが参加していたからである。

ドイツでは、ドイツ統一運動が盛り上がる中で、「デンマークの支配下にあるシュレースヴィヒをドイツに」がドイツ国民国家の形成を象徴する政治課題となった。シュレースヴィヒは北部や農村部では主にデンマーク語が用いられていたが、南部や都市部ではドイツ語が優勢だった。[2]《ドイツ人の歌》では「エッチュ川からベルト海峡まで」と歌われ［七頁］、ベルト海峡［正確には小ベルト海峡、図4］まで、つまりシュレースヴィヒ全土がドイツと考えられていた。一方、デンマークでも、デンマーク国民国家形成のための教育運動がスレースヴィで勃興する。

ドイツ史では、この地の問題は「シュレースヴィヒ＝ホルシュタイン問題」として書かれてきた。しかし、デンマーク史では「スレースヴィ問題」、あるいは「南ユラン（南ユトランド）問題」とされる。[3]

一九世紀の二回の戦争の後、一八六四年に境界線Bが境となり、シュレースヴィヒは全土がプロイセン王国領、さらにはドイツ帝国領となった。第一次世界大戦でドイツが敗北した後に、ヴェルサイユ条約により住民投票で国境が画定されることになり、現在の国境線が決まった。しかし第二次世界大戦期の一九四〇年から一九四五年までは、デンマーク全土がナチの支配下に入り、抵抗運動によって解放された。

さて、最近では諸国民の関係を問題にする際、「インターナショナル」に代えて、「トランスナショナル」が用いられることがある。「インターナショナル」では、「国民国家によって覆われた世界」を前提に、諸国民の関係が諸国家の関係として分析されるのに対し、「トランスナショナル」では、諸国民が歴史的に形成される過程において国家と国民の関係が多義的、複合的、重層的であることに注目し、少数民族や移民、植民など様々な要素の「絡まり合う歴史」を問題にする。[4]

本書で扱ったこの地域と関わりの深い三人の人物について紹介しながら、ドイツとデンマークの「トランスナショ

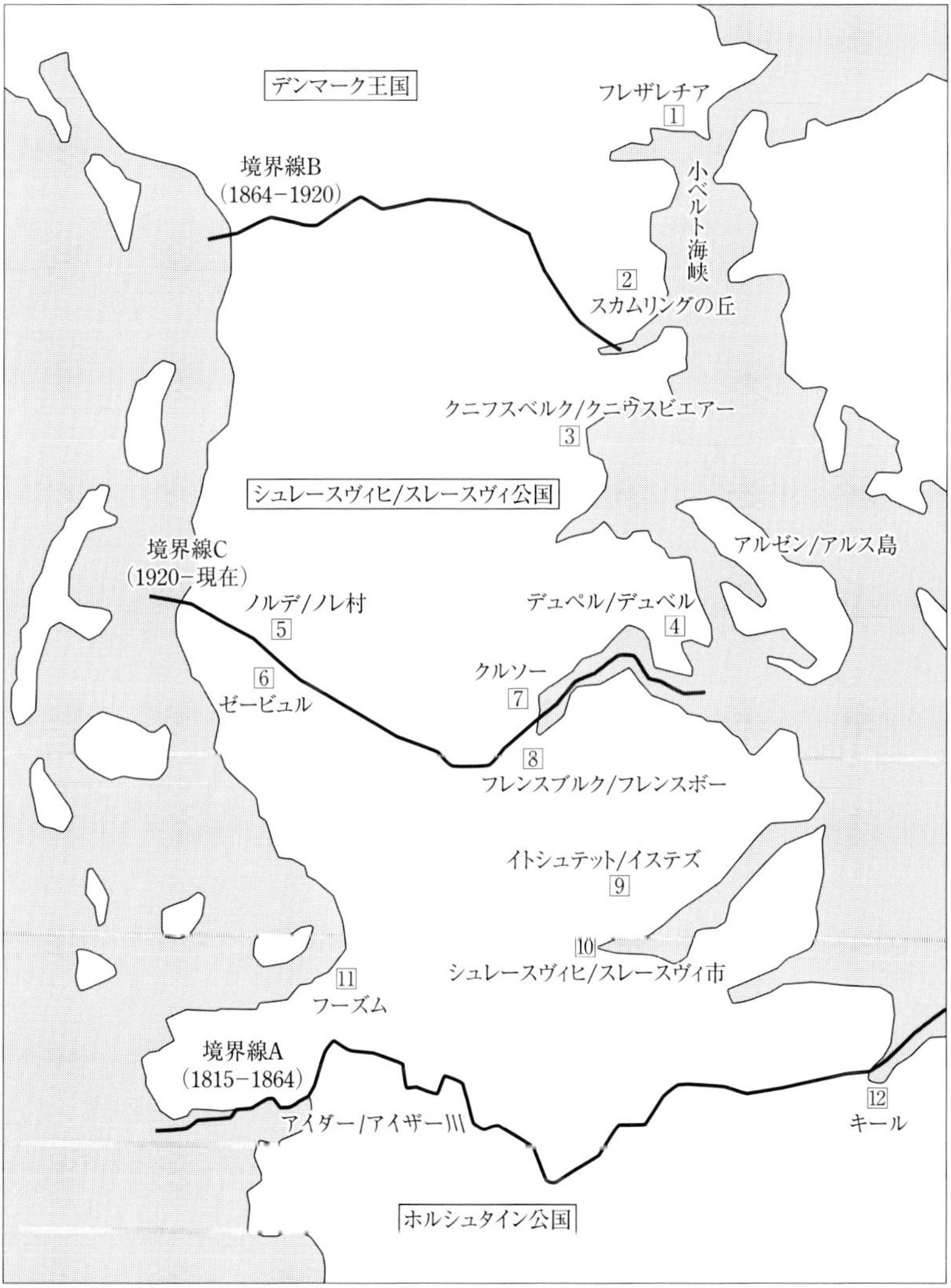

図 4　ドイツ・デンマーク国境

ナル」な関係を考えたい。一人はマインツの〈グーテンベルク像〉II-3-1やシュトゥットガルトの〈シラー像〉II-8-1を制作した彫刻家ベアテル・トーヴァルセン（一七七〇―一八四四）である。[5] 現在、コペンハーゲンのトーヴァルセン美術館には多くの作品が陳列され、彼はデンマークを代表する彫刻家とされている。コペンハーゲン生まれだが、二七歳からローマの工房で仕事を続け、ヨーロッパの各地に様々な作品を残し、一八三八年にデンマークが差し向けた軍艦で作品と共に帰国し、美術館が作られた。ドイツ以外でも、マリー・アントワネットを守って戦死したスイス傭兵を悼む〈チューリヒのライオン〉やワルシャワの〈コペルニクス像〉など、彼の制作した記念碑は、一九世紀におけるそれぞれの国民国家の国民記念碑となった。

二人目はヘルムート・フォン・モルトケ（一八〇〇―一八九一）、言うまでもなく、一八六四年からのドイツ統一戦争を勝利に導いたプロイセン陸軍参謀総長である。[6] プロイセンの貴族の家系で将校だった父は、プロイセンの軍籍を退いた後、一時デンマーク軍の将校を務めていた。ヘルムートもデンマーク王国陸軍幼年学校に学び、デンマーク陸軍の歩兵連隊に少尉として任官し、その後プロイセン軍に入った。対デンマーク戦争を勝利に導き、続く普墺戦争、独仏戦争でも勝利し、プロイセン軍の名を高めた。ベルリンの〈モルトケ像〉I-8-3をはじめ、多くの地に記念碑が残っている。

三人目は第四章で取り上げた表現主義の画家ノルデである［一五五頁］。生地はシュレースヴィヒで、現在の国境線Cのすぐ北のトンデルン（トゥナ）近郊ノルデ（ノレ）村5［以下、図4の番号］だった。本名はエミール・ハンセンだったが、一九〇二年に、結婚を機に姓を変えて故郷の名前を用いるようになる。彼は故郷が一八六七年にプロイセン王国領として北ドイツ連邦の一部になった直後に生まれた。農場主の父のもとで一学級しかない学校に通い、日常的にはデンマーク語南ユラン方言を話し、街や市場では低地ドイツ語を話し、学校では標準ドイツ語を使ったが、宗教の授業では標準デンマーク語が使われていたという。[7] 一九一〇年代以降、画家として知られるようになり、生地の近くの農家を手に入れ、一九二〇年の国境移動以後にデンマーク国籍を取得した。しかし、住んでいた農家付近の自然が損なわれてしまったために、一九三〇年に数キロ南のドイツ領ゼービュル⑥に移り、住居とアトリエを建築したが、デンマーク国籍を最後まで維持した。

第1節　一九世紀のドイツ・デンマーク国境（一八一五―一九二〇）

1　二つの「記念の場」――スカムリングの丘とクニフスベルク

a　デンマーク系住民とスカムリングの丘

一八四二年一一月一一日、ドイツ語が慣用とされていたスレースヴィ議会でロレンセンが初めてデンマーク語で発言した事件は、対ドイツ闘争の「結集の合図」となった。国民自由主義者は「アイザー（アイダー）川までがデンマーク」と主張し、デンマーク国王のホルシュタイン領有を批判し、「デンマーク王国とスレースヴィからなる国民国家」の樹立を求めた。運動を広げる上で大きな意味を持ったのが、一八四三年五月一八日、北スレースヴィのデンマーク系住民約六〇〇〇人が集まってスカムリングの丘②で開催した第一回民族祭典だった。スカムリングの丘[VII-1-1]は一八六四年以降、デンマーク王国領になるが、当時はスレースヴィ公国領だった。翌一八四四年七月四日の集会には一万人以上が参加、デンマーク王国からも二〇〇〇人が集い、スレースヴィ公国、デンマーク王国、北欧の一体性が謳われた。詩人でジャーナリストのプロウの演説はドイツ系住民の運動を激しく批判した。

一五万人の哀れなる農民を圧倒しようとする者は三三〇〇万人のドイツ人ではなく、三万の、いや単に三〇〇〇の、そして厳密には多分わずか三〇人のむこうみずなシュレースヴィヒ＝ホルシュタイン主義者なのである。彼らは、六〇〇〇万人のスカンディナヴィア人に対して決闘の手袋を投げつけたのである。[8]

VII-1　スカムリングの丘2

この「記念の場」の象徴は、二五個のスウェーデン産の御影石を積み上げた高さ一六メートルの〈スカムリングの丘の柱〉[0-16-1]で、すぐ脇にデンマーク国旗が翻っている。柱には一八人の名前と、上方に建てられた年「一八六三」が刻まれている。第二次ドイツ・デンマーク戦争の前年で、政治的緊張が高まっていて除幕式もできなかった。下方には「一八六四年三月二一日にプロイセン軍によって破壊され、一八六六年五月一日に再建された」とある。角が欠けた石もあり、苦難の歴史を表している。その後、柱の周囲には多くの記念碑が作られていく。

b　ドイツ系住民とクニフスベルク

ドイツでは、現在も州歌として歌われている《海に囲まれたシュレースヴィヒ＝ホルシュタイン》が運動のシンボルとなり、当時、盛んになっていた男声合唱で広まっていった。一八四四年七月二三日から二五日にかけてシュレースヴィヒ市[10]で開かれた合唱祭には一万二〇〇〇人以上が参加してこの歌を歌った。翌一八四五年、ヴュルツブルクで第一回全ドイツ合唱祭が開催され、そこでもこの歌は「祭典の中心」となった[9]。

海に囲まれたシュレースヴィヒ＝ホルシュタイン
ドイツの礼節の高き護り
困難の中で獲得したものに真の忠誠を
輝ける朝の来るまで
シュレースヴィヒ＝ホルシュタイン、種族の同胞よ
ゆらぐな、わが祖国よ

スカムリングの丘から少し南のクニフスベルク[10]（クニッスビエアー）[3]には〈ビスマルク記念碑〉[VII-2-2]の台座[VII-2-6]が残っており、「一八九九年から一九〇一年にかけて建設され、一九四五年八月一六日に破壊された」とある。ここには現在も、ドイツの青少年の家があり、ドイツ人の若者がサッカーに興じていた。

VII-2　クニフスベルク／クニウスビエアー3

2　二つの戦争の戦没兵士の墓と記念碑

両国が国民国家として形成されていく過程で決定的に重要な意味を持った二つの戦争、一八四八―五〇年の戦争と、一八六四年の戦争を、本書では第一次、第二次のドイツ・デンマーク戦争とする。

a　一八四八―一八五〇年――第一次ドイツ・デンマーク戦争

一八四八年革命の嵐の中、デンマークでは、三月二一日、コペンハーゲンで一万五〇〇〇人の市民が行進した。国王は市民の要求を承認し、立憲君主制へ移行すると回答した。一方、ドイツ系住民は三月二四日、キール[12]に臨時革命政府を樹立し、デンマークに宣戦布告した。臨時革命政府はプロイセンに援助を要請し、四月一二日のドイツ連邦会議で承認され、軍の支援が決議された。この地出身のダールマンやガーゲルンらフランクフルト国民議会の有力議員の呼びかけもあって、多くの若者が志願兵となった。戦争はドイツ側が優勢のうちに進んだ。しかし、ドイツにおける革命の進展とプロイセンの北海およびバルト海進出に脅威を感じていたイギリスとロシアは、スウェーデン国王を動かし、八月二六日にスウェーデンのマルメで、ドイツ側に休戦を強いた。フランクフルト国民議会は、九月五日、休戦条約の批准を否決したが、九月一六日の再度の表決で二五七対二三六の僅差で可決した。これに怒った民衆が議会の外で暴動を起こした事件は、フランクフルト国民議会と議会外の革命運動との亀裂を露呈し、革命が退潮に向かう転換点となった(11)。

デンマークでは一八四八年九月に一般徴兵制が導入され、軍が強化された。一八四九年、デンマークは休戦の終了を宣言し、七月六日のフレザレチア要塞の攻防戦で勝利し首都コペンハーゲンに凱旋した。勝利を記念して、一八五八年にフレザレチア[1]にヘルマン・ビセン(12)〈農民兵の像〉0-16-3が除幕された。将軍ではなく、初めて一般兵士をモデルにした戦士記念碑として、戦争記念碑の歴史上、注目されてきた(13)。

デンマークは一八五〇年にベルリンでプロイセンと停戦協定を結び、ドイツ軍との戦いは終了した。しかしそれ以後も、キールの臨時革命政府を支持する勢力との戦争は続いた。一八五〇年七月二四、二五日のイステズ（イトシュテット）[9]の会戦は、デンマーク側三万七〇〇〇人、ドイツ側二万七〇〇〇人の壮絶な戦いになった。ドイツ側は決定的な敗北を喫し、一八五一年に臨時革命政府と軍隊は解体された。

現在ドイツ領内にある〈イトシュテット記念館〉[VII-3-1]には、ドイツの黒赤金と、シュレースヴィヒ＝ホルシュタイン運動のシンボルとなり、現在も州の旗とされている青白赤の、二つの三色旗が掲げられ、その下に戦争の経過が書かれ、[VII-3-2]戦闘の様子を描いた絵画なども置かれている。[VII-3-3]記念館の裏に一八六九年に作られた〈イトシュテット戦没兵士記念碑〉[VII-3-4]には、「一八四八―一八五〇　この記念碑をシュレースヴィヒ＝ホルシュタインの民衆の蜂起に、そして邦［序章注（20）］の法とドイツの国民性のために戦ったその息子たちに捧げる。シュレースヴィヒ＝ホルシュタイン戦友会」とある。

一八五二年、イギリス、フランス、ロシア、プロイセン、オーストリアのヨーロッパ五大国とスウェーデン＝ノルウェー連合王国、デンマークが調印したロンドン議定書で、デンマークと二公国の関係の維持が決定された。[14]

b　一八六四年――第二次ドイツ・デンマーク戦争

十数年後、問題は再燃する。一八六二年、ドイツではプロイセン政府と議会内自由主義者との対立で緊張が高まる中、ビスマルクがプロイセン首相に就任し「鉄血演説」を行なった。一八六三年にデンマーク国王フレゼリク七世が死去し、クリスチャン九世が即位すると、シュレースヴィヒをめぐる状況は流動化し、政治問題の焦点となった。ビスマルクは自由主義者やドイツ連邦内の諸国家に対抗するために、敢えて緊張関係にあったオーストリアを誘い、開戦を準備し、四八時間の猶予しか与えない最後通牒をデンマークに突きつけた。一八六四年二月一日、六万五〇〇〇人のプロイセンとオーストリアの連合軍は、アイダー川を越えて進軍、戦争が始まった。四月一八日、デュベル（デ

VII-3　イトシュテット／イステズ⑨

ュペル）[4]の要塞は一ヵ月間持ちこたえたものの陥落し、ウィーン条約で両公国はプロイセン、オーストリアの共同統治下に置かれ、さらに一八六五年のガシュタイン条約で、プロイセンがシュレースヴィヒを、オーストリアがホルシュタインを分割統治する、と決定された。翌年、ビスマルクはオーストリアの統治の不備を理由にオーストリアに宣戦し、内情を熟知したオーストリア軍を短期決戦で撃破し、一八六六年のプラハ条約で両公国の領土をすべてプロイセン領とした。ただし、この条約においても、第五条で「シュレースヴィヒの北部地域の住民が、自由投票によってデンマークに結合されたいという希望を示した場合には、デンマークに分離されるべきであるという条件のもとで」とされていた[15]。

ビスマルクはシュレースヴィヒ＝ホルシュタイン問題を「鉄と血」、つまり戦争によって一気に解決した。それは外政における勝利であると同時に、プロイセン内の自由主義者に対する勝利でもあった。プロイセン憲法紛争でビスマルクと対立していた自由主義者の多くも、ビスマルクの統一政策支持に方向転換した[16]。

一八六四年に多くの若者が祖国のために命を落としたデュベルの丘は、デンマークにとって重要な「記念の場」となった。「一八六四」と大きく書かれた〈デュベル歴史パノラマ館〉VII-4-3があり、史上初めての塹壕戦となったこの戦闘の様子が再現されている。海を見下ろす丘には戦闘の地図や当時の大砲が置かれている。VII-4-4「記念の場」のシンボルは〈デュベルの風車〉0-16-2である。一九世紀の二回の戦争で破壊され、VII-4-1二〇世紀に再建された風車の内部には、この「記念の場」の歴史について展示があり、入口に以下の銘文がある。

二度にわたる砲撃で破壊された後、風車は再建される。思い出の宿る者の番人として、デンマークを信ずる者への記念碑として、戦場の墓石にさらに墓石が立てられるまで、目を据えて見張れ、デンマークの男らが堡塁を守って、忠誠を尽くし、命を捧げたことを。涙にぬれた栄光の花輪は、デュベルの名を包んでその輝きを放つ。人は亡くなるも、言葉は次の世代につながり、大いなる犠牲を払った記憶によって未来が現出する。

VII-4　デュペル／デュベル[4]

展示には当時のドイツ側のスローガン、「デュペルが無ければケーニヒグレーツ［普墺戦争の勝利］は無い、ケーニヒグレーツが無ければセダン［独仏戦争の勝利］は無い、セダンが無ければドイツ帝国は存在しない」と書かれたドイツ語の本もあった。ドイツにとっては、デュペルの会戦が統一戦争の起点だった。

戦場跡には様々な記念碑が並んでいる。〈スカンディナヴィア人の援助への記念碑〉(VII-4-5)には「フィンランド人、アイスランド人、ノルウェー人、スウェーデン人が、志願兵として、南ユランのデンマーク人のために、一八四八―五〇年の戦争、一八六四年の戦争に参加した。あなた方の差し出してくれた手、あなた方、犠牲になった者から流された血が私たちを結び付けた」とある。〈クリスチャン九世胸像〉(VII-4-6)には、王の在位標語、「神と共に名誉と正義のために」が刻まれている。

フレンスボー（フレンスブルク）[8]は、当時スレースヴィ最大の都市で、デンマークにとって重要な港町だった。〈旧墓地〉には、集団墓の隣に、〈農民兵の像〉を作ったビセンによる〈イステズのライオン〉(VII-5-1)が一八六二年に置かれた。ライオンの前にはデンマーク兵士の集団墓があり、名前を記したプレートが置かれている。ドイツ兵士の集団墓の上に作られた二つの大きな石の記念碑(VII-5-2)は、写真の右奥が〈第一次ドイツ・デンマーク戦争戦没ドイツ兵士記念碑〉、手前が〈第二次ドイツ・デンマーク戦争戦没オーストリア兵士記念碑〉である。墓地には個人墓も多くあり、当時の埋葬を描いた絵(VII-5-3)から計画的な墓地整備の様子がわかる[17]。

c　作家シュトルムと二つのドイツ・デンマーク戦争

シュレースヴィヒのフーズム[11]出身のドイツ人作家シュトルムは父が弁護士で、自身もキール大学を出て弁護士になった。大学時代、後に歴史家、政治家として活躍するモムゼンと知り合い[18]、その影響もあってシュレースヴィヒ＝ホルシュタイン運動に関わった彼の詩[19]は、時代の様子を伝えている。

VII-5　フレンスブルク／フレンスボー⑧

「一八五〇年秋に」
そして今では塔や市門からも
敵方の紋章が見おろしている。
そして彼らは三色旗を乱暴に
十字架や墓からもぎとってしまった。［後略］

「海辺の墓」
［前略］しかしこの墓は敵の手によってつくられたもの、
お前たちのために太鼓を打ち鳴らすこともなく。
だからこの歌をきくがいい！　そして我々の騎兵が
ここで起床ラッパを鳴らす日を待つがいい！――［後略］

シュトルムの最も有名な作品『みずうみ』は一八四九年、この激動の中で書かれた。一八五一年、彼は法律事務所を再開するが、翌五二年のロンドン議定書以降、デンマーク政府によって弁護士としての活動を禁止され、しばらく故郷を離れなければならなかった。一八六四年三月、一二年ぶりに帰郷したシュトルムは選ばれてフーズムの代官に就任した。しかし、その後シュレースヴィヒがプロイセン領になると、彼は新たに設けられた地方長官の職を蹴って地裁判事の道を選び、かつてのデンマークに対してと劣らぬ抵抗を、プロイセンに対しても示し続けた(20)。

3　ドイツ・デンマーク国境――一八六四―一九一四年、記念碑ブームの時代

一八七一年にドイツ帝国が成立した結果、シュレースヴィヒの住民一七万五〇〇〇人はドイツ帝国国民になった。当時のデンマーク王国の人口一七〇万人の一割強にあたる。一八七八年にドイツとオーストリアが先のプラハ条約の

住民投票に関する第五条を破棄した後には、シュレースヴィヒ住民の三分の一弱にあたる約五万人のデンマーク系男子がプロイセンの兵役を嫌って、アメリカ合衆国へ移住した。

a　ドイツの記念碑

ドイツ帝国の成立後、北端の地にも記念碑ブームが押し寄せた。一八七二年、ドイツの戦勝を記念して〈デュペル記念碑〉[VII-4-2]が建てられた。ゴシック様式の教会の尖塔を模した記念碑は、ベルリンの〈クロイツベルク解放戦争記念碑〉[II-2-1]を思い出させる。折からの旅行ブームで北シュレースヴィヒは格好の観光スポットになり、ドイツ中からツアーが組まれ、一八八五年には大ホテル、デュペル高地が建てられた。

そのようなムードを背景に、戦勝によって獲得した地を見張るビスマルク像をクニアスベルクに、という声が起こった。二回のドイツ・デンマーク戦争を指揮したヴランゲル男爵を名誉総裁とする記念碑委員会が作られ、礎石が置かれた[VII-2-1]。コンペによって、アドルフ・ブリュット〈ビスマルク像〉[VII-2-5]が一九〇一年に完成した。[21] 当時の絵ハガキ[VII-2-2]には、「クニアスベルクのビスマルク記念碑からの挨拶」と書かれている［四七頁］。

b　デンマークの記念碑

一方、スカムリングの丘を含む地域は、一八六四年の国境画定の際、シュレースヴィヒ公国領内の飛地と交換されてデンマーク王国領になった［図4の境界線B］。一八八四年にはデンマーク系住民の集会が再開され、その後、〈スカムリングの丘の柱〉[0-16-1]を中心に、以下のように南ユランでデンマーク国民文化の発展に尽くした人々の記念碑などが建てられ、「記念の場」となっていく。

(1)〈グルントヴィ記念碑〉[VII-1-2]（一八八四）　集会の再開に伴い、最初に建てられた。[22] グルントヴィはアンデルセン、キェルケゴールと並んで一九世紀のデンマーク文化を代表する思想家、詩人、教育者で、記念碑には「一八四四年七月四日」「一八八四年七月四日」の二つの日付があり、「一八四四年演説から四〇年を記念してスウェーデン＝ノルウェーのフォルケホイスコーレ（民衆学校）が設立された」と説明がある。(2)〈ラウリス・スカウ記念碑〉[VII-1-3]（一八九四）一八四四年七月四日に行なわれたスカウの演説の五〇年記念。(3)〈レゲンブア記念碑〉[VII-1-4]（一八九七）レゲンブアはデンマーク語を教会と学校教育で普及させた。(4)〈ハンセン記念碑〉[VII-1-5]（一八九九）ハンセンは反プロイセン運動によって一八六四年以降、南ユランを追われた。(5)〈スカムリングの丘集会六〇年記念碑〉[VII-1-6]（一九〇三、〇四）一八四三年五月一八日、一八四四年七月四日を記念。(6)〈フローア記念碑〉[VII-1-7]（一九一二）フローアはスカムリングの丘から三五キロ西のレズィングに一八四四年に設立されたデンマークで最初のフォルケホイスコーレを運営した。(7)〈ピーサ・スカウ記念碑〉[VII-1-8]（一九二一）ラウリスの兄弟ピーサも南ユランのデンマーク化のために活動した。(8)〈ナチ占領下での犠牲者を悼む鐘楼〉[VII-1-9]（一九四八）[二八四頁]。

第2節 二〇世紀のドイツ・デンマーク国境（一九二〇—現在）

第一次世界大戦が勃発した一九一四年は、第二次ドイツ・デンマーク戦争からちょうど五〇年で、ドイツでは戦勝記念祭が行なわれていた。大戦勃発後、デンマークは中立を宣言したが、一九一七年、ドイツが無制限潜水艦作戦に入り、国家は中立を維持したもののデンマーク人にも戦争に巻き込まれる者が出た。北シュレースヴィヒからも多くの「ドイツ兵士」が出征し戦死した。大戦は一九一八年一一月、ホルシュタインの軍港キールでの革命（一一月革命）によって終結した。一九一九年のヴェルサイユ条約の規定により行なわれた一九二〇年の住民投票の結果、図4の境界線Cが定められ、面積で三九〇〇平方キロメートル、人口一六万五〇〇〇人の北シュレースヴィヒがデンマークへ「復帰」した。[23] 二回のドイツ・デンマーク戦争の後、ドイツの軍港となったフレンスブルクは、地域ごとに行なわれた住民投票でドイツ側に残り、喜んだヒンデンブルク大統領はフレンスブルク市民に駅舎を贈った。

1　一九二〇年の国境画定からナチズムへ

〈デュベルの風車〉の展示には、一九二〇年の祖国復帰を喜ぶデンマーク系住民の様子を描いた絵[VII-6-1,2]があった。コペンハーゲンには、一九二〇年に南ユランの祖国復帰に際して建立された〈北欧からの志願兵戦没者記念碑〉[VII-6-3]があり、「一八四八―五〇、一八六四、デンマークへの志願兵と死者を偲んで」の銘とノルウェー、スウェーデン、フィンランドの紋章が刻まれている。

しかし、デンマーク系住民はこの国境線ですべてが解決された、としたわけではなかった。フレンスブルクと接するデンマーク側の国境の都市クルソー7には、〈クルソーの石碑〉[VII-6-4]と呼ばれる記念碑がある。そこには「この場で、クリスチャン一〇世は、一九二〇年七月一二日、南からのデンマーク人と会見した」「お前たちを忘れない」とある。「お前たちを忘れない」は、この会見の前日の七月一一日、国王が参加してデュベルで開かれた祖国復帰を祝う民族祭典［以後その場所は「王の保塁」と呼ばれる］で、ニアゴー首相が、ドイツに残留することになった同胞に語った言葉である[24]。

デュベルの〈クリスチャン九世胸像〉[VII-4-6]の背後にはデンマーク国旗がはためいている。国旗掲揚塔の周りには、「しかし、それでもなお、森には歌が響き、赤いデンマーク国旗が高くはためき、そして今も、デンマークのために助言される神が我らの上にいてくださる。クリスチャン一〇世在位九年目、一九二〇年の祖国復帰に建立」とある。

一方、クニフスベルクの〈ビスマルク記念碑〉からは、〈ビスマルク像〉が撤去された[VII-2-3,4]。像は一九三〇年、ドイツ領南シュレースヴィヒのアシェッフェルに移され、現在もそこにある[VII-2-5][25]。

第一次世界大戦後の混乱の中で、シュレースヴィヒ＝ホルシュタインのナチ党は急速に勢力を拡大する[26]。前述のクニフスベルクのドイツの青少年の家は第二次世界大戦後に改築されたが、建物の一つは戦前からの名前〈ラングベー

1864 GENFORENET 1920
I. ZONE
VI HAR STEMT OS HJEM
TYSKLAND
①

②

MINDE OM
FRIVILLIGE OG FALDNE
FOR DANMARK I 1848-50 OG 1864
REJST VED GENFORENINGEN MED
SØNDERJYLLAND
③

④

VII-6　国境移動

ン館〉を受け継いでいる。[27]ラングベーンは一九世紀末以降、ゲルマン主義運動で大きな影響力を持った。[28]

一九三九年、第二次世界大戦が勃発する。デンマークは今回も中立を宣言したが、一九四〇年、ナチ・ドイツに全土を占領され、解放まで「暗黒の五年間」を経験しなければならなかった。当初ヒトラーは、デンマーク人はドイツ人と同じゲルマンの血に属するとして、デンマークの内政に干渉しない旨を通告し、ナチ党以外の政党の活動も認めた。デンマークに住むユダヤ人は少数で、反ユダヤ主義が広まることはなかった。占領国では例外的に行なわれた一九四三年三月の総選挙で、デンマーク・ナチ党は二・一パーセントしか得票できなかった。デンマークでユダヤ人迫害とそれに対する抵抗運動が活発になったのは、一九四三年八月二九日に警察が解体され占領軍による軍政が敷かれてからである。親衛隊は一九四三年一〇月二日の夜、デンマーク在住のユダヤ人七二〇〇人を移送しようとしたが、デンマーク国民は一体となってユダヤ人のスウェーデンへの輸送を援助し、親衛隊が発見したユダヤ人は四八五人に過ぎなかった。彼らは全員テレジエンシュタットに移送されたが、多くは生き残った。ベルリンの〈殺害されたヨーロッパ・ユダヤ人のための記念碑〉の展示では、デンマークでのユダヤ人犠牲者は「一一六人」である。多くの国では現地の反ユダヤ主義者がナチのユダヤ人迫害に加勢し、悲惨な結果となった。デンマークにおけるユダヤ人の組織的救出は貴重な例外である。[29]

2　「暗黒の五年間」の後で

a　デンマークの記念碑

コペンハーゲン近郊の〈追悼の森〉に、抵抗運動で命を落とした人々の墓と記念碑があり、毎年、五月四日に追悼行事が行なわれている。入口には、「ここにデンマークのドイツによる占領期に、敵に対して戦い、命を捧げたデンマーク人男女を偲ぶ。一九四〇年四月九日—一九四五年五月五日」とある。[VII-7-1] 入口近くの〈自由の闘士のための記念碑〉には、上に「自由の闘士」、下に「一九四〇—一九四五」とあり、次の銘が刻まれている。

　デンマークのために命を捧げ、二度と戻らない
　傷つきながらも祖国は贈り物を勝ち取った
　悲しみは歌われ、喜びは涙を誘うに違いない
　自由、自由、墓地に稲妻が、新たな夜明けのように
　それを君らは受け継ぐ
　大地を耕せ、海を切り開け、子孫を養い、法を守れ
　そしてもう一度、デンマークの子としての約束と国を守る意識とを思い返せ

記念碑の両側には、墓がここにない犠牲者たちの名前を刻んだプレートが並べられている。しばらく行くと〈ピエタ像〉の前に墓石が置かれ[VII-7-2]、名前と生没年などが刻まれていた。

コペンハーゲン市内の〈解放記念館〉には、入口に抵抗運動で使われた手製の装甲車が置かれ、内部に「暗黒の五年間」時代の遺品が展示され、中庭と記念館の近くには様々な記念碑がある。

b　ドイツの記念碑

一方、クニフスベルクには二つの大戦の戦没ドイツ兵士の〈栄誉の森〉[30]が作られ、以下の説明があった。

　この栄誉の森は、北シュレースヴィヒのドイツ民族グループに属する第一次、第二次世界大戦での戦没兵士および行方不明者の記念のために捧げられている。この施設は、一九六二年八月一八日に除幕された。

　第一次世界大戦のためには年ごとにプレートが置かれている[VII-7-3]。五〇〇〇名以上の名前がプレートの上に書かれていないのは、それぞれの故郷の記念碑に名前が刻まれているからである［一九二〇年までドイツ領だった北シュレースヴィヒには、各都市に戦没兵士の栄誉の碑が作られた］。第二次世界大戦で戦死、あるいは行方不明になった北シ

FRIHEDSKÆMPERE
OMKOMNE FOR DANMARK MEN ALDRIG GENFUNDNE
SKRAMMET VANDT DIT LAND EN GAVE
SORGEN KUNDE SYNGE
GLÆDEN MAATTE GRÆDE
FRIHED: FRIHED: LYN VED GRAVE
NY SOM GRY
DEN ARVER DU
PLØJ JORD: PLØJ HAV
FØD SLÆGT: FØD LOV
OG KOM ENDNU
DIN DATTERPAGT
DIN SØNNEVAGT
I HU
1 9 4 0 – 1 9 4 5
①
②
③
1945
④

VII-7　暗黒の五年間

ュレースヴィヒ人の名前は、他にまとめられている所が無いので、ここに掲げられている。二〇〇〇人以上が志願兵として参加し、七五〇人以上が故郷に戻らなかった。石に刻まれている名前の数は、年を追うごとに犠牲者が急速に増加したことを明らかにしている[VII-7-4]。

c　一九四五―一九九五年

一九四五年、デンマークのナチ・ドイツからの解放を祝って、スカムリングの丘に一〇万人近い人々が集まった。一九四八年にはここに〈ナチ占領下での犠牲者を悼む鐘楼〉[VII-1-9]が作られた。

一二年間にわたりナチ政権下で厳しい抑圧を受けてきた南シュレースヴィヒのデンマーク系住民は、デンマークへの併合を要求したが、一九四五年、デンマーク政府はドイツに対して領土的要求をしないと言明した。南シュレースヴィヒは戦後もドイツ国内への帰郷者［一七〇頁］の入口となり混乱を極めたが[31]、一九二〇年の国境線Cは維持され続けた。

一九九五年七月一一日、デュベルの「王の保塁」で、国境画定七五年の記念式典が盛大に催され、女王をはじめ一万五〇〇〇人のデンマーク人が参集した。当時、民族間の対立で戦火が燃えていた旧ユーゴスラヴィアの対極に位置するものとして、デンマーク人、ドイツ人の相互理解、良好な善隣関係が謳い上げられた[32]。

d　二つのライオン像

戦没兵士記念碑としてのライオン像は、ワーテルローの〈ライオンの丘〉など数多い。本書でも〈アスペレンのライオン〉[I-6-9]、〈バート・ケーゼンのライオン〉[III-1-3]を紹介した。前述のフレンスボーの〈旧墓地〉にあった〈イステズのライオン〉[33]は、その複製が一九世紀にベルリンで作られ、郊外のヴァンゼー湖畔に置かれた。どちらも〈フレンスブルク（フレンスボー）のライオン〉と呼ばれることもある。前者を〈イステズのライオン〉、後者を〈イトシュテットのライオン〉とし、二つのライオン像の歴史についてまとめておきたい。

VII-8　二つのライオン（フレンスブルク、ベルリン）、ノルデ美術館

フレンスボーの墓地に一八六二年に置かれた〈イステズのライオン〉[VII-5-1]は、第二次ドイツ・デンマーク戦争前の緊張が高まっていた一八六四年二月にドイツ系住民の襲撃によって損傷を受け[VII-8-1]、ドイツ軍によって別の場所に移された。戦争後の一八六八年にベルリンに運ばれ、〈軍事史博物館[I-1-6]（旧武器庫、現ドイツ歴史博物館[0-3-1]）〉に陳列され、その後は士官学校の庭に置かれていた。一八七二年、銀行家コンラートは、プロイセン軍がアルゼン（アルス）島へ渡ることによって決定的になった勝利のシンボルとして、ライオン像の複製を亜鉛で鋳造させ、「コロニー・アルゼン」と名付けたヴァンゼー湖畔の別荘地に置いた[VII-8-2]。〈イトシュテットのライオン〉である。

一九四五年にアメリカ軍が士官学校で〈イステズのライオン〉を発見し、コペンハーゲンの軍事博物館に運んだ。およそ半世紀の間、そこに置かれていたが、二〇〇一年に王立図書館前に移され、二〇一一年九月一〇日、今はドイツ最北端の都市となったフレンスブルクの墓地の元の場所に、百数十年ぶりに戻された[VII-8-4]。台座正面には、「イステズ一八五〇年七月二五日［イステズの会戦の日付］、設置一八六二年［以上、デンマーク語］。［以下、ドイツ語］「デンマーク人とドイツ人の友好と信頼の証として、再び置かれた」と書かれ、脇には、この像が移動した年と都市が、「一八六二年　フレンスボー、一八六八年　ベルリン、一九四五年　コペンハーゲン、二〇一一年　フレンスブルク」と刻まれた。一九九六年、コペンハーゲンの軍事博物館でこの像を見ていた私は、除幕式の翌日、「記念碑公開の日」の九月一一日にフレンスブルクを訪れて像に再会することができた。

〈イトシュテットのライオン〉[VII-8-3]は、現在はベルリン郊外の〈ヴァンゼー会議記念館〉［二五三頁］のすぐ近くにある。像と記念館は無関係ではありえない。ヴァンゼー会議が行なわれた、湖に面した建物は、一九一五年に枢密商業顧問官マルリアーが建て、実業家の手に渡っていたが、一九四〇年にナチ親衛隊が購入した。会議の議長を務めた親衛隊国家保安部長官ハイドリヒの別荘が近くにあった。[34] 多くの実業家や政治家がこの高級別荘地に集い、社交の場になっていた。一九世紀の二回のドイツ・デンマーク戦争からヴァンゼー会議まで、ドイツの対外侵略は続いていた。〈イトシュテットのライオン〉は二〇〇五年に修復が完了し、新しい案内プレートに二つのライオン像についての説明がある。

民族対立は過去のものとなり、記念される「歴史」となった。しかし、改めてフレンスブルク、イトシュテット、デュペルの戦没兵士の墓と記念碑、スカムリングの丘、クニフスベルクの記念碑群を想い起こす時、ドイツとデンマークが戦いを続けていた当時、多くの若者がドイツから、デンマークから、オーストリアから、北欧から集い、戦い、死んでいった、その「歴史の重さ」に、慄然とさせられる。

おわりに

ドイツ・デンマーク国境は現在では安定している。フレンスブルクにはデンマーク系住民のための図書館があり、明るい室内で市民がデンマーク語の本を読んでいた。

この地域を調査した折、ぜひに、と思って訪ねたところがある。ゼービュルの〈ノルデ美術館〉VII-8-5である。アトリエを改造した美術館の周りは広い庭に花が咲き乱れ、まさにノルデの描く鮮やかな色彩の世界だった。第二次世界大戦中、ノルデは厳しい監視体制の下に置かれて油絵を制作することができず［一五六頁］、もっぱら小さな水彩画を描いた。「描かれざる絵」VII-8-6と自ら呼んだそれらの水彩画を元に、彼は一九四五年から一九五一年までの間に一〇〇点以上の油絵を制作した。〈ノルデ美術館〉では、「退頽芸術展」に出品された〈磔刑図〉IV-10-2とその〈描かれざる絵〉[35]が、暗い時代の記念碑として心に残った。

あとがき

東西ドイツが統一から一年後の一九九一年、一〇月一日にベルリンに着き、統一記念日の一〇月三日にブランデンブルク門を見に行った。[0-2-3] 一年間、ベルリンに滞在することになっていた私は、統一後にドイツ人の歴史意識がどのように変化していくか確かめたいと思い、手掛かりを探していた。ユルゲン・コッカ先生から、ラインハルト・コゼレックの新衛兵所改装プランへの批判について伺い、興味を持った。古本屋で、都市別に整理した記念碑のハンドブック（Helmut Scharf, *Historische Stätten in Deutschland und Österreich. Schauplätze, Gedenkstätten, Museen zur Geschichte und Politik im 19. und 20. Jahrhundert.* Düsseldorf 1983）を見つけた。同じ著者がまとめた記念碑の通史（Helmut Scharf, *Kleine Kunstgeschichte des deutschen Denkmals.* Darmstadt 1984）も手に入れ、記念碑を見ていくことで何かがつかめるのでは、という予感がして、記念碑巡りを始めた。

一九七〇年代、「二つのドイツ」の時代に「一八六七、七一年のドイツ統一」を出発点にドイツ史研究を始めた私にとって、「一九九〇年のドイツ統一」は衝撃だった。「二つのドイツ」、特に「ベルリンの壁」の存在は、何とも異様だったが、すぐにそれが解消するとは思えなかった。しかし、「ベルリンの壁」はあっけなく崩壊し、それから一年も経たたずにドイツは統一した。「ドイツ統一」と言えば、一般的には「一八六七、七一年のドイツ統一」と「一九九〇年のドイツ統一」を指すが、実はその間にもう一つ、ヒトラーがオーストリアを併合した「合邦」＝「一九三八年のドイツ統一」があった。範囲も意味するものも大きく異なる「三回のドイツ統一」と、戦争、革命の関係を問題にしながらドイツ史を再考していくことが私の研究テーマとなった。

本書をまとめて、「ドイツ史」を書くことの意味について、改めて考えさせられている。アライダ・アスマンは『記憶のなかの歴史』（磯崎康太郎訳、松籟社、二〇一一年）の最後に「展望—国民の再発明」として、以下のように書いている。「国民と歴史のかつての密接な共生状態は、二度の世界大戦とホロコーストのあとにはもう二度と打ち立てることができない。［中略］ドイツ人はとうの昔に不均質な集団になったのであり、この不均質な集団は、移民社会の新たな諸条件にさらされ、日を追うごとにいっそう不均質になっている。それゆえ歴史という媒体のなかで国民を再発明する際には、一つの［以下、傍点引用訳文］の（長い、または短い）歴史のみならず、複数の歴史が存在していることに注意しなくてはならない。［中略］歴史を振り返り、中世にいたるまでを国民史にすることは、一九世紀と二〇世紀の神話制作者たち（第三帝国をも含めて）の計画によるものだった。［中略］ドイツ人には、複数のアイデンティティの存在を確かめ、自分たちの歴史意識のなかで複数の軌道を進んでいくだけの十分な理由がある」（二九八、二九九頁）。

確かに、ドイツでは国民の意味するものが、時代によって、立場によって大きく異なり、そこには大きな断絶がある。本書では国民が三重の意味で用いられたことを指摘しつつ、一九世紀はじめからナチズムまでの国民記念碑への熱狂と、その後の「過去＝ナチズムの克服」のための記念政策を追うことになった。ドイツ史におけるアイデンティティの重層・複合については、拙稿（「方法としての「国民国家と帝国」」、「ドイツ史における帝国＝国民国家の理念と現実」松本彰／立石博高編『国民国家と帝国』山川出版社、二〇〇五年）を参照していただきたい。

「一九九〇年のドイツ統一」後、コール首相の歴史政策＝記念政策に対する批判が呼び水になって、記念碑論争が興った。逆説的だが、論争が人々の歴史への関心を呼び起こした。歴史家ラインハルト・リュールップは二〇〇八年に日本で開かれた研究会で、「何が歴史的に保持する価値があるかという理解は、ここ一〇年の間に注目すべき拡がりを経験し」、「「新しい歴史の関心」が「下から」現れた」と述べていた。リュールップが中心となって遺跡保存運動を進めてきたベルリンの〈テロのトポグラフィー〉は、二〇一〇年に施設が完成した。長年にわたる市民運動と歴史研究者の努力が行政を動かした（西山暁義訳「ナチズムの長い影」『ヨーロッパ研究（東京大学）』八号、二〇〇九年、浅田進史訳「ナチズムの過去と民主的な社会」『公共研究（千葉大学）』五号、二〇〇九年）。前述のアスマンも、「ホロコーストという出来事は、時間の隔たりとともに色彩を失い、色褪せていくのではなく、逆説的にも、ますます身近で重大なものになっている」が、「文化的記憶が自然に生成することは決してありえない」以上、記憶の狭隘化と硬直化を食い止めるための批判、反省、議論が重要、としている（安川晴基訳『想起の空間』水声社、二〇〇七年、二七、二八頁）。

二〇年以上、歴史の現場を訪ね、ドイツ史の栄光と悲惨を確認する作業を続けてきた。まとめるとなると、図版も多く手間どった。今はデジタルカメラで撮れば、編集したり授業で映写したりも簡単だが、私は最近までフィルムカメラを使っていて、授業では写真を引き伸ばして紙芝居のように見せたことが懐かしい。インターネットから記念碑の画像も簡単に手に入る時代になったが、誤った情報も氾濫している。ドイツの記念碑に興味を持たれた方には、ぜひ現物を見に行ってほしい。実際の記念碑は観光名所になっていたり、いたずら書きで汚されていたりいろいろだが、現在との関わりを知ることは、歴史を考えるための重要な手掛かりになる。本書でも「記念碑の現在」が分かる写真を用いるように努めた。

この研究をまとめるにあたり、多くの方々にご協力いただいた。村井誠人さんには早稲田大学西洋史研究会での報告をきっかけにデンマークの記念碑について多くを教えていただき、デンマークの記念碑の碑文の訳をお願いし、終章を書くことができた。日独共同大学院プログラム（東京大学、ハレ大学）の関係の方々、特にゲジーネ・フォリヤンティ＝ヨースト先生、マンフレート・ヘトリング先生、ティノ・シェルツさん、平松英人さん、柳原伸洋さんには二〇〇九年にハレ大学に滞在した折、お世話になった。水野博子さん、清水正義さんには、貴重なご意見をいただいた。

長沢優子さんには文献整理などでご協力いただいた。妻中郷良子は、記念碑の調査、原稿の推敲、校正とすべてにわたって支えてくれた。

調査に付き合ってくださった方々、学会、研究会などで議論してくださった方々、また新潟大学をはじめ、大学の講義で熱心に授業を聴いてくれた学生諸君にも感謝したい。

国際交流基金（一九九一年度）、ドイツ学術交流会（一九九三年度）、日本学術振興会科学研究費（研究課題番号12410098　18320121　21520738）からの援助を受けた。

最後になるが、東京大学出版会の高木宏さん、山本徹さんには、面倒な本を丁寧に作っていただいたことに心から感謝したい。

二〇一二年九月

松本　彰

遅塚忠躬 著	史学概論	A5	六八〇〇円
高山博・池上俊一 編	西洋中世学入門	A5	三八〇〇円
甚野尚志・堀越宏一 編	中世ヨーロッパを生きる	四六	二八〇〇円
高山博 著	中世地中海世界とシチリア王国	A5	一二〇〇〇円
深沢克己 著	商人と更紗	A5	六八〇〇円
浅田進史 著	ドイツ統治下の青島	A5	七二〇〇円
田中純 著	政治の美学	A5	五〇〇〇円
ひろたまさき キャロル・グラック 監修	歴史の描き方［全3巻］	四六	各二五〇〇円

ここに表示された価格は本体価格です．御購入の際には消費税が加算されますので御了承ください．

著者略歴

1948 年　東京都に生まれる
1973 年　早稲田大学第一文学部卒業
1975 年　東京都立大学大学院人文科学研究科博士課程単位取得退学
現　在　新潟大学人文学部教授

主要著書

『フランス革命とヨーロッパ近代』（共編，同文舘，1996 年）
『国民国家と帝国――ヨーロッパ諸国民の創造』（共編，山川出版社，2005 年）

記念碑に刻まれたドイツ
戦争・革命・統一

2012 年 10 月 25 日　初　版

［検印廃止］

著　者　松木《まつもと》　彰《あきら》

発行所　一般財団法人　東京大学出版会
代 表 者　渡辺　浩
113-8654　東京都文京区本郷 7-3-1 東大構内
http://www.utp.or.jp/
電話　03-3811-8814　Fax　03-3812-6958
振替　00160-6-59964

印刷所　暁印刷株式会社
製本所　誠製本株式会社

ISBN 978-4-13-021075-1　Printed in Japan

記念碑索引

図版を掲載した記念碑のみ，都市名，記念碑名，記念碑番号，掲載頁を示した．

ドイツとオーストリア，その他に分け，都市別に並べた．さらに，ベルリンとウィーンは時代ごとに分け，基本的に年代順とした．

都市から離れた場所は（近郊）とした．

図版頁は太字で，注の頁は（　）で示した．

図版データ一覧（撮影年月・出典）

撮影者があるもの以外は，松本彰撮影．
文献は，日本語，欧文共に著者と発行年で示した．

0-1-1〜4 2006年8月
0-1-5 1993年9月
0-2-1 2005年9月
0-2-2 2007年10月
0-2-3 1991年10月
0-3-1 2006年8月
0-3-2, 3 2004年8月
0-3-4 1998年8月
0-3-5 1994年8月
0-4-1, 2 2002年9月
0-4-3, 4 2004年8月
0-4-5 1997年10月
0-5-1 1997年10月
0-5-2 2006年8月
0-5-3, 4 1992年3月
0-5-5 2003年9月
0-6-1〜3 2003年9月
0-7-1〜3 2007年10月
0-7-4 2005年8月
0-8-1 1992年7月
0-8-2 2006年8月
0-8-3 1992年8月
0-9-1 2002年9月
0-9-2〜5 1992年4月
0-10-1 1992年3月
0-10-2 2006年9月
0-10-3 2005年9月
0-11-1, 2 1997年9月
0-11-3, 4 2003年9月
0-12-1, 2 2002年9月
0-12-3 2005年8月
0-13-1, 2 2004年8月
0-13-3, 4 2005年9月
0-14-1 2005年9月
0-14-2, 3 1992年9月
0-14-4 1993年9月
0-14-5 2005年9月
0-15-1, 2 2002年9月
0-15-3, 4 2003年9月
0-16-1, 2 1996年8月
0-16-3 2009年9月

I-1-1 Ahrenhövel 1991, S. 17
I-1-2 Ahrenhövel 1991, S. 281
I-1-3 Cullen 1994, S. 46
I-1-4 Cullen 1994, S. 68
I-1-5 Schmidt o.J., 表紙
I-1-6 Stölzl 1993, S. 19
I-1-7 Stölzl 1993, S. 17
I-1-8 2005年9月
I-2-1 2007年10月
I-2-2 Nungesser 1987, S. 83
I-2-3 2006年9月
I-2-4 1995年8月
I-3-1 Gall 1998, S. 99
I-3-2 Hils-Brockhoff 1998, S. 92
I-3-3, 4 2007年10月
I-3-5 1995年8月
I-4-1 Hettling 1998, S. 37
I-4-2 Gall 1998, S. 405
I-4-3〜6 2004年10月
I-4-7 Gall 1998, S. 173
I-5-1 2007年8月
I-5-2, 5 2003年9月
I-5-3, 4 2004年9月
I-5-6 1987年12月
I-6-1〜4 2010年9月
I-6-5〜7 2006年8月
I-6-8 Museum für deutsche Geschichte 1964, S. 43
I-6-9 1997年10月
I-7-1, 2 2002年9月
I-7-3, 4 1992年9月
I-7-5 1995年8月
I-7-6, 7 2009年9月
I-7-8 2006年9月
I-8-1 Alings 1996, Abb. 5
I-8-2〜4 1992年9月
I-8-5, 6 2003年9月
I-9-1 Krenzlin 1991, S. 142
I-9-2 Casper 2001, S. 27
I-9-3 Flocken 2000, S. 136
I-9-4 2010年9月
I-9-5 Flocken 2000, S. 153
I-10-1, 2, 4 1992年9月
I-10-3 Arndt 1977, S. 17

I-11-1 2009年9月
I-11-2 2009年10月
I-11-3 Reimer 1913, S. 192
I-11-4 2005年8月
I-11-5 1996年8月
I-11-6 グロースベーレン村職員より
I-11-7 1993年9月
I-11-8 2009年9月
I-12-1 Stadtgeschichtliches Museum Leipzig 2003, S. 99
I-12-2, 5 2009年7月
I-12-3 Kralik 1913, S. 126
I-12-4 2009年9月
I-13-1 Scharf 1984, Tafel 155
I-13-2, 3 2003年9月
I-13-4～7 2006年9月

II-1-1 2003年9月
II-1-2 Fuchs 1991, S. 127
II-1-3 Fuchs 1991, S. 151
II-1-4 Benner 2003, S. 250
II-2-1 2004年8月
II-2-2 2003年9月
II-2-3 2011年9月
II-2-4 Simon 1995, S. 13
II-2-5 Eschwege 1980, S.160
II-3-1 2007年10月
II-3-2 2004年8月
II-3-3 2005年8月
II-3-4 2009年7月
II-3-5 2009年6月
II-3-6 1995年8月
II-4-1 1992年3月
II-4-2 Oefner 1984, S. 5
II-4-3 2002年9月
II-4-4, 5 2001年8月
II-4-6 樋口 1986, 76頁
II-4-7 2009年8月
II-4-8 Hermand 1988, 図像頁
II-5-1, 2 1992年4月
II-5-3 Hanske 1992, S. 7
II-5-4 2004年8月
II-5-5 Prieberg 1982, 表紙
II-5-6 1992年4月
II-5-7, 8 1997年10月
II-6-1 1992年9月
II-6-2 Plessen 1996, S. 31
II-6-3 2009年8月
II-6-4 Plessen 1996, 表紙
II-7-1 2003年9月
II-7-2 2011年9月
II-7-3～8 2003年9月
II-8-1 2005年8月
II-8-2 2007年10月
II-8-3, 4 2009年9月
II-8-5 Museum für deutsche Geschichte 1964, S. 43
II-8-6 Mikoletzky 1995, Abb. 54

III-1-1 Gall 1998, S. 438
III-1-2 Scheucher 1991, S. 72
III-1-3 2002年9月
III-1-4 2006年9月
III-1-5, 6 1992年3月
III-2-1 2005年8月
III-2-2 エーベリング 1982, 113頁
III-2-3 2009年7月
III-2-4 2005年9月
III-2-5 1993年9月
III-2-6 Schlie 2002, S. 74
III-2-7 2004年8月
III-3-1 2011年9月
III-3-2 Kriechbaumer 2002, S. 101
III-3-3, 5 2004年8月
III-3-4 1992年3月
III-3-6 Kriechbaumer 2002, S. 100
III-4-1, 3, 4 2006年9月
III-4-2 1997年10月
III-5-1 絵ハガキ（In Flanders Fields Museum）
III-5-2～6 2002年9月
III-6-1～6 2002年9月
III-7-1, 2 2002年9月
III-7-3 Tietz 1999, S. 69
III-7-4 Stölzl 1993, S. 162
III-7-5 中郷良子 2006年8月
III-7-6 Süddeutsche Zeitung, 12. 11. 2009
III-8-1～3, 5 2002年9月
III-8-4 ガイス 2008, 表紙
III-9-1～5, 7 2002年9月
III-9-6 Kaufmann 1938, S. 20
III-10-1～4 2005年8月
III-10-5, 6 2006年8月
III-10-7 Tietz 1993, S. 50
III-10-8 Tietz 1993, S. 60
III-11-1～4 2004年8月
III-11-5 Hartwig 2004, S. 87
III-11-6, 7 1997年9月
III-12-1～7 2005年8月
III-13-1, 2 1997年10月
III-13-3 Tagesspiegel, 17. 11. 2003
III-13-4, 6 2006年8月
III-13-5 Gidal 1997, S. 314
III-14-1 1998年8月

III-14-2 2004 年 8 月
III-14-3 1996 年 9 月
III-14-4 Tiez 1999, S. 8
III-14-5 Tiez 1999, S. 125
III-14-6 Götze 1998, S. 190
III-14-7 Tiez 1999, S. 204

IV-1-1 Kunze-Ott 1994, S. 67
IV-1-2 Kunze-Ott 1994, S. 69
IV-1-3 Vierneisel 1991, S. 54
IV-1-4 Vierneisel 1991, S. 51
IV-1-5 Vierneisel 1991, S. 41
IV-1-6 2003 年 9 月
IV-2-1, 2, 4〜6 2006 年 8 月
IV-2-3 Tietz 1999, S. 178
IV-3-1 Tietz 1999, S. 58
IV-3-2 Ades 1996, S. 12
IV-3-3 Ades 1996, S. 240
IV-3-4 Ades 1996, S. 30
IV-3-5 Nerdinger 1993, S. 150
IV-4-1 Ogan 1992, S. 140
IV-4-2 2004 年 8 月
IV-4-3 Dietzfelbinger 2004, S. 77
IV-4-4 Schmidt 2002, S. 19
IV-4-5 Schmidt 2002, S. 20
IV-4-6 Schmidt 2002, S. 21
IV-5-1 Kluge 1999, S. 14
IV-5-2〜5 2005 年 9 月
IV-6-1 Rostock 2006, S. 2
IV-6-2 Rostock 2006, S. 44
IV-6-3 Schütz, 1996, S. 12
IV-6-4 Schütz, 1996, S. 144
IV-6-5 1998 年 8 月
IV-6-6 Schütz, 1996, S. 8
IV-7-1 Klein 2004, S. 45
IV-7-2 Dokumentationsarchiv 2006, S. 32
IV-7-3〜5 2003 年 9 月
IV-8-1 1997 年 10 月
IV-8-2 Bauer 2002, S. 319
IV-8-3 Große Deutsche Kunstausstellung 1937, 表紙
IV-8-4 Barron 1992, S. 56
IV-8-5 Barron 1992, S. 357
IV-8-6 Barron 1992, S. 385
IV-8-7 Die Stiftung Schloss Neuhardenberg 2006, S. 108
IV-9-1 福士 2003, 112 頁
IV-9-2 Wilhelm Lehmbruck Museum 1992, S. 10
IV-9-3, 4 2006 年 8 月
IV-9-5 福士 2003, 103, 4 頁
IV-10-1 Barron 1992, S. 51
IV-10-2 Barron 1992, S. 317
IV-10-3 Gall 1998, S. 280
IV-10-4 Cullen 1999, S. 208
IV-10-5 Wübbena 2001, S. 53
IV-10-6 2005 年 8 月
IV-11-1 Fischer 1999, S. 64
IV-11-2 Fischer 1999, S. 61
IV-11-3 Fischer 1999, S. 168
IV-11-4 2002 年 9 月
IV-12-1, 2 Plagemann 1986, S. 140
IV-12-3 Plagemann 1986, S. 155
IV-12-4, 5 1997 年 9 月
IV-13-1 京都国立近代美術館 2006, 150 頁
IV-13-2, 3 京都国立近代美術館 2006, 151 頁
IV-13-4 1997 年 9 月
IV-13-5 絵ハガキ（Deutscher Kunstverlag）
IV-13-6 2005 年 8 月
IV-13-7 2009 年 6 月

V-1-1 2001 年 8 月
V-1-2 Heise-Schirdewan 1991, S. 13
V-1-3 Heise-Schirdewan 1991, S. 16, 7
V-1-4 Potsdamer neueste Nachrichten, 21. 07. 2010
V-1-5 2010 年 9 月
V-2-1〜3 1992 年 9 月
V-2-4, 5 2002 年 9 月
V-3-1, 2 1992 年 3 月
V-3-3〜5 2007 年 10 月
V-4-1, 2 1996 年 9 月
V-4-3, 4, 6 2005 年 8 月
V-4-5 Stölzl 1993, S. 172
V-5-1〜4 1992 年 3 月
V-5-5, 6 2006 年 8 月
V-6-1〜3 2006 年 9 月
V-6-4 1994 年 9 月
V-7-1, 3 2009 年 7 月
V-7-2 1996 年 9 月
V-7-4 1992 年 1 月
V-8-1, 2 1997 年 9 月
V-8-3 Bundeszentrale für politische Bildung 1987, S. 493
V-8-4, 5 1992 年 3 月
V-9-1, 3, 4 2003 年 9 月
V-9-2 Reichel 1995, S. 227
V-10-1〜7 2005 年 9 月
V-11-1 Stölzl 1993, S. 77
V-11-2 Akademie der Künste Berlin 1993, S. 63
V-11-3 Vorholt 2001, S. 50
V-11-4 Tietz 1993, S. 85
V-12-1 1992 年 3 月

V-12-2, 3 2004年8月
V-12-4 Volksbund Deutsche Kriegsgräberfürsorge(以下 VDK)Berlin 2000, S. 87
V-12-5 2005年9月
V-13-1 Gretzschel 2004, S. 99
V-13-2, 3 2006年9月
V-13-4, 5 2009年7月
V-14-1, 3 2003年11月
V-14-2 1987年12月
V-14-4 Stiftung Gedenkstätte Buchenwald 2001, S. 6
V-14-5 Deutsche Akademie der Künste o.J., Tafel 14
V-15-1～3 1996年8月
V-15-4, 5 1992年3月
V-15-6 VDK Berlin 2000, S. 55
V-15-7 2009年8月
V-15-8 2004年8月
V-16-1, 2 1997年10月
V-16-3, 4 2003年9月
V-17-1 2006年8月
V-17-2, 3 1992年3月
V-17-4, 5 1997年10月
V-18-1 2004年8月
V-18-2 Settele 1996, S. 30
V-18-3 2002年9月
V-19-1, 2, 7 1992年3月
V-19-3～6 2004年8月
V-20-1 1992年3月
V-20-2～5 2004年8月
V-21-1～7 1992年3月
V-22-1, 2, 4, 5 1993年8月
V-22-3 Rapopart 2003, S. 82

VI-1-1, 3 Naomi Araiwa 2008年1月
VI-1-2 2009年6月
VI-1-4 Gall 1998, S. 177
VI-1-5, 6 2005年9月
VI-2-1, 2, 5 2002年9月
VI-2-3 Gympel 1998, S. 14
VI-2-4 VDK Berlin, 2000, S. 65
VI-2-6 2007年10月
VI-3-1～3 2005年9月
VI-3-4～6 2004年8月
VI-4-1, 2 VDK Berlin 2000, S. 69
VI-4-3, 4 2002年9月
VI-4-5 2009年9月
VI-4-6 2006年9月
VI-5-1 2006年8月
VI-5-2 Akademie der Künste Berlin 1993, S. 14
VI-6 2006年8月
VI-7-1, 3 2003年11月
VI-7-2 VDK Berlin 2000, S. 52
VI-7-4 2006年8月
VI-8-1 2001年8月
VI-8-2 2006年8月
VI-8-3 2009年6月
VI-8-4, 5 2003年11月
VI-9-1, 2 2002年9月
VI-9-3～7 2004年8月
VI-10-1～3 1996年8月
VI-10-4 グロースベーレン村職員より
VI-10-5 2003年11月
VI-10-6 2004年8月
VI-11-1, 2 1987年12月
VI-11-3, 5 2009年9月
VI-11-4 2010年9月
VI-12-1, 2 2003年9月
VI-12-3 2009年7月
VI-12-4 2006年8月
VI-12-5, 6 2007年10月
VI-12-7 2009年8月
VI-13-1 2011年9月
VI-13-2, 4, 5 2006年9月
VI-13-3 Stiftung Topographie des Terrors 2010, S. 12
VI-14-1～3 2009年9月
VI-14-4, 5 2002年9月
VI-14-6 Braun 2002, S. 53
VI-14-7 2009年5月
VI-15-1～5 2002年9月
VI-15-6 2006年9月

VII-1-1 Rerup 1982, S. 90
VII-1-2～9 1996年8月
VII-2-1 Ostwald 1994, S. 62
VII-2-2 Ostwald 1994, S. 64
VII-2-3 Ostwald 1994, S. 164
VII-2-4 Ostwald 1994, S. 38
VII-2-5 Reinartz 1991, S. 101
VII-2-6 1996年8月
VII-3-1～3 1996年8月
VII-3-4 1992年9月
VII-4-1 Stolz 2010, S. 88
VII-4-2 絵ハガキ
VII-4-3～6 1996年8月
VII-5-1 Mikkelberg u.a. Museumsverein 1993 (以下 Museumsverein), S. 90
VII-5-2 1996年8月
VII-5-3 Museumsverein, S. 156
VII-6-1～4 1996年8月
VII-7-1～4 1996年8月

VII-8-1　Museumsverein, S. 101
VII-8-2　Museumsverein, S. 104
VII-8-3　2007 年 10 月
VII-8-4　2011 年 9 月
VII-8-5　1996 年 8 月
VII-8-6　木村 2004, 10 頁

注

序章

(1) 岩崎「記憶と想起の概念に関する一試論」. 同「シモニデス・サークル」; 同「歴史学にとっての記憶と忘却の問題系」. アルヴァックス『集合的記憶』; ハットン「現代史学における記憶の位置づけ」; Hutton 1993. ドイツにおける「歴史と記憶」についての議論として, アライダ・アスマンの研究が注目される. アスマンの専門は歴史学ではなく文化研究であり, 古代エジプト学者である夫のヤン・アスマンと共に文学, 芸術を含めたヨーロッパ文化を広く対象として, 多面的, 精力的に議論を展開している. アスマン『想起の空間』; 同『記憶のなかの歴史』; Assmann 2006.

(2) Assmann 1992, S. 51.

(3) ノラ『記憶の場』. 1/2/3, 参照, 谷川「「歴史と記憶」を考える」; 谷川「ノラ編『記憶の場』」. ドイツでは, Nipperdey 1968 が, 記念碑研究が注目されるきっかけとなった. ノラ『記憶の場』を受けて, ドイツでは François 2001, 3 Bde.（シュヴェントカー「集合的記憶とナショナル・アイデンティティー」）が, オーストリアでは Brix 2004/5, 3 Bde.; Csáky 2001; Csáky 2003; Vasak 2004 が出版された.

(4) ノラ「コメモラシオンの時代」, 427–28 頁.

(5) 松本「書評　ノラ編『記憶の場』」. その後, フランス, スペインでは歴史記憶法と関係して議論が展開している. 特集「記憶と歴史」『Quadrante』2, 3, 4, 5, 6, 10, 11.

(6) ルービン「いま文化史とは何か」, 129 頁.

(7) 古厩「「感情記憶」と「事実記録」を対立させてはならない」.

(8) モーリス＝スズキ「記憶と記念の強迫に抗して」, 38 頁以下. アンザック・デイについて, 津田『戦争の記憶とイギリス帝国』, 60 頁以下, 102 頁以下, 155 頁以下.

(9) モーリス＝スズキ「グローバルな記憶・ナショナルな記述」, 51 頁.

(10) モーリス＝スズキ「記憶と記念の強迫に抗して」, 39 頁.

(11) ノラ『記憶の場』は当初, ドイツに Gedächtnisorte と訳されて紹介されたが, ドイツでの企画は Erinnerungsorte として出版された. François 1995, S. 33.

(12) 若尾／羽賀『記録と記憶の比較文化史』[松本「書評」]; 若尾『歴史の場』.

(13) フット『記念碑の語るアメリカ』, 7 頁.

(14) 日本とアジアにおいても,「過去」の歴史は直接に政治と深く関わりつつ議論されてきた. しかし「感情記憶」と「事実記録」をめぐる議論が象徴するように, 日本政府が日本の軍事侵略と戦時暴力の歴史的事実の認定そのものをあいま

いにし続けてきたために，「歴史認識問題」とならざるをえず，「記憶，記録，記念」についての議論は発展しなかった．

日本語には「記念」と同じ「きねん」という音で「祈念」という言葉がある．「祈り念ずる」ことで「記念」とは意味を異にする．1988 年，日本政府は「平和祈念事業特別基金」を設立した．「基金等に関する法律」（1988 年法律第 66 号）は，第一条でこの法律に関わる「関係者」を「恩給欠格者（旧軍人軍属であって年金たる恩給又は旧軍人軍属としての在職に関連する年金たる給付を受ける権利を有しない者）」「戦後強制抑留者」「引揚者」の三者としている．この基金は，手厚い恩給を受けている旧日本軍関係者の近くにいながら補償を受けられなかった人々のみを対象とした国内向けの政治的措置で，日本とアジアにおける戦争の記念を広く問題にしたものではない．東南アジアでの戦争記念碑を問題にしたものとして，早瀬『戦争の記憶を歩く』．日本とドイツの戦後比較について，［第五章注（5）］．

（15） ホブズボーム『市民革命と産業革命』; 同『資本の時代』; 同『帝国の時代』; 同『20 世紀の歴史』．

（16） 岩崎「記憶と想起の概念に関する一試論」，68 頁．もっとも「ナショナル・ヒストリー」は捨てることができるのか，捨てなければならないのか，については議論があろう．例えば佐藤卓己は，「国民主義がすべて否定されるべきでないように，国民史もなくてよいものではない．公義輿論の前提となる共通の記憶は，もしなければ創った方がよいとさえいえるだろう．国民史を「超える」ためにも，国民史は必要だと私は考えている」としている（佐藤『歴史学』，70 頁）．国民国家は他との関係において形成される．国民史を超えるためには，まず国民と国民史の成立，特にドイツではその重層性を問題にしなければならない．そのためにも「トランスナショナル」［262 頁］が重要な論点になる．

（17） Deutsches Historisches Museum/ Deutsches Rundfunkarchiv, *Hymnen der Deutschen*（2CD）, Deutsches Historisches Museum, 1998（音映像資料）.

（18） Tümmler 1979, S. 11f.

（19） Sheehan 1981.

（20） それらの諸国家は邦 Land，その「諸国家の国民」は種族 Stamm と呼ばれた．ヴァイマル憲法にも前文に「ドイツ国民は諸種族が一つになり」とある．Hürten 1995, S. 61．現在でも，ドイツの州の原語は Land である．［〈解放堂 **0-9-4**〉における「ドイツ諸国家の国民」＝種族，34 頁］．

（21） ナチズム後のドイツでは，「ドイツ文化国民」概念に慎重にならざるをえない．例えばオットー・ダンは「文化国民」概念を厳しく批判している．松本「書評 ダン『ドイツ国民とナショナリズム』」．

（22） 「中欧」がどこか，については，「中欧」と「中央ヨーロッパ」の区別も含めて，多様な議論がある．板橋『中欧の模索』; 大津留『中央ヨーロッパの可能性』; ル・リデー『中欧論』;「「中欧」とは何か」，『思想』1056.

（23） 松本「ドイツ史における帝国＝国民国家の理念と現実」．

（24） Herb 1997, p. 108. 同様の地図が多く描かれた．「ドイツ民族地域とドイツ文化地域」と題された地図（Herb 1997, p. 57）では，ドイツ民族の居住地域が

「ドイツ民族地域」，その間の他民族地域や混住地域が「ドイツ文化地域」とされている．それらの地図について，植村「「ドイツ」東方をめぐるネーション意識と「学問」」；シェットラー『ナチズムと歴史家たち』，276 頁．

(25)　ポラニー『大転換』，6 頁．

(26)　松本「方法としての「国民国家と帝国」」．

(27)　キューネ『男の歴史』；モッセ『男のイメージ』；[第一章注（38)]．

(28)　ホフマン『市民結社と民主主義』；モッセ『大衆の国民化』；Düding 1988.

(29)　美術史（建築史，美学を含む）からの記念碑研究として，大原『ドイツの国民記念碑』；長谷川『芸術と民族主義』；水田『美的思考の系譜』；Scharf 1983a; Scharf 1983b; Scharf 1984; Schlie 2002; Mittig 1972.

(30)　フリードレンダー『ナチズムの美学』；モル『キッチュの心理学』．

(31)　Koselleck 1994 は，戦士記念碑と戦死者祭祀を社会史的に分析し，その後の研究に大きな影響を与えた．Lurz 1985–87, 5 Bde. は戦士記念碑の詳細な通史．戦争記憶の比較史として，関沢『戦争記憶論』．

(32)　木下『世の途中から隠されていること』．

(33)　文学史，音楽史，美術史において，「受容者」である読者，聴衆，観者の研究が盛んになっている．

(34)　杉本「モニュメント研究の新地平」．

(35)　カー『歴史とは何か』，40 頁．「歴史とは歴史家と事実との間の相互作用の不断の過程であり，現在との間の尽きることを知らぬ対話なのです」．

第一章

(1)　テイラー『近代ドイツの辿った道』，35 頁以下（Taylor 1976, pp. 37ff.）．

(2)　Hagemann 2002; Planert 2007.

(3)　ベルリンの記念碑について［本書全体に関係するものをまとめた］，シュタインガルト『ベルリン』；Braun 2002; Buddensieg 1999; Casper 2003; Cobbers 2002; Heesch 2003; Hübner 1997; Kopleck 2007; Volksbund Deutsche Kriegsgräberfürsorge Berlin 2000.

(4)　ウィーンの記念碑について［同上］，Kapner 1969; Klein 2004; Settele 1996.

(5)　Ahrenhövel 1991; Krenzlin 1991.

(6)　オークはドイツを代表する木とされ，現在のコインにも葉の文様が刻まれている．「オークの葉の冠」は月桂冠に代わるドイツの勝利の象徴，ゲルマーニアの冠 **II–6–1, 2, 4** となり，第一次世界大戦後，〈新衛兵所〉に銀製の「オークの葉の冠」**0–3–4** が置かれた．オークは樫と訳されることもあるが，常緑樹の樫とは異なる落葉樹の楢科の樹木で，柏と訳されることもある［〈新衛兵所〉の説明文 **VI–6**］．鉄十字の中心に置かれているのもオークの葉である．「鉄十字」はドイツ騎士団以来の伝統を持ち，解放戦争以後は勲章として用いられ，現在のドイツでも軍の標章とされている．

(7)　*Berlin–200 Jahre Brandenburger Tor*（VHS），Spiegel TV, 1991（音映像資料）．

(8) Stölzl 1993. 1990年以降の論争について，［第六章注（16）］.

(9) 1945年以後に撤去され，東ドイツ時代の1964年に復活したが，場所が移った．Schulz 1974, S. 28.

(10) 1945年以後に撤去され，しばらくポツダムに置かれていたが，1980年にウンター・デン・リンデンに復活した．Landesdenkmalamt Berlin 2001, S. 36ff.

(11) Nungesser 1987.

(12) プント『建築家シンケルとベルリン』.

(13) ウィーンの王宮には多くの門があり，この門は正式には「外側城門」と呼ばれるが，本書では〈城門〉とする．

(14) Kunze-Ott 1994.

(15) Bringmann 1972; Weidner 1996.

(16) Hils-Brockhoff 1998; Klemm 2007.

(17) グラーツはシュタイエルマルク州の州都で，大公ヨハンは革命後に帰郷し，産業育成と文化振興に努めた．市庁舎前に大公の立像がある．佐藤「連邦制ヨーロッパの郷土意識」.

(18) 「歌う者」とは合唱団員のことで，当時は男声合唱が混声，女声以上に盛んだった．Klenke 1998, S. 69ff.; 松本「19世紀ドイツにおける男声合唱運動」.

(19) 2002年以降，〈ドイツ大聖堂〉にはドイツ連邦議会による議会制民主主義の歴史についての常設展示がある．Deutscher Bundestag 2002．連邦議会がボンからベルリンに移る前は，連邦議会の「ドイツ史への問い」と題した常設展示（Gall 1974）が「ベルリンの壁」に接する〈旧帝国議会議事堂〉にあり，多くの観光客が訪れた．

(20) Hettling 1998.

(21) 林「1848年革命の100年」.

(22) Scharf 1984, S. 190f.

(23) 1848年革命の犠牲者は〈シュメルツァー墓地〉に埋葬され，1864年には同墓地に記念碑が建てられた．この時，記念日をいつにするか決められず，題字が彫られたのは1867年だった．〈シュメルツァー墓地〉の廃止に伴い，墓と記念碑は1888年に〈ウィーン中央墓地〉へ移され，1898年に革命50年を記念する行事が行なわれた．Böck 1998, S. 140ff.

(24) Bundesarchiv Außenstelle Rastatt 2002.

(25) Buddensieg 1999, S. 169.

(26) Demmer 2003, S. 64ff.

(27) Leipziger Geschichtsverein 2009, S. 17, S. 22.

(28) 松本「19世紀のドイツ統一とコーブルク」.

(29) ランゲヴィーシェは〈ヤーン像〉を〈戦勝柱〉と比較している．「ヤーン像の除幕式の時には，国境を越えた国民を追い出してしまうような国民についての新しい理解は，まだ前面に出ていなかった．世界中の体操協会の支部が，記念碑の台座の石を送った．すべてのドイツの「ガウ」［ゲルマン時代のドイツの地域単位］から石が送られ，さらに，ブエノスアイレス **I-6-6**，プラハ，ジーベンビュルゲン［現ルーマニア領］のクローンシュタット，そしてワシントン **I-6-7**，

ニューヨーク，セントルイス，ペンシルヴァニア，マニラ，メルボルンからも石が届いた．そのうちの幾つかはドイツ人の移民によって設立され，自ら「ドイツ人の体操協会」と名乗った．［中略］石塊の台座は「たとえ祖国に暮らしていようとも，遠く離れたところや外国で暮らしていようとも，すべてのドイツ人の体操協会員が精神的に共通なものに属している，ということの目に見える証」と考えられた」．Langewiesche 2000, S. 98；松尾『ドイツ体操祭と国民統合』，109頁以下；小原『フォルクと帝国創設』，156頁以下．

(30)　上部が丸い碑にはナポレオン軍の，上部が角ばった碑には連合軍の将軍と兵隊数が刻まれた．Apel 1863.

(31)　Settele 1996, 104f.; Scharf 1983a, 299f.

(32)　Gemeinde Heldenberg o.J.; Scharf 1983a, S. 187ff.; Scharf 1984, S. 203ff.

(33)　Fischer 1991; Scharf 1983a, S. 182ff.

(34)　48年後の1919年，第一次世界大戦の敗戦国ドイツの戦後処理をめぐる国際会議は，フランスのクレマンソー首相がホストを務め，同じ鏡の間で，ドイツ帝国が成立した「1月18日」に開催された．君塚『近代ヨーロッパ国際政治史』，328頁．20世紀の二つの大戦の休戦条約で用いられた〈コンピエーニュの客車〉について，［第三章注（13）］．

(35)　松井『独仏対立の歴史的起源』，195頁．

(36)　Kretzschmer 2006; Scharf 1983a, S. 210f.

(37)　Rauschensteiner 2000; Scharf 1983a, S. 204f.; Scharf 1984, S. 195f.

(38)　星乃「国民づくり・男づくりと軍隊・宮廷」；Frevert 1997.

(39)　Lurz Bd. 2 1985, S. 168ff.

(40)　*Reichsgesetzblatt*, 1871 Nr. 26, S. 233.

(41)　フット『記念碑の語るアメリカ』，9頁以下，119頁以下（高木八尺／斎藤光訳）．南北戦争によって国立墓地システムが作られ戦死者を讃えることが国家の義務となった．さらにホイットマンが指摘したように，南北戦争で初めて「無名」に「意味」が与えられた．ファウスト『戦死とアメリカ』，116頁．

(42)　Alings 1996, S. 153ff.; Scharf 1983a, S. 58f.

(43)　Götz 1999.

(44)　Cullen 1999.

(45)　Flocken 2000; Casper 2001.

(46)　大原『ドイツの国民記念碑』，78頁以下；Scharf 1983a, S. 260f.

(47)　Otto 1999, S. 545ff.

(48)　Brunner 1991.

(49)　Kutz 1993.

(50)　1914年に第一次世界大戦が始まると，ドイツ軍は空爆でフランス，ランス大聖堂を破壊した．多くのヨーロッパの知識人がドイツに対する抗議声明を発表し，作者ホドラーも署名した．イエナ大学はその報を受け，壁画を板で覆ってしまった．潮木『ドイツの大学』，13頁以下，295頁以下．

(51)　大原『ドイツの国民記念碑』，91頁以下；Friz 1991; Mai 1997.

(52)　19世紀のシュタウファー・ルネサンスについて，阿部「偽皇帝伝説覚え

書」; 西川「皇帝は死なず」.
(53) Seele 2005.
(54) キューナスト「ルイーゼ王妃」.
(55) 木谷「1813年-1913年」; Keller 1995; Stadtgeschichtliches Museum Leipzig, 2003. 図3は, Tittel 1985, 図版を元に筆者作成.
(56) 長谷川『芸術と民族主義』, 97頁以下.
(57) ライプツィヒにある諸国民会戦の多くの墓と記念碑について, Münch 2000; Poser 2008.
(58) 100年祭は様々な立場から行なわれた. 特に10月11, 12日, ヴァンダーフォーゲルや学生団体などが開催した自由ドイツ青年大会＝マイスナー大会は, 体制側の100年祭への対抗運動として注目される. 上山『世紀末ドイツの若者』, 91頁以下.
100周年から30年後の1943年, スターリングラード (現ヴォルゴグラード) の攻防戦は第二次世界大戦の転換点となった.「白バラ抵抗運動」の最後のビラには, 次のように書かれている.「ドイツ民族は, 1813年にナポレオンを破った時と同様に, 1943年の今, われわれが精神の力をもって, ナチのテロを打破することを期待している. [中略] スターリングラードの死者たちがわれわれに懇願している.「わが民よ, 立ち上がれ, 狼煙が上がっている」」. ブライナースドルファー『「白バラ」尋問調書』, 32頁.
(59) 以下のウィーンの三つの記念碑について, Scharf 1984, S. 216; Settele 1996, S. 46f, S. 84f.
(60) Kralik 1913, S. 126.
(61) Leipziger Geschichtsverein 1998, S. 152.

第二章

(1) 一般には前の三つが問題にされる. Scharf 1984, S. 4ff. 19世紀における記念碑の概念について, 三島「生活世界の隠蔽と開示　上」, 104頁以下; Trugenberger 2002. 19世紀以前を対象とした研究として, Dunk 1999.
(2) 朝山「3つの『デンクメーラー』に見るドイツ音楽史」.
(3) 若尾「近代ドイツの地域文化と歴史協会」.
(4) 種田「都市と博物館, 都市の博物館」; 松宮『ミュージアムの思想』.
(5) 赤坂「ドイツの国土美化と郷土保護思想」.
(6) 竹中「文明批判としての「郷土」」.
(7) フォルケル『バッハ小伝』, 6, 11頁 (Forkel 1974, S. 7f., S. 13).
(8) 2005年に開館した移民博物館について, 近藤「海外移民記念館」; Schlutow 2008.
(9) ブルーベイカー『フランスとドイツの国籍とネーション』.
(10) マイネッケ『世界市民主義と国民国家　1』, 6頁.
(11) 高橋『博物館の歴史』, 310頁以下.
(12) Das Germanische Nationalmuseum 1860, S. 1-6.

(13)　西川「国家イデオロギーとしての文明と文化」.
(14)　棚橋「48年革命とケルン大聖堂建設祭」; 室井「「国民」のプロジェクトとしてのケルン大聖堂」.
(15)　ハイネ『冬物語』, 33頁以下.
(16)　アルザスの中心都市で現在はフランス領のストラスブール（フランス語）, シュトラスブルク（ドイツ語）, シュトロースブーリ（アルザス語）は, 多言語, 多文化の地域（内田『ストラスブールの歴史』）であり, ゲーテはここで「ドイツの建築」を発見した. その後, この西部の国境地域は戦場となり, 国境移動が繰り返され, 強引に政治的な歴史解釈が行なわれた. 1960年代以降, ヨーロッパ統合の中で, 特にSaar-Lor-Lux（ドイツのザールラント州, フランスのロレーヌ地方, ルクセンブルク）では, 国境を越えた経済的, 文化的連携を強め, 地方史の再検討が進んでいる. この地方の19世紀以来の記念碑, 歴史的建造物の歴史をCD-ROMにまとめたものとして, Hudemann, Rainer（Hg.）, *Stätten grenzüberschreitender Erinnerung. Spuren der Vernetzung des Saar-Lor-Lux-Raumes im 19. und 20. Jahrhundert*（CD-ROM）,（ISBN 3-00-010815-7）, 2004（音映像資料）.
(17)　ゲーテ「ドイツの建築」, 304, 308頁.
(18)　Benner 2003.
(19)　宗教改革時代に作られた記念碑, 記念碑的建造物の修復, 復興について, Mittig 1984; Weber 1972.
(20)　Rößling 1988, S. 161ff.
(21)　東ドイツでは農民戦争の指導者トーマス・ミュンツァーが重視され, 多くの記念碑が建てられた. Rommel 1989.
(22)　コッペルカム『幻想のオリエント』, 199頁.
(23)　Simon 1995.
(24)　グーテンベルクはマインツに生まれ, ストラスブールで活字印刷の研究をし, その後マインツに戻った. 1840年は「活字印刷発明400年」の年とされ（当時はそのように考えられていた）,「ライン危機」で独仏間の緊張が高まる中, ストラスブールにもグーテンベルク像が建てられ, 除幕式が盛大に行なわれた. 内田『ストラスブールの歴史』, 200頁.
(25)　大原『ドイツの国民記念碑』, 24頁以下.
(26)　ブッフ『ベートーヴェンの『第九交響曲』』. ブッフは1845年のボンにおける〈ベートーヴェン像〉除幕式は, 国を越えて音楽界でかつてない規模の出来事となったとして,「これより3年前に大聖堂の建築開始［再開］を大々的に祝った隣のライバル都市ケルンとは事情が違う」小都市ボンでの祝祭を詳細に分析している（167頁）. この行事のためにリストは《ボンのベートーヴェン記念碑除幕式のカンタータ》を捧げ, 自ら指揮をした.一方, 音楽総監督マイヤーベーアは《ヴィクトリア女王のためのカンタータ》を披露した. 祝典はプロイセン国王夫妻, イギリス女王ヴィクトリアと夫君アルバート公が参加した外交イベントだった.
　また, ブッフはその前提となった当時の状況について, 以下のように説明して

いる（148頁）.「音楽家のために記念碑を建てるという発想は大変珍しかった．［中略］産業革命と結びついた近代化のプロセスにのって，こうした記念建築物の建立は地方の問題意識に根を下ろす．やがてそれは，彫刻で飾られた文化国家の万神殿として見事に開花し，文化国家はドイツ帝国建国までのドイツでアイデンティティーのための主たる様式となる．音楽家の最初の像は，ザルツブルクのモーツァルト像で，1842年に作られた」．

(27) ヘンデルはハレで生まれ，ロンドンで没し，1859年は没後100年だった．記念碑の背面には「ドイツとイギリスの崇拝者たちによって建設された」とある．墓はウェストミンスター寺院にあり，1859年にはロンドン万博でも記念行事が盛大に行なわれた．

(28) 1850年にできたヴァイマルの立像を元にした胸像で，ヘルダーがリガに来てから100年を記念して，1864年に除幕された．Vilcina 2005．リガには他に，バッハの弟子で18世紀にリガで活躍したミューテル，19世紀にリガの劇場の指揮者だったヴァーグナーの記念のプレートもある．リガは当時ロシア領だったが，バルト海沿岸地域に住むバルトドイツ人と，北部，中部ドイツとの交流は盛んだった．

(29) Johler 1995, S. 185ff.

(30) 小林『バッハ復活』；松本「バッハ復興の芸術史」．

(31) ブルーメ「新しいバッハ像の輪郭」．

(32) ペッツォルト『バッハの街』，286頁以下；Rothe 1977, S. 14ff.; Wollny 2004.

(33) ペッツォルト『バッハの街』，18頁；Rudloff 1977, S. 5ff.; Oefner 1984.

(34) ペッツォルト『バッハの街』，289頁以下；Rothe 1977, S. 32ff.

(35) Kresse 1985, S. 81ff.

(36) Hebecker 1985, S. 70ff.; Schloßmuseum Arnstadt 2000, S. 182f.

(37) もともとは，〈ニーダーヴァルト記念碑 **II-6-1**〉が「国民記念碑」として計画され実現された［41頁］ためにそう呼ばれたが，その後，重要な記念碑は「国民記念碑」とされるようになる．19世紀にはヨーロッパの諸国民が「国民の神話」を必要としていた．ヤイスマン『国民とその敵』；Flacke 1998; Jeismann 1992; Koch 1991; Rausch 2005．第一次世界大戦後も〈タンネンベルク記念碑 **III-14-4, 5**〉や，〈シュラーゲター記念碑 **IV-3-1**〉は「国民記念碑」とされる．

(38) Echternkamp 2002; Laumann-Kleineberg 1989.

(39) 大原「国民記念碑としてのヴァルハラ」；大原『ドイツの国民記念碑』，33頁以下；Traeger 1991.

(40) オズーフ「パンテオン」；長井『歴史がつくった偉人たち』．こちらは墓廟であるが，〈ヴァルハラ〉は墓ではない．

(41) ドイツ，フランス，イギリスにおける「偉人の廟」の比較として，Völcker 2000.

(42) 曽田『人文主義と国民形成』；Butler 1948; Hauser 1990.

(43) 大原『ドイツの国民記念碑』，63頁以下；坂井「「トイトブルクの森の戦い」戦場跡発見に寄せて」2001；プレスナー『ドイツロマン主義とナチズム』，107頁以下；南川「古代ローマ帝国と近・現代ヨーロッパの自己理解」；Kesting

1984; Lux-Althoff 2001; Tacke 1995.

(44)　序章注（20）.

(45)　本章注（51）.

(46)　Steiger 1991．本章注（1）で紹介したTrugenberger 2002は，19世紀の記念碑，記念碑的建造物を〈ホーエンツォレルン城〉〈ヴァルトブルク〉などの城の再建と共に論じている．ポーランド領内にあるドイツ騎士団の城〈マリーエンブルク〉も世界遺産に登録されているが，「中世ドイツの遺跡」である以上に「19世紀のドイツ統一の記念碑」だった．ドイツ騎士団領は宗教改革の嵐の中で1525年に世俗化され，プロイセン公国が成立した．1701年にはプロイセン王国となり，ドイツを牽引していく．1806年，つまり神聖ローマ帝国が崩壊した年に，廃墟になっていた〈マリーエンブルク〉の修復再建事業は開始され，1871年のドイツ帝国成立後に本格化した．一方，ハプスブルク家は反宗教改革運動に関わる中で騎士団の支配権を掌握し，その組織を1834年に再建した．19世紀初頭，プロイセンはウィーンの騎士団総長にも修復再建事業への協力を要請したが，騎士団はプロイセンの世俗化を承認しておらず，協力を拒否した．しかし，1912年のクリスマス，皇帝ヴィルヘルム二世が列席した修復記念祭にはウィーンから3人の会士が参列し，修復を皇帝に感謝した．阿部『ドイツ中世後期の世界』，441頁以下．

(47)　ヴァーグナー『わが生涯』，259頁．

(48)　大原『ドイツの国民記念碑』，78頁以下；若桑『イメージの歴史』；Brandt 2010; Plessen 1996; Warner 2000.

(49)　アギュロン『フランス共和国の肖像』，7頁．

(50)　松本「海を渡った自由の女神」；若桑『イメージの歴史』，241頁以下．

(51)　〈自由の女神〉の制作者，彫刻家フレデリク・オーギュスト・バルトルディは1871年にドイツ領となるエルザス（アルザス）のコルマール出身で，独仏戦争の戦没兵士のための〈無名兵士の墓〉や〈ベルフォールのライオン〉を作り，晩年には，ヘルマンと対比されるフランスのガリアの英雄〈ヴェルサンジェトリクス像〉（1903）をクレルモン＝フェランに建設している．

(52)　篠原「ミヒェルとゲルマーニア」；モッセ『大衆の国民化』，25頁．

(53)　佐藤『大衆宣伝の神話』，138頁以下．

(54)　モッセ『ナショナリズムとセクシュアリティ』，199頁以下．

(55)　Casper 2003; Flocken 2000, S. 134f., S. 153.

(56)　バッハの死から約100年後に描かれたこの絵画（ベルリン・新ナショナルギャラリー蔵）は，記録に基づいて当時の人物を大王のまわりに配し，音楽家フリードリヒ大王のイメージを広く伝えることになった．Hermand 1988.

(57)　モッセ『大衆の国民化』，192頁．

(58)　Settele 1996, S. 142. ウィーン男声合唱協会によって設立された．

(59)　以下の音楽家像について，Settele 1996, S. 28f., S. 118., S. 34f., S. 118.

(60)　Leutheußer-Holz 2002, S. 10.; Rathgeb 2005.

(61)　モッセ『大衆の国民化』，98頁以下．モッセは，ミュンヘンでのシラー祭について説明している．「祝祭はいまや定番となった行列で開始され，［中略］ミュ

ンヘンではクレンツェの作った行列用の通りであるルートヴィヒ通りの終着点，将軍堂が使われた．約500名の学生による松明行列はこの記念碑の前で終わった．その回廊にはシラーの胸像が供えられており，行列が到着すると台座を取り巻くミュンヘン市の男声合唱団が歌い始めた」，Mikoletzky 1995.

(62)　Munz 1976, S. 61.

(63)　Casper 2003, S. 128ff.; Kister 2002, S. 46ff.

(64)　Mikoletzky 1995, S. 165ff.; Settele 1996, S. 137.

(65)　加藤『中欧の崩壊』.「世紀末」はドイツでは「世紀転換期」として意識された．ウィーンには「モデルネ」を象徴する記念碑的建造物が建てられ，ベルリンは「世界都市」として飛躍していく．

第三章

(1)　タックマン『八月の砲声』.

(2)　マクニール『戦争の世界史』，417頁.

(3)　山之内『総力戦と現代化』.

(4)　多木『戦争論』，3–5頁の以下の指摘を参照，「クラウゼヴィッツのもっとも有名な主題である「戦争は政治におけるとは異なる手段をもってする政治の継続にほかならない」も，疑問に付してよい．クラウゼヴィッツは戦争を政治の道具だと考えていた．だが戦争と政治をかくも容易に結びつけてよいものか？　この理論の影響あるいは呪縛はきわめて大きかった．時代によって戦争のやり方は変わったが，いまでも戦争は政治的駆け引きの道具と考えられている．だが，戦争を政治の道具と見なすことは間違っているのではないか？［中略］クラウゼヴィッツによる政治と戦争の連結を切り離し，戦争をもっと多元的な世界に開かねばならないことが明らかになる．戦争とは，政治，経済，文化等々がからみあっている歴史的文明の構図のどこかが崩壊したことではないのか？」．最近の戦争史研究におけるクラウゼヴィッツ批判について，石津「解説　人類は戦争に魅了されている？——戦争と文化」，256頁以下.

(5)　エクスタインズ『春の祭典』，148頁.

(6)　ホブズボーム『20世紀の歴史　上』，73頁（Hobsbawm 1995, p. 47）．二つの大戦の記念碑の相違について，テイラー『ヨーロッパ』，414頁以下.

(7)　Berding 2000; Winter 1995; Winter 2000; ベッケール『第一次世界大戦』.

(8)　オーストリア＝ハンガリーのロシアと西欧諸国への宣戦布告は，8月6日になって，ドイツの要請を受けて行なわれた．フィッシャー『世界強国への道　I』，102頁，123頁.

(9)　日本では学徒出陣は第二次世界大戦の末期だったが，第一次世界大戦のドイツでは戦争勃発時に多くの学生が志願兵として参戦した．ドイツでは18世紀には学生は兵役を免除されていたが，19世紀には兵制改革，教育改革によって，「財産と教養ある市民層」の特権としての志願兵が制度化され，解放戦争神話と共にエリートとしての市民層を象徴するものになっていく．寺澤「一年志願兵制度と学校教育」．解放戦争100周年について，［第一章注（58）］．表現主義の作家

たちの志願兵としての出征について，［153 頁以下］.
(10)　ヴィトコップ『ドイツ戦歿学生の手紙』，8 頁.
(11)　レマルク『西部戦線異状なし』.
(12)　同様のものとしてウィーンに 1915 年に作られた「鉄の男」がある．Diem 1995, S. XI.
(13)　1940 年，パリに侵攻したヒトラーは，同じ場所の，同じ〈コンピエーニュの客車〉の中で調印式を行ない，より厳しい条件をフランスに強い，休戦条約を締結した．客車はベルリンまで運ばれ公開されたが，1945 年に破壊された．フランスは 1950 年 11 月 11 日（第一次世界大戦休戦記念日）に複製を作り，元の場所に置いた．辻野『パリ・ロンドン　戦争と平和の旅』，101 頁．〈ブランデンブルク門〉の上の〈クワドリガ **I-1-1, 2, 3, 4**〉とヴェルサイユ宮殿鏡の間［第一章注（34)］が 19 世紀の独仏関係を象徴するように，〈コンピエーニュの客車〉は 20 世紀の独仏関係を象徴する記念碑となった.
(14)　Willms 1994.
(15)　松本「ドイツ史における帝国＝国民国家の理念と現実」，170 頁以下.
(16)　三宅「〈戦争の神話化〉〈戦争の記憶〉」；藤原『カブラの冬』，115 頁以下.「1918 年のトラウマ」から「国民の意に適った独裁」としてのナチズムの成立，展開について，アリー『ヒトラーの国民国家』，23 頁以下.
(17)　モッセ『英霊』，183 頁.
(18)　ハワード『ヨーロッパ史における戦争』，190 頁.
(19)　池田『虚構のナチズム』，357 頁.
(20)　Behrenbeck 1992, S. 351ff.
(21)　Hoffmann 2001, S. 78ff.; Mende 2004, S. 273ff.
(22)　撞木型十字について，Diem 1995, S. 98f., S. 273ff.《サウンド・オブ・ミュージック》のトラップ少佐はオーストリアの軍人でオーストリア・ファシストだった．映画のシーンにも撞木型十字が出てくる．増谷『図説オーストリアの歴史』，120 頁以下.
(23)　Biasi 1992.
(24)　《戦友》について，松本「ドイツ近代における自由と兄弟愛，そして友愛」，301 頁.
(25)　クラウス『人類最期の日々　下』，183 頁.
(26)　小林「クフシュタイン紀行」.
(27)　例えば，朝鮮戦争時のアメリカ軍の遺体識別作業は日本で行なわれ，多数の遺骨を調査することによって，身元の全くわからなかった戦没兵士の約 80 パーセントが正しく識別された．埴原『骨を読む』，43 頁.
(28)　日本では「無名戦士の墓」と表記されることが多いが，“A SOLDIER OF THE GREAT WAR” と刻まれた［**III-7-2**］ので，「無名兵士の墓」とする．ロンドンの〈無名戦士の墓〉について，［本章注（39)］.
(29)　アリエス『死を前にした人間』，491 頁以下.
(30)　モッセ『英霊』，98 頁以下.
(31)　アンダーソン『想像の共同体』，32 頁（Anderson 1991, p. 9).「無名兵士の

墓」の原文は “tombs of Unknown Soldiers”.
(32) 渡辺『司法的同一性の誕生』, 276 頁.
(33) 渡辺『司法的同一性の誕生』, 275 頁. 島川「慰霊と「国家への献身」」, 96 頁.
(34) モッセ『英霊』, 54, 88 頁；イギリスにおける戦争墓の成立について. 中村『悼惜之碑』, 148 頁以下.
(35) *Reichsgesetzblatt*, 1919 Nr. 190, S. 978.
(36) モッセ『英霊』, 167 頁.
(37) バン・デン・ダンジェン「フランダースにおける第一次世界大戦の記憶の 80 年間」, 87 頁.
(38) ギリシア語で「空の墓」を意味するが, 定冠詞をつけ, 語頭を大文字にした場合には, ロンドンのこの戦争記念碑を指す.
(39) ウェストミンスター寺院の記念碑は, 陸海空軍の兵士であることを明確にし, 古き戦士の伝統を強調するため「無名戦士の墓 THE TOMB OF THE UNKNOWN WARRIOR」と書かれた. Goebel 2007, p. 34.
(40) 佐々木「イギリスの戦争と帝国意識」. さらにイギリスにおける「記念の場」と記念日の成立, そしてオーストラリア, カナダにおける「戦争の記憶」の歴史を分析したものとして, 津田『戦争の記憶とイギリス帝国』.
(41) 小島「近代イギリスにおける戦争の記念・顕彰行為」, 221 頁以下.
(42) シュミット『政治的なものの概念』, 15 頁以下.
(43) モッセは「バイエルンの州都ミュンヘンは独自の無名兵士の墓を建てた」としている(『英霊』, 104 頁, Mosse 1993, S. 122) が, ミュンヘンの記念碑には兵士の遺体は埋葬されず, 〈戦士の栄誉の碑 **III-11-1, 2**〉と呼ばれた [115 頁].
(44) テイラー『近代ドイツの辿った道』, 204 頁. 1925 年に〈国際反戦博物館〉がベルリンにできるなど, 反戦運動も始まった. フリードリヒ『戦争に反対する戦争』.
(45) Lurz Bd. 3 1985, S. 111.
(46) Volksbund Deutsche Kriegsgräberfürsorge 2003. [本章注 (52)].
(47) 水野「英雄か, 犠牲か」; Österreiches Schwarzes Kreuz 1987; Giller 1992.
(48) Lurz Bd. 4 1985, S. 110.
(49) Kaufmann 1938.
(50) Klenke 1998, S. 181ff.
(51) Kaufmann 1938, S. 20.
(52) 両大戦の戦争墓があるドイツ国内の墓地の地図として, Volksbund Deutsche Kriegsgräberfürsorge o.J. ベルリンには 210 の戦争墓墓地がある. Volksbund Deutsche Kriegsgräberfürsorge Berlin 2000 S. 104-112.
(53) Tietz 1993, S. 47ff.
(54) Scharf 1983a, S. 227f. [本章注 (43)].
(55) K. K. Militär-Witwen- und Waisenfond 1916.
(56) Pabst 1990; Scharf 1983a, S. 291f.; Vereinigung Heldendenkmals 1934; Wittas o.J.
(57) Scharf 1983a, S. 292f.

(58)　磯部「「マージナル・コロニアリズム」から「マダガスカル計画」へ」, 25 頁.
(59)　Hartwig 2004.
(60)　Hartwig 2004, S. 15.
(61)　長田『われらユダヤ系ドイツ人』, 29 頁以下.
(62)　Gidal 1997, S. 312.
(63)　Gidal 1997, S. 314.
(64)　南「ドイツ, 戦争とナチズムの記念碑・記念館を考える　3」, 48 頁.
(65)　Scharf 1983a, S. 293, 図は T. 178.
(66)　Scharf 1984, S. 283.
(67)　Tietz 1999.
(68)　山内『北の十字軍』, 215 頁以下. 1410 年のタンネンベルクの会戦は, ポーランドではグルンヴァルトの会戦と呼ばれる. クラクフの〈グルンヴァルトの会戦記念碑〉は, 第二次世界大戦中ドイツ軍によって破壊され, 1976 年に再建された.
(69)　谷「トライチュケのドイツ騎士団国家プロイセン」.

第四章

(1)　モッセ『大衆の国民化』, 191 頁.
(2)　ヒトラー「芸術における真偽について」, 8 頁.
(3)　シュペーア『第三帝国の神殿にて　上』, 104 頁.
(4)　ヒトラー「芸術における真偽について」, 13, 16 頁.
(5)　平井『20 世紀の権力とメディア』; 田野『魅惑する帝国』[本章注 (56)].
(6)　佐藤「ファシスト的公共性」, 179 頁; 木村「公共圏の変容と転換」.
(7)　*Hymnen der Deutschen*（音映像資料　序章注 (17)）CD2-9.
(8)　Buchner 1932, S. 7.
(9)　ラウシュニング『ニヒリズムの革命』, 24, 28, 34 頁.
(10)　ラウシュニング『ニヒリズムの革命』, 30 頁.
(11)　ヒトラー「芸術における真偽について」, 14 頁以下.
(12)　谷『ヒムラーとヒトラー』, 119 頁以下.
(13)　Brebeck 2005; Schulte 2009.
(14)　谷『ヒムラーとヒトラー』, 123 頁以下; 森「ドイツ自然・環境保護運動の歴史」.
(15)　Heinen 2002.
(16)　フォンドゥング『ナチズムと祝祭』, 83 頁以下.
(17)　河野『ドイツ民俗学とナチズム』, 397 頁以下; 藤原「大地に軍隊を捧げた日」.
(18)　村上「バウハウスにおける反・反近代の意味」; Schmidt 2002, S. 130ff.
(19)　ネルディンガー『建築・権力・記憶』, 211 頁以下; Porombka 2006; Nerdinger 1993.
(20)　芝「政治的儀礼と「統合」」, 49 頁.

(21) 池田『虚構のナチズム』，37 頁以下；Schiefer 1990.
(22) Vierneisel 1991, S. 42ff.
(23) Ogan 1992; Zelnhefer 2002.
(24) 田野『魅惑する帝国』，63 頁.
(25) レニ・リーフェンシュタール監督《意志の勝利（1935 年公開）》（DVD），メダリオンメディア　BBBF-7470, 2010（音映像資料）．瀬川『美の魔力』，130 頁以下；宮田『ナチ・ドイツと言語』，49 頁以下.
(26)「ナチは統治の最初からキリスト教を取り込むと同時に，自分たちが救済したと称する国民の聖性を強調したがった」．モッセ『英霊』，102 頁以下.
(27) ラージ『ベルリン・オリンピック』；Hoffmann 1993; Kluge 1999: Rürup 1996. 2006 年にこの地の歴史についての展示が〈ランゲマルク塔〉に設けられた. Rother 2006.
(28) 大会直後に朝鮮の新聞『東亜日報』に胸の日の丸が塗りつぶされた写真が掲載され，同紙は発刊停止となった．鎌田『日章旗とマラソン』.
(29) 第二次世界大戦で破壊され，1962 年に再建された.
(30) エッカルトはナチの初期の党員で，ヒトラーに大きな影響を与えた．池田『虚構のナチズム』，347 頁.
(31) Reichhardt 1984.
(32) Rostock 2006.
(33) 2006 年に一部が売却され，再利用が進められようとしている.
(34) ザックス『自動車への愛』，63 頁以下.
(35) ラクー＝ラバルト『政治という虚構』，118 頁；小野「第三帝国におけるアウトバーン建設と「自然」」；Schütz 1996.
(36) ヒトラー『わが闘争　上』，22 頁.
(37) ホーファー『ナチス・ドキュメント』，40, 72, 384, 383 頁.
(38) 1939 年以後，ヒトラーは第三帝国の呼称を禁止する．石田「帝国の幻影」，194 頁.
(39) 秋山「帝国の聖遺物」．帝国宝物は，現在，ウィーン王宮博物館蔵.
(40) Langewiesche 2000, S. 215.
(41) アリー『最終解決』，27 頁以下.
(42) 飯島『アウシュヴィッツ以後』，214 頁以下；八束『未完の帝国』，226 頁以下；Foedrowitz 1996.
(43) 小山「イデオロギーの三角形」，23 頁.
(44)「モニュメントは本来の英霊碑という機能に加えて，ドイツが侵略戦争において獲得した，あるいはこれから獲得する予定となっている領域の境界線上に置かれ，第三帝国の境界石としての機能を与えられた」．八束『未完の帝国』，252 頁.
(45) Ades 1996; Beyme 1998; Czech 2007.
(46) 新潟県立美術館『昭和の美術』.
(47) ヴェスリンク『フルトヴェングラー』，371 頁；Wulf 1983, S. 85ff.
(48) Ästhetisierung der Politik (Benjamin 1989, S. 384) は，多木『ベンヤミン』

での野村修訳（185頁以下）では「政治の耽美主義」とされているが，ここでは「政治の審美化」とした（田中『政治の美学』，v頁）.

(49)　エクスタインズ『春の祭典』，436頁.

(50)　関『ヒトラーと退廃芸術』；神奈川県立近代美術館『芸術の危機』；Barron 1992; Reichel 1993.

(51)　1988年に復元展が開催され，サウンド・ドキュメントがＣＤ化され，日本語版もリリースされた．アルブレヒト・デュームリング編集・解説（明石政紀訳）《頽廃音楽　同名展覧会復元展（1988年，デュッセルドルフ）のためのオリジナル・サウンド・ドキュメント》（4CD），eva WWCX2045-48, 1989（音映像資料）.

(52)　ヴォリンゲル『抽象と感情移入』；ヴォーリンガー『ゴシック美術形式論』；小田部『芸術の条件』，211頁以下.

(53)　土肥『ドイツ表現主義の芸術』，14頁.

(54)　ヒトラー「芸術における真偽について」，7頁.

(55)　Piper 1983, S. 40.

(56)　田野『魅惑する帝国』は，「ヒトラーは反ユダヤ主義ゆえにではなく，反ユダヤ主義にもかかわらず支持された」としている．しかしナチにとって芸術の問題は世界観の問題であり，世界観の基本に人種論があった．「頽廃文化」批判の基礎は人種間の「生存競争」という「科学的」理論だった．ヴァイマル期に流行し始めた現代美術，前衛美術を「ユダヤ的」「東方的」として批判し，アーリア人たるドイツ人が創造すべき「北方的」芸術を声高に賛美する，という「芸術と社会」についての説明は明快で，「健全で溌剌とした民族愛を持つドイツ人大衆」を勇気づけたにちがいない．それもまたナチズムの「魅力」の重要な要素だったのではないだろうか［松本「書評」].

(57)　第一次世界大戦後のドイツ美術について，三宅「第一次世界大戦の図像学」.

(58)　福士『レームブルック展』，31頁以下；神奈川県立近代美術館『芸術の危機』，296頁以下；Barron 1992, S. 290f.; Brockhaus 2005, S. 150f.

(59)　Wilhelm Lehmbruck Museum 1992, S. 19.

(60)　福士『レームブルック展』，103頁以下；Brockhaus 2005, S. 176ff.

(61)　神奈川県立近代美術館『芸術の危機』，406頁以下；Barron 1992, S. 51; Wedewer 1990, S. 57ff.

(62)　Gall 1998, S. 279f.

(63)　神奈川県立近代美術館『芸術の危機』，324頁以下，396頁以下；Barron 1992, S. 315ff.

(64)　種村『ヴォルプスヴェーデふたたび』.

(65)　Strohmeyer 1993; Anczykowski 1998.

(66)　Wübbena 2001, S. 53.

(67)　Holz 2001.

(68)　松田『フォーゲラー展』.

(69)　新潟県立美術館『コルヴィッツ展』.

(70)　Fischer 1999.

(71)　Käthe Kollwitz Museum 2002.
(72)　京都国立近代美術館『バルラッハ』；宮下『人間を彫る人生』.
(73)　京都国立近代美術館『バルラッハ』，150 頁以下.
(74)　Hedinger 1979; Hütt 1990; Plagemann 1986; Sieker 1970.
(75)　Schmidt 1936.
(76)「ゴモラ作戦」の名で知られる英米両軍による合同空爆で，高温の炎の嵐が生じ，多くの市民が犠牲になった．フリードリヒ『ドイツを焼いた戦略爆撃』，87 頁以下.
(77)　ベルリンのプレッツェンゼー刑務所では，「7 月 20 日事件」など多くの反ナチ運動の関係者が処刑された［193 頁］．フルドリチカは記念施設のプロテスタント教会の礼拝堂に，連作板絵〈プレッツェンゼーの死の舞踏〉（1972）を制作している.
(78)　Meden 1985, S. 4.
(79)　Meden 1985, S. 12.
(80)　1983 年 9 月 30 日，ウィーン市はアルベルティーナ広場にフルドリチカが記念碑を建設することを決定した．Jenni 1993, Bd. 2 S. 11.
(81)　松本「〈ヨーロッパの中のドイツ〉意識の歴史的展開」.

第五章

(1)　Volksbund Deutsche Kriegsgräberfürsorge 1995.
(2)　佐藤『8 月 15 日の神話』，15 頁以下；佐藤『東アジアの終戦記念日』.
(3)　ドイツではこの記念碑をめぐって，激しい議論になった．篠田「「恨み」と格闘する広島」では，「「最初は復讐心だけだった．30 年くらいしてようやく普通のアメリカ人は悪くないと思えた，しかし今でもトルーマンだけは許さない」と語る被爆者は，決して例外的存在ではない」としている．なお，ベルリンの日本大使館がある通りは 1990 年に「ヒロシマ通り」と改称された.
(4)　アドルノ「文化批判と社会」.
(5)「アウシュヴィッツとヒロシマ」について，若尾「世界に広がる記憶「広島」」；シュタイン「広島とアウシュヴィッツをひとくくりにしてよいか」．より広く，1945 年以後の日本とドイツとの比較について，粟屋『戦争責任・戦後責任―日本とドイツはどう違うか』．最近の議論として，川田『日本を問い直す』；佐藤『過ぎ去らぬ過去との取り組み』；清水『戦争責任とは何か』；高橋「「靖国」と「ヒロシマ」」；同「敗北の「抱きしめ方」」；村上「過去の克服と外圧」．［日本における「記念」と「祈念」について，序章注（14）］.
(6)　近藤『統一ドイツの外国人問題』；佐藤『ナショナル・アイデンティティと領土』；広渡『統一ドイツの法変動』.
(7)　Assmuss 2009, S. 121.
(8)　Köhler 1990.
(9)　石田『過去の克服』；高橋「記憶なき社会―戦後ドイツ ?」；同「ナショナルな時間，ナショナルな空間」；南「ドイツ，戦争とナチズムの記念碑・記念館を

考える」；ベルクマン『「負の遺産」との取り組み』；ライヒェル『ドイツ　過去の克服』；リュールップ「ナチズムの長い影」；同「ナチズムの過去と民主的な社会」；Corneließen 2003; Flacke 2004.

(10)　ベルクマン「オーストリア，東西ドイツにおけるナチズム的な過去との取り組み比較」，18 頁以下；Lepsius 1989, S. 250f.

(11)　近藤『ドイツの政治教育』.

(12)　*Reichsgesetzblatt*, 1923 Nr. 2, S. 25.

(13)　*Bundesgesetzblatt*, 1965 Nr. 29, S. 589.「第二次世界大戦とナチズムの犠牲者」の分類は，被害の補償の問題と深く関係していた．1960 年代における補償の法的整備について，山田「ドイツの補償法制度」.

(14)　リュビー『ナチ強制・絶滅収容所』，表紙.

(15)　コーゴン『SS 国家』，37 頁.

(16)　フランクル『夜と霧　新版』，166 頁以下．フランクルの著作と新版刊行の事情について，同（霜山訳）『夜と霧』；霜山『共に生き，共に苦しむ』；「生きること　1–14」『朝日新聞』2011 年 4 月 19 日–5 月 12 日.

(17)　ヒルバーグ『ヨーロッパ・ユダヤ人の絶滅』.

(18)　ヒルバーグ『記憶』，128 頁以下.

(19)　当時の状況について，前田「だれがアンネを見殺しにしたのか」；ブレンナー『ファシズム時代のシオニズム』.

(20)　『SS 国家』の著者，コーゴンの言葉．彼は 1948 年にヘッセン州ナチ体制被迫害者連盟議長となった.

(21)　井上「ドイツ降伏の日はいつか」.

(22)　佐藤「「国民追悼日」の歴史的意味」.

(23)　「銘板はボンの北墓地に置かれることになった．いや，正確に言うなら，ブロンズの銘板はそれまでドイツ戦争墓維持国民同盟が管理してきた戦争墓墓地に併合された．一連の墓，半円形の繁み，簡素な十字架，そして儀式のための 2 本の旗掲揚ポール，そこに石の台座の上に乗ったブロンズの銘板が置かれた」．Schulz 1993, S. 176.

(24)　石田『過去の克服』，273 頁以下；芝『武装 SS』，3 頁以下.

(25)　武装親衛隊をめぐって 1951 年，社会民主党指導部で激論が生じた際，党首シューマッハーは「武装親衛隊は親衛隊と同じではない．[中略] それは戦争目的のためにつくられた部隊であり，若い武装親衛隊員には本人の意志に反して加入を強制された者も少なくなかった」と述べた．石田『過去の克服』，111 頁.

(26)　Volksbund Deutsche Kriegsgräberfürsorge o.J., S. 20.

(27)　ベルリンの〈皇帝ヴィルヘルム広場〉にも同じものがある．1995 年にトロステネッツ，フロッセンビュルクが加えられた．Hübner 1997, S. 317.

(28)　西ドイツにおけるナチズム関係の記念碑について，Bundeszentrale für politische Bildung 1987.

(29)　リュビー『ナチ強制・絶滅収容所』，53 頁以下；Bundeszentrale für politische Bildung 1987, S. 390ff.; Schafft 1996, S. 33ff.

(30)　「1990 年のドイツ統一」後，連邦政府からの勧告を受けて，収容所の全体像

が理解できるように展示は変更された．Niedersächsische Landeszentrale 1991.

(31) シュネーベルガー『ハイデガー拾遺』，215 頁．各大学の学長と共にフライブルク大学学長マルティン・ハイデガーも参加しており，「アドルフ・ヒトラーとナチ国家への忠誠宣言」を行なった（同，218 頁）．

(32) ブライナースドルファー『「白バラ」尋問調書』［第一章注（58)］．

(33) この記念碑を見て，ヒトラーの秘書トラウデル・ユンゲは，ほぼ同じ年のゾフィー・ショルの生涯を知り，「若かったというのは言い訳にはならない．目を見開いていれば，気づけた」と，実感する．川田『日本を問い直す』，320 頁．

(34) 山下『ヒトラー暗殺計画と抵抗運動』．

(35) Bundeszentrale für politische Bildung 1987, S. 212, S. 186.

(36) ヴァイツゼッカー『荒れ野の 40 年』．

(37) 日本では「ジプシー」とされるが，蔑称であるため，「シンティとロマ」と表記することが一般的になっている．金子『「ジプシー収容所」の記憶』．

(38) Bundeszentrale für politische Bildung 1987, S. 381.

(39) Schulz 1993, S. 172ff.

(40) Museum Berlin-Karlshorst 1997.

(41) Gretzschel 2004; Reinhard 2005.

(42) 東ドイツ時代の労働運動，反ファシズム抵抗運動，社会主義建設の記念碑について，Institut für Denkmalpflege in der DDR 1974；旧東ドイツ地域のナチズム関係の記念碑について（「1990 年の統一」後にまとめられた），Bundeszentrale für politische Bildung 1999.

(43) Deutsche Akademie der Künste, o.J.; National Mahn- und Gedenkstätte Buchenwald 1985; Schley 1999; Stiftung Gedenkstätte Buchenwald 2001.

(44) センプルン『ブーヘンヴァルトの日曜日』，56 頁．

(45) アーピッツ『裸で狼の群のなかに』．

(46) Bundeszentrale für politische Bildung 1999, S. 907.

(47) Bundeszentrale für politische Bildung 1999, S. 15.

(48) Hoffmann 2001; Mende 2004.

(49) グレーラー「ソビエト占領地域や東ドイツにおける記念碑政策」，305 頁．

(50) Bundeszentrale für politische Bildung 1999 S. 204ff.

(51) 石田『過去の克服』，255 頁．

(52) Institut für Denkmalpflege in der DDR 1974 S. 562.

(53) メルテンス「社会主義統一党とナチズムという過去」，217 頁；ライヒェル『過去の克服』，4 頁．

(54) Bundeszentrale für politische Bildung 1999, S. 94.

(55) 石田『過去の克服』，320 頁．

(56) ゲルトナー「オーストリアにおける追悼の場所や日の取扱い」；近藤『自国史の行方』；野村「二つの顔を持つ国」；水野博子「戦後初期オーストリアにおける「アムネスティー政策」の展開」．

(57) 大津留「オーストリアとヨーロッパ・アイデンティティ」，224 頁．

(58) 石田『過去の克服』，321 頁．

(59)　Diem 1995, S. XI.; Klein 2004, S. 34ff.; Wittas o.J.
(60)　ブレーンスドルフ「オーストリア，東西ドイツの歴史」，24 頁.
(61)　オーストリアとソ連との関係を示すものとして，ウィーン市がスターリン生誕 70 年の 1949 年に，スターリンが『マルクス主義と民族問題』(1913) を執筆した場所（シェーンブルンナー・シュロス通り 30 番地）に掲げたプレートがある.
(62)　ハーズスタイン『ワルトハイム』.
(63)　近藤『自国史の行方』，142 頁.
(64)　Jenni 1993.
(65)　Settele 1996, S. 30f.
(66)　ヴィーゼンタール『ナチ犯罪人を追う』，307 頁.
(67)　アイヒマンは生まれはドイツだが，4 歳で家族とオーストリアに移住した. ユダヤ人殺害計画の組織の中心人物に選ばれると，オーストリア人をその指導的な部署につけたため，そこに多くのオーストリア人が参加することになった.
(68)　筆者が調査したのは 1992 年で，2003 年に記念施設は拡大し，展示も改訂された. 水野「記憶のポリティックス」.
(69)　〈マウトハウゼン強制収容所〉と採石場の間の丘は，各国から贈られた記念碑が置かれ，〈抵抗の国際フォーラム〉となった. ここにはクレーマーの〈蒼ざめた母〉(1965) があり，像の背後にブレヒトの詩が掲げられている. この像のコピーも東ベルリンに置かれた.
(70)　第 40 群について，Weinert 2004.「05」について，Diem 1995, S. 289ff. 2000 年にカバーと解説が付けられた.
(71)　Dokumentationsarchiv des österreichischen Widerstand 2006.
(72)　中谷『アウシュヴィッツ博物館案内』.
(73)　木佐芳男は，「ブラントが戦争の罪責を無言で謝ろうとしたのなら，[中略] 無名戦士の墓でひざまずくべきだったのではないか. 現場を歩いてみての感想だった」としている（木佐『〈戦争責任〉とは何か』，150 頁). 私も同じ場所を歩いたが，むしろまず「無名兵士の墓」という戦争記念碑がどのようにして成立したのか，歴史的に検討しなければならない，と思った [98 頁以下].
(74)　恒川『文学にあらわされた現代ドイツ』，66 頁.
(75)　蜂起 60 年の 2004 年に記念館が開館した. Warsaw Rising Museum 2007.

第六章

(1)　*Live Concert from the Church of St. Nicolai, Leipzig. „Wir sind das Volk." Leipzig Commemorates 9th October 1989* (DVD), ARTHAUS 100 039, 1990（音映像資料). 1989 年の月曜デモの記録映像も収録されている.
(2)　永井『現代史ベルリン』，261 頁以下. 1990 年に『現代史ベルリン　増補』が出版された.
(3)　Bubner 1990, S. 1018.
(4)　この銘は，設立時ではなく，第一次世界大戦中の 1916 年のクリスマスに掲げ

られた．Cullen 1999, S. 183ff.

(5) Gall 1998, S. 177.

(6) 増谷「150周年を迎えた1848/49年革命研究」；村上「1848/49年革命150周年で祝われたもの」．展示会も多数開催され，連邦共和国大統領を委員長とするフランクフルト・アム・マインの公式展示（Gall 1998）に対し，革命末期のドイツ憲法闘争を中心に，ドイツ，スイス，フランス国境地域のトランスナショナルな問題を扱った展示（Klause 1998）など，多様な視角からのアプローチが見られた．

(7) 松本「「ドイツの特殊な道」論争と比較史の方法」．

(8) ハーバーマス『過ぎ去ろうとしない過去』．

(9) ドイツにおける歴史意識の現在について［序章注（1）特にアスマンの著作，第五章注（9）に加えて］，パリス『歴史の影』；Akademie der Künste 2000; Young 1993.

(10) Verein Berliner Mauer-Gedenkstätte 1999.

(11) Volksbund Deutsche Kriegsgräberfürsorge Berlin 2000, S. 69.

(12) Weschenfelder 1997.

(13) Volkert 1991, S. 30ff.

(14) 川喜田「2006年夏：ベルリンの二つの「追放」展」．

(15) 米沢『記念碑論争』．

(16) 南「「ノイエ・ヴァッヘ」の歴史的意味」；Moller 1998; Schulz 1993. 歴史家コゼレックは改装をめぐる論争で積極的に発言し，特に銘がすべての死者を「犠牲者」とすることに対し，批判した．Koselleck 1993.

(17) 「ピエタ」は，本来「死んだ息子を抱く母マリア」として，キリスト教美術の伝統的図像であり，多くの作品が作られてきた．コルヴィッツ自身，自らの作品を「ピエタ」と呼んでいるが，「宗教的ではない」としている．佐々木「もはや苦痛ではなく…」．

(18) Käthe Kollwitz Museum Köln 2002, S. 17.

(19) Akademie der Künste Berlin 1993, S. 14.

(20) 銘板の日本語訳 **VI-5-1; VI-6**（2006年撮影）は，1993年の除幕以後に変えられている．開館時は「中央記念館」だったが，現行訳では「中央慰霊館」となり，左のプレートの最後に，なぜかドイツ語原文にはない「ノイエ・ヴァッヘはファシズムと暴力支配の犠牲者に対する記憶と追悼の場です」という一文が入っている．銅板に彫られたドイツ語原文は，Hübner 1997, S. 63f.

(21) Weinland 1997; Jüdisches Museum Berlin 1999.

(22) Heimrod 1999.

(23) Flacke 2004.

(24) 日本の場合，第二次世界大戦は，戦後世代に対しては「太平洋戦争」として教育され，「被害の象徴」としての「ヒロシマ」が戦争の記念の焦点だった．一方，戦没兵士追悼の中心だった靖国神社，護国神社では「大東亜戦争」の呼称がそのまま用いられ，戦前世代にとっては「アジアの解放のための戦争」とされ続けた．二つの戦争観が混在し，国際的にも「ダブルスタンダード」だった（吉田

『日本人の戦争観』).「アジア・太平洋戦争」の呼称が一般化するのは，21 世紀になってからである（木坂「アジア・太平洋戦争論」). 複合的な戦争である第二次世界大戦は，戦後それぞれの国で別の名称で，例えばアメリカでは「太平洋戦争と大西洋戦争」，ロシアでは「大祖国戦争」，中国では「抗日戦争」と呼ばれ，ナショナルな歴史の一部となり，現在でもその名称が使われ続けている．

(25)　パリスはその著の冒頭で，オーウェル『1984 年』から「現在を支配するものが過去を支配し，過去を支配するものが未来を支配する」を挙げ，「歴史」が「悪意に満ちた解釈」の前では脆弱なものでありうる，としている．パリス『歴史の影』，7 頁．

(26)　第一章で説明したように〈旧武器庫 **I-1-6**〉は 19 世紀に軍事史博物館となり［39 頁］，ナチ時代には「第一次世界大戦におけるドイツ」が展示され，ヒトラーが毎年「英雄の日」に演説を行なった．東ドイツ時代はマルクス・レーニン主義に基づく歴史観によるドイツ史博物館だった．当時のカタログとして，Museum für deutsche Geschichte 4 Bde. 1980-85.

(27)　相馬「歴史展示のポリティックス」; Stölzl 1988.

(28)　Stiftung Haus der Geschichte 2003; Stiftung Haus der Geschichte der Bundesrepublik Deutschland, Zeitgeschichtliches Forum Leipzig 2001.

(29)　アスマン『想起の空間』，81 頁．

(30)　Faulenbach 1993; Herf 1997; Daneyel 1995.

(31)　Leipziger Geschichtsverein 2009, S. 72.

(32)　Mückler 1997.

(33)　戦場のヴォルゴグラード（旧スターリングラード），包囲されサンクト・ペテルブルク（旧レニングラード）近郊ソログボフカなどに新しく大規模なドイツ兵士墓地が作られ，戦時中に埋葬された兵士の遺体が移されており，その過程で遺体の識別作業が行なわれている．ドイツ戦争墓維持国民同盟のビデオ *Dienst am Menschen – Dienst am Frieden*（VHS）（音映像資料）.

(34)　中田「国防軍の犯罪と戦後ドイツの歴史認識」.

(35)　Stiftung Frauenkirche Dresden 2005.

(36)　2007 年に「民主主義への挑戦としての兵士の死　国際比較」と題した国際シンポジウムがベルリンで開かれ，筆者も参加した（Hettling 2008). 実は日本でも戦前の軍の中枢だった東京市ヶ谷に自衛隊が「戻り」，2004 年に，そこに終戦の日に割腹自殺した阿南大将など戦前の日本軍の関係者と自衛隊の殉職者の記念碑がまとめられ，〈メモリアル・ゾーン〉とされた．これについて，ジャーナリズムもほとんど取り上げていないし，議論になってもいない．

(37)　矢野「ドイツ戦後補償と強制労働補償基金の意義」.

(38)　バスティアン『アウシュヴィッツとアウシュヴィッツの嘘』.

(39)　フリードランダー『アウシュヴィッツと表象の限界』; シェットラー『ナチズムと歴史家たち』.

(40)　石田「現代ドイツの歴史論争」.

(41)　サーラ「ドイツと日本における「終戦」「敗戦」「解放」の記憶」.

(42)　Leipziger Geschichtsverein 1998, S. 48.

(43) Stiftung Topographie des Terrors 2010. 安川「ミュージアムと集合的記憶のマッピング」; リュールップ「ナチズムの長い影」; 同「ナチズムの過去と民主的な社会」.
(44) Haus der Wannsee-Konfernz 2006.
(45) Möller 2002.
(46) 高橋「ホロコーストの記憶と新しい美学」.
(47) Landeszentrale für politische Bildungsarbeit Berlin 1995, S. 119f.
(48) 相馬「ドイツの二つの「過去の克服」をめぐって」.
(49) 『新約聖書』「ヨハネによる福音書」第8章32節. ドイツのフライブルク大学の校舎に書かれている. 1948年に日本の国立国会図書館が設立された時, 当時国会議員だった歴史家羽仁五郎の提案で図書館内にこの言葉が掲げられ, 羽仁は,「汝らを」を「われらを」に変えた（稲本「「真理がわれらを自由にする」文献考」).
(50) ヴィッパーマン『ドイツ戦争責任論争』, 31頁以下.
(51) ベルクマン「オーストリア, 東西ドイツにおけるナチズム的な過去との取り組み比較」, 32頁.
(52) ミッテン「償いは……できるだけ軽いものにしよう」, 103頁.
(53) Jüdisches Museum der Stadt Wien 2000a; Jüdisches Museum der Stadt Wien 2000b; Milchram 2000; Stadt Wien/ Kunsthalle Wien 1996; Wiesenthal 2000.
(54) 井上「第二次大戦の激戦地とホロコーストの現場で」.
(55) 野村「杉原ビザとリトアニアのユダヤ人の悲劇」, 14頁, 巻頭図版.
(56) Neue Gesellschaft Kunst 2002.
(57) *Tageszeitung*, 2007年9月14日付.
(58) 清水「戦争責任と植民地責任」.

終章

(1) Hansen 1990, S. 89ff.
(2) Carr 1963, p. 361.
(3) 村井「南ユトランド」; 百瀬『北欧史』, 206頁.
(4) コンラート「トランスナショナルな想起」は,「想起や忘却の複合的過程を, 国民的自律という妄想から切り離し, むしろそれをトランスナショナルな想起として（言い換えれば絡み合った記憶として）解読するということこそが, いっそう豊かな成果をもたらすだろう」としている. Conrad 2004; Conrad 2005; コッカ「比較史のかなた——近現代史へのトランスナショナルなアプローチ」; Budde 2006（特に François 2006）; Henningsen 2009（特に Frandsen 2009 はシュレースヴィヒにおけるトランスナショナルな記念を問題にしている).
(5) Plon 2006.
(6) ゼークト『モルトケ』, 179頁以下.
(7) ロイター「ノルデ年譜」, 147頁.

(8)　村井「オーラ・リーマンとその時代」, 207 頁.
(9)　Unverhau 2000.
(10)　Ostwald 1994.
(11)　Valentin 1970, S. 336ff.
(12)　ビセンはトーヴァルセンのローマの工房で 10 年以上働いていた.
(13)　Qvortrup 2008.
(14)　村井「デンマーク連邦体制の国際的な承認（1852 年）」.
(15)　村井「デンマークの「スレースヴィ問題」（1866 年）」.
(16)　望田『近代ドイツの政治構造』; 松本「ドイツ近代における「民族と国家」」.
(17)　Mikkelberg u.a. Museumverein 1993, S. 86, S. 156; Stolz 2004.
(18)　Teitge 1966.
(19)　『シュトルム全集　第 1 巻』, 115, 119 頁.
(20)　柴田『シュタインの社会と国家』, 142 頁.
(21)　Ostwald 1994, S. 103ff.
(22)　コック『グルントヴィ』.
(23)　村井「デンマーク・ドイツ国境の成立とその性格」. 同じ 1920 年に, ドイツ系住民居住地域の南端にあたるオーストリアのケルンテンでも国境画定のための住民投票が行なわれた. Leitner 1984.
(24)　村井「南ユトランド」, 283 頁.
(25)　Reinartz 1991, 図版頁; Seele 2005, S. 37.
(26)　ブラッハー『ドイツの独裁 I』, 278 頁; ヘベルレ『民主主義からナチズムへ』.
(27)　Ostwald 1994, S. 169ff.; Weitling 1995.
(28)　スターン『文化的絶望の政治』.
(29)　ワーナー『ユダヤ人を救え』; ラカー『ホロコースト大事典』, 347 頁以下.
(30)　Ostwald 1994, S. 207ff.
(31)　小峰『ドイツの中の《デンマーク人》』.
(32)　村井「南スリースヴィ問題とデンマークにおける国境観の対立」, 129 頁; Stolz 1995.
(33)　Mikkelberg u.a. Museumsverein 1993.
(34)　Haus der Wannsee-Konferenz 2000, S. 17ff.; Tuchel 1992.
(35)　2004 年に日本でノルデ展（木村『エミール・ノルデ』）が開催され, 「描かれざる絵」と再会した.

文献目録

日本語文献

アーピッツ，ブルーノー(井上正蔵他訳)，1975『裸で狼の群のなかに　上／下』新日本出版社.
赤坂信，2005「ドイツの国土美化と郷土保護思想」西村幸夫編著『都市美――都市景観施策の源流とその展開』学芸出版社.
秋山聰，2004「如何にしていとも気高き帝国の聖遺物が呈示されたのか――ニュルンベルクにおける帝国宝物の展観」『西洋美術研究』10.
アギュロン，モーリス(阿河雄二郎／加藤克夫／上垣豊／長倉敏訳)，1989『フランス共和国の肖像――闘うマリアンヌ』ミネルヴァ書房.
朝山奈津子，2008「3つの『デンクメーラー』に見るドイツ音楽史」『音楽学』53-2.
アスマン，アライダ(安川晴基訳)，2007『想起の空間――文化的記憶の形態と変遷』水声社.
アスマン，アライダ(磯崎康太郎)，2011『記憶のなかの歴史――個人的経験から公的演出へ』松籟社.
アドルノ，テオドール・W.（渡辺祐邦／三原弟平訳)，1996「文化批判と社会」『プリズメン』筑摩書房.
阿部謹也，1974『ドイツ中世後期の世界』未来社.
阿部謹也，1985「偽皇帝伝説覚え書――カリスマの死以後」『歴史と叙述――社会史への道』人文書院.
アリエス，フィリップ(成瀬駒男訳)，1990『死を前にした人間』みすず書房.
アリー，ゲッツ(山本尤／三島憲一訳)，1998『最終解決――民族移動とヨーロッパのユダヤ人殺害』法政大学出版局.
アリー，ゲッツ(芝健介訳)，2012『ヒトラーの国民国家――強奪・人種戦争・国民的社会主義』岩波書店.
アルヴァックス，モーリス(小関藤一郎訳)，1989『集合的記憶』行路社.
粟屋憲太郎／田中宏／三島憲一／広渡清吾／望田幸男／山口定，1994『戦争責任・戦後責任――日本とドイツはどう違うか』朝日新聞社.
アンダーソン，ベネディクト(白石さや／白石隆訳)，1997『増補 想像の共同体――ナショナリズムの起源と流行』NTT 出版.
飯島洋一，2002『現代建築・アウシュヴィッツ以後』青土社.
池田浩士，2004『虚構のナチズム――「第三帝国」と表現文化』人文書院.
石田勇治，1997「帝国の幻影――神聖ローマ帝国からナチズムへ」山内昌之／増田一夫／村田雄二郎編『帝国とは何か』岩波書店.
石田勇治，2000「現代ドイツの歴史論争」歴史学研究会編『歴史における「修正主義」』青木書店.
石田勇治，2002『過去の克服――ヒトラー後のドイツ』白水社.
石津朋之，2010「解説　人類は戦争に魅了されている？――戦争と文化」クレフェルト，マーチン・ファン(石津朋之監訳)『戦争文化論　上／下』原書房.
磯部裕幸，2010「「マージナル・コロニアリズム」から「マダガスカル計画」へ――ドイ

ツにおける植民地の記憶(1884-1945)」『現代史研究』56.
板橋卓己, 2009『中欧の模索――ドイツ・ナショナリズムの一系譜』創文社.
稲本徹元 / 高木浩子, 1899「「真理がわれらを自由にする」文献考」『参考書誌研究』35.
井上茂子, 2006「第二次大戦の激戦地とホロコーストの現場で」『季刊　戦争責任研究』54.
井上茂子, 2008「ドイツ降伏の日はいつか――第二次世界大戦終結の日をめぐる史実と伝説」上智大学文学部史学科編『歴史家の散歩道』上智大学出版.
岩崎稔, 1998-99「シモニデス・サークル　1-11」『未来』377-395.
岩崎稔, 2001「歴史学にとっての記憶と忘却の問題系」歴史学研究会編『歴史学における方法的転回』青木書店.
岩崎稔, 2009「記憶と想起の概念に関する一試論(シンポジウム「記憶と想起の空間」)」『ドイツ研究』43.
ヴァーグナー, リヒャルト(山田ゆり訳), 1986『わが生涯』勁草書房.
ヴァイツゼッカー, リヒャルト・フォン(永井清彦訳), 1986『荒れ野の 40 年――ヴァイツゼッカー大統領演説』岩波書店.
ヴィーゼンタール, ジーモン(下村由一 / 山本達夫訳), 1998『ナチ犯罪人を追う―― S. ヴィーゼンタール回顧録』時事通信社.
ヴィッパーマン, ヴォルフガング(増谷英樹他訳), 1999『ドイツ戦争責任論争――ドイツ「再」統一とナチズムの「過去」』未来社.
ヴィトコップ編(高橋健二訳), 1938『ドイツ戦歿学生の手紙』岩波書店.
ヴェスリンク, ベルント・B.(香川檀訳), 1986『フルトヴェングラー――足跡―不滅の巨匠』音楽之友社.
植村和秀, 1998「「ドイツ」東方をめぐるネーション意識と「学問」」野田宣雄編著『よみがえる帝国――ドイツ史とポスト国民国家』ミネルヴァ書房.
上山安敏, 1994『世紀末ドイツの若者』講談社.
ヴォーリンガー, ヴィルヘルム(中野勇訳), 1968『ゴシック美術形式論』岩崎美術社.
ヴォリンゲル, ヴィルヘルム(草薙正夫訳), 1953『抽象と感情移入』岩波書店.
潮木守一, 1992『ドイツの大学――文化史的考察』講談社.
内田日出海, 2009『物語　ストラスブールの歴史――国家の辺境, ヨーロッパの中核』中央公論新社.
エーベリング, ハンス / ビルケンフェルト, ヴォルフガング(成瀬治 / 松俊夫訳), 1982『西ドイツ――その人々の歴史　I-IV』帝国書院.
エクスタインズ, モードリス(金利光訳), 1991『春の祭典――第一次世界大戦とモダン・エイジの誕生』TBS ブリタニカ.
種田明, 1996「都市と博物館, 都市の博物館――ヨーロッパ文明の小窓」寺尾誠編『都市と文明』ミネルヴァ書房.
オーウェル, ジョージ(新庄哲夫訳), 1972『1984 年』早川書房.
大津留厚編, 2006『中央ヨーロッパの可能性――揺れ動くその歴史と社会』昭和堂.
大津留厚, 2003「オーストリアとヨーロッパ・アイデンティティ」谷川稔編『歴史としてのヨーロッパ・アイデンティティ』山川出版社.
大原まゆみ, 2003『ドイツの国民記念碑　1813 年-1913 年――解放戦争からドイツ帝国の終焉まで』東信堂.
大原まゆみ, 2003「国民記念碑としてのヴァルハラ」『藝術学研究(明治学院論叢)』13.
オズーフ, モナ(長井伸仁訳), 2003「パンテオン――死者たちのエコール・ノルマル」ノラ, ピエール(谷川稔監訳)『記憶の場――フランス国民意識の文化＝社会史 2　統合』岩波書店.
小田部胤久, 2006『芸術の条件――近代美学の境界』東京大学出版会.

小野清美，2007「第三帝国におけるアウトバーン建設と「自然」――アルヴィン・ザイフェルトを中心に」『法政論集（名古屋大学）』217.
小原淳，2011『フォルクと帝国創設―― 19 世紀ドイツにおけるトゥルネン運動の史的考察』彩流社.
カー，エドワード・H.（清水幾太郎訳），1962『歴史とは何か』岩波書店.
ガイス，ペーター / カントレック，ギョーム監修（福井憲彦 / 近藤孝弘訳），2008『ドイツ・フランス共通歴史教科書―― 1945 年以後のヨーロッパと世界』明石書店.
加藤雅彦，1983『中欧の崩壊――ウィーンとベルリン』中央公論社.
神奈川県立近代美術館他編，1995『芸術の危機――ヒトラーと退廃芸術』アイメックス・ファインアート.
金子マーティン編，1998『「ジプシー収容所」の記憶――ロマ民族とホロコースト』岩波書店.
鎌田忠良，1988『日章旗とマラソン――ベルリン・オリンピックの孫基禎』講談社.
川喜田敦子，2007「2006 年夏――ベルリンの二つの「追放」展」『ドイツ研究』41.
川田順造，2010『日本を問い直す――人類学者の視座』青土社.
木佐芳男，2001『〈戦争責任〉とは何か――清算されなかったドイツの過去』中央公論社.
木坂順一郎，1988「アジア・太平洋戦争論――戦争の呼称と性格をめぐって」川端正久編『1940 年代の世界政治』ミネルヴァ書房.
木谷勤，1992「1813 年–1913 年――解放戦争百周年記念式典をめぐる国家と国民」『名古屋大学文学部研究論集』113.
木下直之，2002『世の途中から隠されていること――近代日本の記憶』晶文社.
君塚直隆，2010『近代ヨーロッパ国際政治史』有斐閣.
木村理恵子 / 濱本聡 / 曽根広美，2004『エミール・ノルデ』エミール・ノルデ展実行委員会.
木村靖二，1999「公共圏の変容と転換――第一次世界大戦下のドイツを例に」『岩波講座世界歴史　23』岩波書店.
キューナスト，レナーテ（北村昌史他訳），2006「ルイーゼ王妃――嵐の中で輝く星」シュタインガルト，アンドレーア『ベルリン――〈記憶の場所〉を辿る旅』昭和堂.
キューネ，トーマス編（星乃治彦訳），1997『男の歴史――市民社会と男らしさの神話』柏書房.
京都国立近代美術館他，2006『エルンスト・バルラッハ』朝日新聞社.
クラウス，カール（池内紀訳），1971『人類最期の日々　上 / 下（カール・クラウス著作集 10/11）』法政大学出版局.
グレーラー，オーラフ（岡田浩平訳），1999「ソビエト占領地域や東ドイツにおける記念碑政策と「水晶の夜」との取り組みについて」ベルクマン他編『「負の遺産」との取り組み』三元社.
ゲーテ，J. W.（小栗浩訳），1975「ドイツの建築（1772 年）」登張正美編『ヘルダー，ゲーテ』中央公論社.
ゲルトナー，ラインホールト（岡田浩平訳），1999「オーストリアにおける追悼の場所や日の取扱い」ベルクマン他編『「負の遺産」との取り組み』三元社.
河野眞，2005『ドイツ民俗学とナチズム』創土社.
コーゴン，E.（林功訳），2001『SS 国家――ドイツ強制収容所のシステム』ミネルヴァ書房.
小島崇，2005「近代イギリスにおける戦争の記念・顕彰行為――対仏戦争―第一次世界大戦の記念碑」若尾祐司 / 羽賀祥二編『記録と記憶の比較文化史――史誌・記念碑・郷土』名古屋大学出版会.
コッカ，ユルゲン（高田明佳訳），2004「比較史のかなた――近現代史へのトランスナショ

ナルなアプローチ」史学会編『歴史学の最前線』東京大学出版会.
コック，ハル(小池直人訳)，2007『グルントヴィ――デンマーク・ナショナリズムとその止揚』風媒社.
コッペルカム，シュテファン(池内紀 / 浅井健二郎 / 内村博信 / 秋葉篤志訳)，1991『幻想のオリエント』鹿島出版会.
小林昇，1966「クフシュタイン紀行」『フリードリッヒ・リスト論考』未来社.
小林義武，1997『バッハ復活―― 19 世紀市民社会の音楽運動』春秋社.
小峰総一郎，2007『ドイツの中の《デンマーク人》――ニュルダールとデンマーク系少数者教育』学文社.
小山明，1986「イデオロギーの三角形」『SD』1986-2.
近藤潤三，2002『統一ドイツの外国人問題――外来民問題の文脈で』木鐸社.
近藤潤三，2006「ドイツで開館した海外移民記念館について――出移民から見えてくること」『社会科学論集(愛知教育大学)』44.
近藤孝弘，2001『自国史の行方――オーストリアの歴史政策』名古屋大学出版会.
近藤孝弘，2005『ドイツの政治教育――成熟した民主社会への課題』岩波書店.
コンラート，ゼバスティアン(岩崎稔訳)，2002「トランスナショナルな想起――「悲しむことの無能力」と「異なる悲劇」の彼岸に」『現代思想(特集 戦争とメディア)』30-9.
サーラ，スヴェン，2008「ドイツと日本における「終戦」「敗戦」「解放」の記憶」『ヨーロッパ研究(東京大学)』7.
坂井榮八郎，2001「「トイトブルクの森の戦い」戦場跡発見に寄せて――アルミニウスの神話化と脱神話化」『聖心女子大学論叢』97.
佐々木奈美子，2005「もはや苦痛ではなく…」新潟県立美術館他『ケーテ・コルヴィッツ展』読売新聞社.
佐々木雄太，1998「イギリスの戦争と帝国意識」木畑洋一編『大英帝国と帝国意識――支配の深層を探る』ミネルヴァ書房.
ザックス，ヴォルフガング(土合文夫 / 福本義憲訳)，1995『自動車への愛―― 20 世紀の願望の歴史』藤原書店.
佐藤成基，2008『ナショナル・アイデンティティと領土――戦後ドイツの東方国境をめぐる論争』新曜社.
佐藤健生，1993「「国民追悼日」の歴史的意味――二つの世界大戦と戦没者の追悼」『季刊戦争責任研究』2.
佐藤健生 / フライ，ノルベルト編，2011『過ぎ去らぬ過去との取り組み』岩波書店.
佐藤卓己，1992『大衆宣伝の神話――マルクスからヒトラーへのメディア史』弘文堂.
佐藤卓己，1996「ファシスト的公共性――公共性の非自由主義モデル」『民族・国家・エスニシティ(岩波講座　現代社会学　24)』岩波書店.
佐藤卓己，2005『8 月 15 日の神話』筑摩書房.
佐藤卓己 / 孫安石編，2007『東アジアの終戦記念日――敗北と勝利のあいだ』筑摩書房.
佐藤卓己，2009『歴史学』岩波書店.
佐藤勝則，2004「連邦制ヨーロッパの郷土意識――ヨハン大公と近現代オーストリア」『史潮』56.
シェットラー，ペーター(木谷勤 / 小野清美 / 芝健介訳)，2001『ナチズムと歴史家たち』名古屋大学出版会.
篠田英朗，2010「「恨み」と格闘する広島」『朝日新聞』2010 年 8 月 27 日.
篠原敏昭，1998「ミヒェルとゲルマーニア――風刺図像に見るドイツ革命における国民国家の問題」的場昭弘 / 高草木光一編『1848 年革命の射程』御茶の水書房.
芝健介，1991「ナチズムにおける政治的儀礼と「統合」――〈英霊化〉の諸局面」『歴史学研究』621.

芝健介, 1995『武装SS――ナチスのもう一つの暴力装置』講談社.
柴田隆行, 2006『シュタインの社会と国家――ローレンツ・フォン・シュタインの思想形成過程』御茶の水書房.
島川雅史, 2003「慰霊と「国家への献身」――アメリカの「靖国」」田中伸尚編『国立追悼施設を考える』樹花舎.
清水正義, 2008『戦争責任とは何か』かもがわ出版.
清水正義, 2009「戦争責任と植民地責任もしくは戦争犯罪と植民地犯罪」永原陽子編『「植民地責任」論――脱植民地化の比較史』青木書店.
霜山徳爾, 2005『共に生き, 共に苦しむ――私の「夜と霧」』河出書房新社.
シュヴェントカー, ヴォルフガング, 2004「集合的記憶とナショナル・アイデンティティ――「記憶の場」をめぐるフランスとドイツの研究動向」『社会思想史研究』28.
シュタイン, ハネス/ヘルツィンガー, リヒアルト(村上清訳), 1995「広島とアウシュヴィッツをひとくくりにしてよいか」『みすず』414.
シュタインガルト, アンドレーア(北村昌史他訳), 2006『ベルリン――〈記憶の場所〉を辿る旅』昭和堂.
シュトルム, テオドール(柴田斎訳), 1995『シュトルム全集　第1巻』村松書館.
シュネーベルガー, グイード(山本尤訳), 2001『ハイデガー拾遺――その生と死のドキュメント』未知谷.
シュペーア, アルベルト(品田豊治訳), 2001『第三帝国の神殿にて――ナチス軍需相の証言　上/下』中央公論新社.
シュミット, カール(田中浩/原田武雄訳), 1970『政治的なものの概念』未来社.
杉本淑彦, 2008「モニュメント研究の新地平」『史林』91-9.
スターン, フリッツ・R.(中道寿一訳), 1988『文化的絶望の政治――ゲルマン的イデオロギーの台頭に関する研究』三嶺書房.
ゼークト, ハンス・フォン(斎藤栄治訳), 1943『モルトケ』岩波書店.
瀬川裕司, 2001『美の魔力――レーニ・リーフェンシュタールの真実』現代書館.
関楠生, 1992『ヒトラーと退廃芸術――〈退廃芸術展〉と〈大ドイツ芸術展〉』河出書房新社.
関沢まゆみ編, 2010『戦争記憶論――忘却, 変容そして継承』昭和堂.
センプルン, ホルヘ(宇京頼三訳), 1995『ブーヘンヴァルトの日曜日』紀伊国屋書店.
相馬保夫, 1994「ドイツの二つの「過去の克服」をめぐって――ザクセンハウゼン強制収用所跡記念施設の新構想」『西洋史学論集(九州西洋史学会)』32.
相馬保夫, 2009「歴史展示のポリティックス――ドイツ歴史博物館をめぐる論争」『歴史学研究』854.
曽田長人, 2005『人文主義と国民形成―― 19世紀ドイツの古典教養』知泉書館.
高橋秀寿, 1999「記憶なき社会―戦後ドイツ?――時間・歴史学・近代化」『立命館文学』558.
高橋秀寿, 2001「ホロコーストの記憶と新しい美学――ベルリン・バイエルン地区における「反記念碑的記念碑」の試み」『立命館言語文化研究』13-3.
高橋秀寿, 2003「ナショナルな時間, ナショナルな空間――ドイツにおける記念碑をめぐって」中谷猛/川上勉/高橋秀寿『ナショナル・アイデンティティ論の現在』晃洋書房.
高橋秀寿, 2007「「靖国」と「ヒロシマ」――「記憶の場」の日独比較の視点から」『季刊日本思想史』71.
高橋秀寿, 2007「敗北の「抱きしめ方」――ドイツと日本」『立命館言語文化研究』19-1.
高橋雄造, 2008『博物館の歴史』法政大学出版局.
多木浩二, 1999『戦争論』岩波書店.

多木浩二，2000『ベンヤミン「複製技術時代の芸術作品」精読』岩波書店.
竹中亨，2004「文明批判としての「郷土」――ドイツ近代における環境保護の思想的背景」『歴史科学(大阪歴史科学協議会)』175.
タックマン，バーバラ・W.(山室まりや訳)，2004『八月の砲声　上 / 下』筑摩書房.
田中純，2008『政治の美学――権力と表象』東京大学出版会.
棚橋信明，2010「48年革命とケルン大聖堂建設祭」若尾祐司 / 和田光弘編『歴史の場――史跡・記念碑・記憶』ミネルヴァ書房.
谷喬夫，2000『ヒムラーとヒトラー――氷のユートピア』講談社
谷喬夫，2006「トライチュケのドイツ騎士団国家プロイセン――ナチ・イデオロギーの系譜学」『法学新報(新潟大学)』112-7・8.
谷川稔，2000「「歴史と記憶」を考える――方法としての『記憶の場』」服部春彦 / 谷川稔編著『フランス史からの問い』山川出版社.
谷川稔，2010「ノラ編『記憶の場』」樺山紘一編『新・歴史学の名著』中央公論社.
種村季弘，1980『ヴォルプスヴェーデふたたび』筑摩書房.
田野大輔，2007『魅惑する帝国――政治の美学化とナチズム』名古屋大学出版会.
ダン，オットー(末川清 / 姫岡とし子 / 高橋秀寿訳)，2000『ドイツ国民とナショナリズム 1770-1990』名古屋大学出版会.
辻野功，1996『パリ・ロンドン――戦争と平和の旅』創元社.
津田博司，2012『戦争の記憶とイギリス帝国――オーストラリア，カナダにおける植民地ナショナリズム』刀水書房.
恒川隆男他，1997『文学にあらわれた現代ドイツ――東西ドイツの成立から再統一まで』三修社.
テイラー，A. J. P.(川端末人 / 岡俊孝訳)，1975『ヨーロッパ・栄光と凋落――近代ヨーロッパ政治外交史論』未来社.
テイラー，A. J. P.(井口省吾訳)，1992『近代ドイツの辿った道――ルターからヒトラーまで』名古屋大学出版会.
寺澤幸恭，2002「一年志願兵制度と学校教育――プロイセン・ドイツと日本」『岐阜聖徳学園大学短期大学部紀要』34.
土肥美夫，1991『ドイツ表現主義の芸術』岩波書店.
永井清彦，1984『現代史ベルリン』朝日新聞社.
永井清彦，1990『現代史ベルリン　増補』朝日新聞社.
長井伸仁，2007『歴史がつくった偉人たち――近代フランスとパンテオン』山川出版社.
中田潤，2001「国防軍の犯罪と戦後ドイツの歴史認識」『茨城大学人文学部紀要社会科学論集』35.
長田浩彰，2011『われらユダヤ系ドイツ人――マイノリティから見たドイツ現代史 1893-1951』広島大学出版会.
中谷剛，2005『アウシュヴィッツ博物館案内』凱風社.
中村伊作，1984『悼惜之碑――欧州戦没将兵墓地を訪ねて』中央公論事業出版.
新潟県立美術館他，2005『ケーテ・コルヴィッツ展』読売新聞社.
新潟県立美術館編，2005『昭和の美術　1945年まで――〈目的芸術〉の軌跡』新潟県立美術館.
西川長夫，1993「国家イデオロギーとしての文明と文化」『思想』827.
西川洋一，1984「皇帝は死なず――シュタウファー像の変遷」『創文』243/244.
ネルディンガー，ヴィンフリート(海老澤模奈人訳)，2009『建築・権力・記憶――ナチズムとその周辺』鹿島出版会.
野村真理，2005「杉原ビザとリトアニアのユダヤ人の悲劇」『世界史の研究』202.
野村真理，2008「二つの顔を持つ国――第二次世界大戦後オーストリアの歴史認識とユダ

ヤ人犠牲者補償問題」弁納才一 / 鶴園裕編『東アジア共生の歴史的基礎』御茶の水書房.
ノラ，ピエール編(谷川稔監訳)，2002-03『記憶の場――フランス国民意識の文化＝社会史　1/2/3』岩波書店.
ノラ，ピエール(工藤光一訳)，2003「コメモラシオンの時代」(谷川稔監訳)『記憶の場――フランス国民意識の文化＝社会史 3　模索』岩波書店.
ハーズスタイン，ロバート・E.(佐藤信行 / 大塚寿一訳)『ワルトハイム――消えたファイル』共同通信社.
ハーバーマス，ユルゲン他(徳永恂他訳)，1995『過ぎ去ろうとしない過去――ナチスムとドイツ歴史家論争』人文書院.
ハイネ，H.(井汲越次訳)，1938『冬物語――ドイツ』岩波書店.
バスティアン，ティル(石田勇治他訳)，1995『アウシュヴィッツと「アウシュヴィッツの嘘」』白水社.
長谷川章，2008『芸術と民族主義――ドイツ・モダニズムの源流』ブリュッケ.
ハットン，パトリック・H.(村山敏勝訳)，1995「現代史学における記憶の位置づけ」『現代思想』23-1.
埴原和郎，1965『骨を読む――ある人類学者の体験』中央公論社.
林健太郎，1948「1848 年革命の 100 年」『史学雑誌』62-10.
早瀬晋三，2007『戦争の記憶を歩く――東南アジアのいま』岩波書店.
パリス，アーナ(篠原ちえみ訳)，2004『歴史の影――恥辱と贖罪の場所で』社会評論社.
ハワード，マイケル(奥村房夫 / 奥村大作訳)，2010『ヨーロッパ史における戦争』中央公論新社.
バン・デン・ダンジェン，ペーター，1999「フランダースにおける第一次世界大戦の記憶の 80 年間」第 3 回世界平和博物館会議組織委員会編『平和をどう展示するか』大阪国際平和センター他.
樋口隆一 / 市川信一郎他編，1986『バッハのすべて』読売新聞社.
ヒトラー，アドルフ(平野一郎 / 将積茂訳)，1973『わが闘争　上 / 下』角川書店.
ヒトラー，アドルフ(佐藤卓己訳)，1993「芸術における真偽について」『Libelus(柏書房)』12.
平井正，1995『20 世紀の権力とメディア――ナチ・統制・プロパガンダ』雄山閣.
ヒルバーグ，ラウル(望田幸男 / 原田一美 / 井上茂子訳)，1997『ヨーロッパ・ユダヤ人の絶滅 上 / 下』柏書房.
ヒルバーグ，ラウル(徳留絹枝訳)，1998『記憶――ホロコーストの真実を求めて』柏書房.
広渡清吾，1996『統一ドイツの法変動』有信堂.
ファウスト，ドルー・ギルピン(黒沢眞理子訳)，2010『戦死とアメリカ――南北戦争 62 万人の死の意味』彩流社.
フィッシャー，フリッツ(村瀬興雄監訳)，1972『世界強国への道――ドイツの挑戦，1914-1918 年 I/II』岩波書店.
フォルケル(角倉一朗訳)，2003『バッハ小伝』白水社.
フォンドゥング，クラウス(池田昭訳)，1988『ナチズムと祝祭――国家社会主義のイデオロギー的祭儀と政治的宗教』未来社.
福士理他，2003『ヴィルヘルム・レームブルック展』ヴィルヘルム・レームブルック展実行委員会.
藤原辰史，2007「大地に軍隊を捧げた日――ナチスの収穫感謝祭」小関隆編『記念日の創造』人文書院.
藤原辰史，2011『カブラの冬――第一次世界大戦期ドイツの飢饉と民衆』人文書院.
フット，ケネス・E.(和田光弘他訳)，2002『記念碑の語るアメリカ――暴力と追悼の風

景』名古屋大学出版会.
ブッフ，エステバン(湯浅史 / 土屋良二訳)，2004『ベートーヴェンの『第九交響曲』――〈国歌〉の政治史』鳥影社.
ブライナースドルファー，フレート(石田勇治 / 田中美由紀訳)，2007『「白バラ」尋問調書――「白バラの祈り」資料集』未来社.
ブラッハー，K. D.(山口定 / 高橋進訳)，1975『ドイツの独裁――ナチズムの生成・構造・帰結 I/II』岩波書店.
フランクル，ヴィクトール・E.(霜山徳爾訳)，1956『夜と霧――ドイツ強制収容所の体験記録』みすず書房.
フランクル，ヴィクトール・E.(池田香代子訳)，2002『夜と霧(新版)』みすず書房.
フリードランダー，ソール編(上村忠男 / 小沢弘明 / 岩崎稔訳)，1994『アウシュヴィッツと表象の限界』未来社.
フリードレンダー，サユル(田中正人訳)，1990『ナチズムの美学――キッチュと死についての考察』社会思想社.
フリードリヒ，イェルク(香月恵里訳)，2011『ドイツを焼いた戦略爆撃 1940-1945』みすず書房.
フリードリヒ，エルンスト編(坪井主税 / バン・デン・ダンジェン訳)，1988『写真集　戦争に反対する戦争』龍渓書舎.
ブルーベイカー，ロジャーズ(佐藤成基 / 佐々木てる監訳)，2005『フランスとドイツの国籍とネーション――国籍形成の比較歴史社会学』明石書店.
ブルーメ，フリードリヒ(佐藤巌訳)，1976「新しいバッハ像の輪郭」角倉一朗編『現代のバッハ像』白水社.
古厩忠夫，2001「「感情記憶」と「事実記録」を対立させてはならない――溝口雄三論文への反論として」『世界』692.
ブレーンスドルフ，アグネス(岡田浩平訳)，1999「オーストリア，東西ドイツの歴史へのナチズム時代の組み入れ比較」ベルクマン他編『「負の遺産」との取り組み』三元社.
プレスナー，ヘルムート(松本道介訳)，1995『ドイツロマン主義とナチズム――遅れてきた国民』講談社.
ブレンナー，レニ(芝健介訳)，2001『ファシズム時代のシオニズム』法政大学出版局.
プント，ヘルマン・G.(杉本俊多訳)，1985『建築家シンケルとベルリン―― 19 世紀の都市環境の造形』中央公論美術出版.
ベッケール，ジャン＝ジャック / クルマイヒ，ゲルト(剣持久木 / 西山暁義訳)，2012『第一次世界大戦』岩波書店.
ペッツォルト，マルティン(小岩信治 / 朝山奈津子訳)，2005『バッハの街』東京書籍.
ヘベルレ，R.(中道寿一訳)，1990『民主主義からナチズムへ――ナチズムの地域研究』御茶の水書房.
ベルクマン，ヴェルナー / エルプ，ライナー / リヒトブラウ，アルベルト編(岡田浩平訳)，1999『「負の遺産」との取り組み――オーストリア・東西ドイツの戦後比較』三元社.
ベルクマン，ヴェルナー / エルプ，ライナー / リヒトブラウ，アルベルト(岡田浩平訳)，1999「オーストリア，東西ドイツにおけるナチズム的な過去との取り組み比較」同編『「負の遺産」との取り組み』三元社.
ベンヤミン，ヴァルター(久保哲司訳)，1995「複製技術時代の芸術作品」『ベンヤミン・コレクション 1　近代の意味』筑摩書房.
ホーファー，ワルター(救仁郷繁訳)，1972『ナチス・ドキュメント　1933-1945』ぺりかん社.
星乃治彦，2009「国民づくり・男づくりと軍隊・宮廷――ホモソーシャルの展開」姫岡とし子 / 川越修編『ドイツ近現代ジェンダー史入門』青木書店.

ホブズボーム，エリック・J.（安川悦子 / 水田洋訳），1968『市民革命と産業革命――二重革命の時代』岩波書店.
ホブズボーム，エリック・J.（1：柳父国近 / 荒関めぐみ / 長野聡，2：松尾太郎 / 山崎清訳），1981-82『資本の時代　1848-1875　1/2』みすず書房.
ホブズボーム，エリック・J.（野口建彦 / 野口照子訳），1993『帝国の時代　1875-1914　1/2』みすず書房.
ホブズボーム，エリック・J.（河合秀和訳），1996『20 世紀の歴史――極端な時代　上 / 下』三省堂.
ホフマン，シュテファン＝ルートヴィヒ（山本秀行訳），2009『市民結社と民主主義』岩波書店.
ポラニー，カール（吉沢英成 / 野口建彦 / 長尾史郎 / 杉村芳美訳），1975『大転換――市場経済の形成と崩壊』東洋経済新報社.
マイネッケ，フリードリヒ（矢田俊隆訳），1968/1972『世界市民主義と国民国家　1/2』岩波書店.
前田慶穂，1985「だれがアンネを見殺しにしたのか――ホロコースト・シオニズム・アメリカ」広河隆一 / パレスチナ・ユダヤ人問題研究会編『ユダヤ人とは何か』三友社.
マクニール，ウィリアム・H.（高橋 均訳），2002『戦争の世界史――技術と軍隊と社会』刀水書房.
増谷英樹，1998「150 周年を迎えた 1848/49 年革命研究――ドイツの研究を中心に」『歴史評論』584.
増谷英樹 / 古田善文，2011『図説　オーストリアの歴史』河出書房新社.
松井道昭，2001『独仏対立の歴史的起源――スダンへの道』東信堂.
松尾順一，2010『ドイツ体操祭と国民統合――近代ドイツにおける全国体操祭に関する史的研究（1860-1880）』創文企画.
松田重昭他編，2000『ハインリッヒ・フォーゲラー展』東日本鉄道文化財団.
松宮秀治，2003『ミュージアムの思想』白水社.
松本彰，1978「ドイツ近代における「民族と国家」」『歴史学研究別冊 世界史における民族と国家（1978 年度歴史学研究会大会報告）』.
松本彰，1985「「ドイツの特殊な道」論争と比較史の方法」『歴史学研究』543.
松本彰，1994「19 世紀のドイツ統一とコーブルク」『環日本海地域比較史研究』3.
松本彰，1999「〈ヨーロッパの中のドイツ〉意識の歴史的展開――対西欧・中欧・対南欧」『西洋史研究』新輯 28.
松本彰，1999「ドイツ近代における自由と兄弟愛，そして友愛――『コメルスブーフ（ドイツ学生歌集）』の分析を中心に」『ヨーロッパの市民と自由――その歴史的解明』早稲田大学アジア太平洋研究センター.
松本彰，2001「書評　ダン（末川博 / 姫岡とし子 / 高橋秀寿訳）『ドイツ国民とナショナリズム』」『社会経済史学』66-6.
松本彰，2004「書評　ノラ編（谷川稔監訳）『記憶の場』」『史林』87-2.
松本彰，2005「ドイツ史における帝国＝国民国家の理念と現実―― Reich，Nation，Volk」松本彰 / 立石博高編『国民国家と帝国――ヨーロッパ諸国民の創造』山川出版社.
松本彰，2005「方法としての「国民国家と帝国」――アイデンティティ重層，複合，競合の構造」松本彰 / 立石博高編『国民国家と帝国――ヨーロッパ諸国民の創造』山川出版社.
松本彰，2006「書評　若尾祐司 / 羽賀祥二編『記録と記憶の比較文化史』」『社会経済史学』71-5.
松本彰，2007「バッハ復興の芸術史」栗原隆編『芸術の始まる時，尽きる時』東北大学出版会.

松本彰，2008「19 世紀ドイツにおける男声合唱運動——ドイツ合唱同盟成立(1861 年)の過程を中心に」姫岡とし子他『ジェンダー(近代ヨーロッパの探求　11)』ミネルヴァ書房.
松本彰，2008「書評　田野大輔『魅惑する帝国——政治の美学化とナチズム』」『西洋史学』230.
松本悠子，2008「海を渡った自由の女神」三浦信孝 / 松本悠子『グローバル化と文化の横断』中央大学出版部.
三島憲一，1983–84「生活世界の隠蔽と開示—— 19 世紀における精神科学の成立　上 / 中 / 下」『思想』712/717/726.
水田恭平，2011『美的思考の系譜——ドイツ近代における美的思考の政治性』御茶の水書房.
水野博子，2004「記憶のポリティックス——「マウトハウゼン」をめぐる過去，現在，未来」同編『記憶の生態学にむけて』大阪大学言語文化研究所.
水野博子，2005「戦後初期オーストリアにおける「アムネスティー(恩赦・忘却)政策」の展開(1)」『東欧史研究』24.
水野博子，2007「英雄か，犠牲か——オーストリア黒十字にみる戦没者の追悼と顕彰の行方」『Quadrante』9.
ミッテン，リヒャルト(岡田浩平訳)，1999「償いは…できるだけ軽いものにしよう——オーストリア社会民主党のナチズムと反ユダヤ主義との取り組み」ベルクマン他編『「負の遺産」との取り組み』三元社.
南守夫，1994–97「ドイツ，戦争とナチズムの記念碑・記念館を考える　1–9」『季刊　戦争責任研究』6-17.
南守夫，2003「「ノイエ・ヴァッヘ」の歴史的意味——日本における戦没者追悼問題を考えるために」田中伸尚編『国立追悼施設を考える』樹花社.
南川高志，2003「古代ローマ帝国と近・現代ヨーロッパの自己理解」谷川稔編『歴史としてのヨーロッパ・アイデンティティ』山川出版社.
三宅立，2004「第一次世界大戦の図像学——ドイツ美術における「死と再生」」馬場恵二 / 三宅立 / 吉田正彦編『ヨーロッパ 生と死の図像学』東洋書林.
三宅立，2006「〈戦争の神話化〉〈戦争の記憶〉——ドイツ少女の第一次世界大戦日記を手がかりに」『駿台史学』127.
宮下啓三，1992『人間を彫る人生　エルンスト・バルラハの人生』国際文化出版社.
宮田光雄，2002『ナチ・ドイツと言語』岩波書店.
村井誠人，1975「オーラ・リーマンとその時代——「シュレスヴィヒ・ホルシュタイン」問題の一考察」『早稲田大学文学研究科紀要別冊』2.
村井誠人，1975「デンマーク・ドイツ国境の成立とその性格」『政治区画の歴史地理』17.
村井誠人，1996「南スリースヴィ問題とデンマークにおける国境観の対立——デンマーク・ドイツ国境成立 75 周年に寄せて」『早稲田大学大学院文学研究科紀要』42–4.
村井誠人訳・解説，2007「デンマーク連邦体制の国際的な承認(1852 年)　ロンドン議定書(1852 年 5 月 8 日)」歴史学研究会編『世界史史料集 6』岩波書店.
村井誠人訳・解説，2007「デンマークの「スレースヴィ問題」(1866 年)　プラハ講和条約(1866 年 8 月 23 日)」歴史学研究会編『世界史史料集 6』岩波書店.
村井誠人，2009「南ユトランド——デンマーク民族性へのこだわり」同編『デンマークを知るための 68 章』明石書店.
村上公子，2005「過去の克服と外圧——ある比較の試み」『人間科学研究(早稲田大学人間科学学術院)』18–1.
村上俊介，1999「1848/49 年革命 150 周年で祝われたもの」『専修大学社会科学研究所月報』433.

村上俊介，2007「バウハウスにおける反・反近代の意味―― 1933 年バウハウス解散とナチズム」桑野弘隆 / 山家歩 / 天畠一郎『1930 年代・回帰か終焉か』社会評論社.
室井俊通，1997「「国民」のプロジェクトとしてのケルン大聖堂」滝田毅編『転換期のヨーロッパと日本』南窓社.
メルテンス，ロータル(岡田浩平訳)，1999「社会主義統一党とナチズムという過去」ベルクマン他編『「負の遺産」との取り組み』三元社.
モーリス＝スズキ，テッサ，1998「グローバルな記憶・ナショナルな記述」『思想』890.
モーリス＝スズキ，テッサ，2001「記憶と記念の強迫に抗して――靖国公式参拝問題によせて」『世界』693.
望田幸男，1972『近代ドイツの政治構造――プロイセン憲法紛争史の研究』ミネルヴァ書房.
モッセ，ジョージ・L.(佐藤卓己 / 佐藤八寿子訳)，1994『大衆の国民化』柏書房.
モッセ，ジョージ・L.(佐藤卓己 / 佐藤八寿子訳)，1996『ナショナリズムとセクシュアリティ：市民道徳とナチズム』柏書房.
モッセ，ジョージ・L.(宮武実知子訳)，2002『英霊――創られた世界大戦の記憶』柏書房.
モッセ，ジョージ・L.(細谷実 / 小玉亮子 / 海妻径子訳)，2005『男のイメージ――男性性の創造と近代社会』作品社.
百瀬宏 / 熊野聡 / 村井誠人，1998『北欧史』山川出版社.
森涼子，2011「ドイツ自然・環境保護運動の歴史――研究動向と今後の展望をめぐって」『史学雑誌』120-4.
モル，アブラアム(万沢正美訳)，1986『キッチュの心理学』法政大学出版局.
ヤイスマン，ミヒャエル(木村靖二編)，2007『国民とその敵』山川出版社.
安川晴基，2012「ミュージアムと集合的記憶のマッピング――ドイツ歴史博物館，ベルリン・ユダヤ博物館，記録センター〈テロルのトポグラフィー〉」『19 世紀学研究』6.
八束はじめ / 小山明，1991『未完の帝国――ナチス・ドイツの建築と都市』福武書店.
矢野久，2003「ドイツ戦後補償と強制労働補償基金の意義」『三田学会雑誌』95-4.
山内進，1997『北の十字軍――「ヨーロッパ」の北方拡大』講談社.
山下公子，1997『ヒトラー暗殺計画と抵抗運動』講談社.
山田敏之，1996「ドイツの補償法制度」『外国の立法』34-3・4.
山之内靖 / コシュマン，ヴィクター / 成田龍一編，1995『総力戦と現代化』柏書房.
吉田裕，1995『日本人の戦争観――戦後史のなかの変容』岩波書店.
米沢薫，2009『記念碑論争――ナチスの過去をめぐる共同想起の闘い［1988-2006 年］』社会評論社.
ラージ，デイヴィッド・クレイ(高儀進訳)，2008『ベルリン・オリンピック　1936』白水社.
ライヒェル，ペーター(小川保博 / 芝野由和訳)，2006『ドイツ　過去の克服――ナチ独裁に対する 1945 年以降の政治的・法的取り組み』八朔社.
ラウシュニング，ヘルマン(菊盛英夫 / 三島憲一訳)，1972『ニヒリズムの革命』筑摩書房.
ラカー，ウォルター編(望田幸男他訳)，2003『ホロコースト大事典』柏書房.
ラクー＝ラバルト，フィリップ(浅利誠 / 大谷尚文訳)，1992『政治という虚構　ハイデガー――芸術そして政治』藤原書店.
リュールップ，ラインハルト(西山暁義訳)，2009「ナチズムの長い影―― 1945 年以降のドイツにおける過去をめぐる政治と記憶の文化」『ヨーロッパ研究(東京大学)』8.
リュールップ，ラインハルト(浅田進史訳)，2009「ナチズムの過去と民主的な社会――ドイツにおける記憶政策と記憶文化」『公共研究(千葉大学)』5.
リュビー，マルセル(菅野賢治訳)，1998『ナチ強制・絶滅収容所―― 18 施設内の生と死』筑摩書房.

ル・リデー，ジャック(田口晃 / 板橋拓己訳)，2004『中欧論——帝国から EU へ』白水社.
ルービン，ミリ(岩井淳訳)，2005「いま文化史とは何か」キャナダイン・D. 編(平田雅博他訳)『いま歴史とは何か』ミネルヴァ書房.
レマルク，エーリヒ・マリア(秦豊吉訳)，1955『西部戦線異状なし』新潮社.
ロイター，マンフレッド(木村理恵子訳)，2004「ノルデ年譜」木村他編『エミール・ノルデ』エミール・ノルデ展実行委員会.
ワーナー，エミー，E.(池田年穂訳)，2010『ユダヤ人を救え——デンマークからスウェーデンへ』水声社.
若尾祐司，2005「近代ドイツの地域文化と歴史協会—— 19 世紀前半ナッサウ歴史協会の設立と活動」若尾祐司 / 羽賀祥二編『記録と記憶の比較文化史——史誌・記念碑・郷土』名古屋大学出版会.
若尾祐司 / 羽賀祥二，2005『記録と記憶の比較文化史——史誌・記念碑・郷土』名古屋大学出版会.
若尾祐司 / 和田光弘編，2010『歴史の場——史跡・記念碑・記憶』ミネルヴァ書房.
若尾祐司，2010「世界に広がる記憶「広島」—— 1950 年代のドイツ語圏から」若尾祐司 / 和田光弘編『歴史の場——史跡・記念碑・記憶』ミネルヴァ書房.
若桑みどり，2000『イメージの歴史』放送大学教育振興会.
渡辺公三，2003『司法的同一性の誕生——市民社会における固体識別と登録』言叢社.
2000–09，特集「記憶と歴史」『Quadrante』2, 3, 4, 5, 6, 10, 11.
2011，「生きること　1–14」『朝日新聞』2011 年 4 月 19 日–5 月 12 日.
2012，「「中欧」とは何か？——新しいヨーロッパ像を探る」『思想』1056.

欧文文献

Ades, Dawn (Hg.), 1996: *Kunst und Macht im Europa der Diktatoren 1930 bis 1945*, Köln.

Ahrenhövel, Willmuth/ Bothe, Rolf (Hg.), 1991: *Das Brandenburger Tor. Eine Monographie*, Berlin.

Akademie der Künste Berlin (Hg.), 1993: *Streit um die Neue Wache. Zur Gestaltung einer zentralen Gedenkstätte*, Berlin.

Akademie der Künste (Hg.), 2000: *Denkmale und kulturelles Gedächtnis nach dem Ende der Ost-West-Konfrontation. Dokumentation der internationalen Fachtagung vom 18. bis 22. November 1998 in Berlin*, Berlin.

Alings, Reinhard, 1991: *Die Berliner Siegessäule. Vom Geschichtsbild zum Bild der Geschichte*, Berlin.

Anczykowski, Maria (Hg.), 1998: *Bernhard Hoetger. Skulptur, Malerei, Design, Architektur*, Bremen.

Anderson, Benedict, 1991 (Rev. ed.): *Imagined Communities. Reflections on the Origin and Spread of Nationalism*, London/ New York.

Apel, Theodor, 1863: *Führer auf die Schlachtfelder Leipzigs im October 1813 und zu deren Marksteinen*, Leipzig.

Arndt, Monika, 1977: *Ein Führer durch den Goslarer Kaisersaal*, Göttingen.

Assmann, Aleida, 2006: *Der lange Schatten der Vergangenheit. Erinnerungskultur und Geschichtspolitik*, München.

Assmann, Jan, 1992: *Das kulturelle Gedächtnis. Schrift, Erinnerung und politische Identität in frühen Hochkulturen*, München.

Assmuss, Burkhard/ Ulrich, Bernd (Hg.), 2009: *Deutsche und Polen. Abgründe und Hoffnungen*, Dresden.

Barron, Stephanie (Hg.), 1992: *„Entartete Kunst". Das Schicksal der Avantgarde im Nazi-Deutschland*, München.

Bauer, Richard/ Hockerts, Hans Günter/ Schütz, Brigitte/ Till, Wolfgang/ Ziegler, Walter (Hg.), 2002: *München – „Hauptstadt der Bewegung". Bayerns Metropole und der Nationalsozialismus*, München.

Behrenbeck, Sabine, 1992: Heldenkult oder Friedensmahnung? Kriegerdenkmale nach beiden Weltkriegen, in: Niedhart, Gottfried/ Riesenberg, Dieter (Hg.), *Lernen aus dem Krieg? Deutsche Nachkriegszeiten 1918–1945. Beiträge zur historischen Friedensforschung*, München.

Benjamin, Walter, 1989: *Gesammelte Schriften*, Bd. 7, Frankfurt a. M.

Benner, Iris, 2003: *Kölner Denkmäler 1871–1918. Aspekte bürgerlicher Kultur zwischen Kunst und Politik*, Köln.

Berding, Helmut/ Heller, Klaus/ Speitkamp, Winfried (Hg.), 2000: *Krieg und Erinnerung. Fallstudien zum 19. und 20. Jahrhundert*, Göttingen.

Beyme, Klaus von, 1998: *Die Kunst der Macht und die Gegenmacht der Kunst. Studien zum Spannungsverhältnis von Kunst und Politik*, Frankfurt a. M.

Biasi, Franz/ Hindinger, Reinhold, 1992: *Heldenorgel Kufstein*, Kufstein.

Böck, Susanne, 1998: Radetzkymarsch und Demokratie. Zur politischen Rezeption der Revolution 1848, in: Öhlinger, Walter (Hg.), *1848: „das tolle Jahr". Chronologie einer Revolution*, Wien.

Brandt, Bettina, 2010: *Germania und ihre Söhne: Repräsentationen von Nation*,

Geschlecht und Politik in der Moderne, Göttingen.

Braun, Markus Sebastian (Hg.), 2002: *Spuren des Terrors. Stätten nationalsozialistischer Gewaltherrschaft in Berlin*, Berlin.

Brebeck, Wulff E., 2005: *Die Wewelsburg. Geschichte und Bauwerk im Überblick*, München/ Berlin.

Bringmann, Michael, 1972: Das Siegestor als Ruhmesmal der Ludwigstraße. Versuch einer Deutung, in: Mittig, Hans-Ernst/ Plagemann, Volker (Hg.): *Denkmäler im 19. Jahrhundert. Deutung und Kritik*, München.

Brix, Emil/ Bruckmüller, Ernst/ Stekl, Hannes (Hg.), 2004/5: *Memoria Austoriae, 3 Bde.*, Wien.

Brockhaus, Christoph, 2005: *Wilhelm Lehmbruck 1881–1919*, Köln.

Brunner, Reinhold, 1991: *Das Burschenschaftsdenkmal in Eisenach. Die wechselvolle Geschichte eines Bauwerkes*, Eisenach.

Bubner, Rüdiger, 1990: Philosophen und die deutsche Einheit, in: *Merkur – Deutsche Zeitschrift für europäisches Denkens*, 500.

Buchner, Hans (Hg.), 1932: *Liederbuch der Nationalsozialistischen Deutschen Arbeiterpartei*, München.

Buddensieg, Tilmann, 1999: *Berliner Labyrinth, neu besichtigt. Von Schinkels Unter den Linden bis Fosters Reichstagskuppel*, Berlin.

Budde, Gunilla-Friederike/ Conrad, Sebastian/ Janz, Oliver (Hg.), 2006: *Transnationale Geschichte. Themen, Tendenzen und Theorien*, Göttingen.

Bundesarchiv Außenstelle Rastatt, 2002: *Einigkeit und Recht und Freiheit. Erinnerungsstätte für die Freiheitsbewegung in der deutschen Geschichte*, Bönnen.

Bundeszentrale für politische Bildung (Hg.), 1987: *Gedenkstätten für die Opfer des Nationalsozialismus. Eine Dokumentation*, Bonn.

Bundeszentrale für politische Bildung (Hg.), 1999: *Gedenkstätten für die Opfer des Nationalsozialismus. Eine Dokumentation, Bd. II*, Bonn.

Butler, E. M., 1948: *Deutsche im Banne Griechenlands*, Berlin.

Carr, William, 1963: *Schleswig-Holstein 1815–48. A Study in National Conflict*, Manchester.

Caspar, Helmut (Hg.), 2001 (1901): *Die Beine der Hohenzollern*, Berlin.

Caspar, Helmut, 2003: *Marmor, Stein und Bronze. Berliner Denkmalgeschichten*, Berlin.

Cobbers, Arnt, 2002: *Architekturführer. Die 100 wichtigsten Berliner Bauwerke*, Berlin.

Conrad, Sebastian, 2005: Vergleich, Transfer, Transnationale Geschichte? Zur Methode der Area Studies, in: *Deutschlandstudien (Doitsu Kenkyu)* 39.

Conrad, Sebastian/ Osterhammel, Jürgen, 2004: *Das Kaiserreich transnational. Deutschland in der Welt 1871–1914*, Göttingen.

Cornelißen, Christoph/ Klinkhammer, Lutz/ Schwentker, Wolfgang, 2003: *Erinnerungskulturen. Deutschland, Italien, und Japan seit 1945*, Frankfurt a. M.

Csáky, Moritz/ Stachel, Peter (Hg.), 2001: *Die Verortung von Gedächtnis*, Wien.

Csáky, Moritz/ Stachel, Peter (Hg.), 2003: *Mehrdeutigkeit. Die Ambivalenz von Gedächtnis und Erinnerung*, Wien.

Cullen, Michael S./ Kieling, Uwe, 1994: *Das Brandenburger Tor. Eine kleine Geschichte des Berliner Wahrzeichens*, Berlin.

Cullen, Michael S., 1999: *Der Reichstag. Parlament, Denkmal, Symbol*, Berlin.

Czech, Hans-Jürg/ Doll, Nikola (Hg.), 2007: *Kunst und Propaganda im Streit der Nationen 1930–1945*, Dresden.

Danyel, Jürgen (Hg.), 1995: *Die geteilte Vergangenheit. Zum Umgang mit Nationalsozialismus und Widerstand in beiden deutschen Staaten*, Berlin.

Das Germanische Nationalmuseum (Hg.), 1860: *Das germanische Nationalmuseum und seine Sammlungen. Wegweiser für die Besuchenden*, Nürnberg.

Deutsche Akademie der Künste (Hg.), o.J.: *Das Buchenwald Denkmal*, Dresden.

Deutscher Bundestag (Hg.), 2002: *Wege-Irrwege-Umwege. Die Entwicklung der parlamentarischen Demokratie in Deutschland*, Berlin.

Diem, Peter, 1995: *Die Symbole Österreichs. Zeit und Geschichte in Zeichen*, Wien.

Dietzfelbinger, Eckart/ Liedtke, Gerhard, 2004: *Nürnberg - Ort der Massen. Das Reichsparteigelände - Vorgeschichte und schwieriges Erbe*, Berlin.

Dokumentationsarchiv des österreichischen Widerstand, 2006: *Katalog zur permanenten Ausstellung*, Wien.

Düding, Dieter/ Friedemann, Peter/ Münch, Paul (Hg.), 1988: *Öffentliche Festkultur. Politische Feste in Deutschland von der Aufklärung bis zum ersten Weltkrieg*, Reinbek bei Hamburg.

Dunk, Thomas H. von der, 1999: *Das Deutsche Denkmal. Eine Geschichte in Bronze und Stein vom Hochmittelalter bis zum Barock*, Köln/ Weimar/ Wien.

Echternkamp, Jörg/ Müller, Sven Oliver (Hg.), 2002: *Die Politik der Nationen. Deutscher Nationalismus in Krieg und Krisen 1760–1960*, München.

Eschwege, Helmut, 1980: *Die Synagoge in der deutschen Geschichte*, Dresden.

Faulenbach, Bernd/ Jelich, Franz-Josef (Hg.), 1993: *Probleme der Musealisierung der doppelten deutschen Nachkriegsgeschichte*, Essen.

Fischer, Hannelore (Hg.), 1999: *Käthe Kollwitz: Die trauernden Eltern. Ein Mahnmal für den Frieden*, Köln.

Fischer, Manfred, F., 1991: *Befreiungshalle in Kelheim*, München.

Flacke, Monika (Hg.), 1998: *Mythen der Nationen: Ein europäisches Panorama*, München/ Berlin.

Flacke, Monika (Hg.), 2004: *Mythen der Nationen: 1945 – Arena der Erinnerungen (Deutsches Historisches Museum)*, 1/2, Mainz.

Flocken, Jan von, 2000: *Die Siegesallee. Auf den Spuren Brandenburgisch-Preußischer Geschichte*, Berlin.

Foedrowitz, Michael, 1996: Flaktürme in Berlin, Hamburg und Wien 1940–1950, in: *Waffen-Arsenal*, Sonderband 44.

Forkel, Johann Nikolaus, 1974 (1802): *Über Johann Sebastian Bachs Leben. Kunst und Kunstwerke*, Kassel.

François, Etienne/ Siegrist, Hannes/ Vogel, Jakob (Hg.), 1995: *Nation und Emotion. Deutschland und Frankreich im Vergleich. 19. und 20. Jahrhundert*, Göttingen.

François, Etienne, 2006: Europäische lieux de mémoire, in: Budde, Gunilla-Friederike/ Conrad, Sebastian/ Janz, Oliver (Hg.), *Transnationale Geschichte. Themen, Tendenzen und Theorien*, Göttingen.

François, Etienne/ Schulze, Hagen (Hg.), 2001: *Deutsche Erinnerungsorte*, 3 Bde., München.

Frandsen, Steen B., 2009: Schleswig: Ein Erinnerungsort für Deutsche und Dänen? in: Henningsen, Bernd, u.a. (Hg.), *Transnationale Erinnerungsorte*, Berlin.

Frevert, Ute (Hg.), 1997: *Militär und Gesellschaft im 19. und 20. Jahrhundert*, Stuttgart.

Friz, Diana Maria, 1991: *Wo Barbarossa schläft – Der Kyffhäuser. Der Traum vom Deutschen Reich*, Weinheim/ Basel.

Fuchs, Peter, 1991: *Chronik zur Geschichte der Stadt Köln. Bd. 2: Von 1400 bis zur Gegenwart*, Köln.

Gall, Lothar (Hg.), 1998: *„1848 – Aufbruch zur Freiheit". Eine Ausstellung des Deutschen Historischen Museums und der Schirn Kunsthalle Frankfurt zum 150-jährigen Jubiläum der Revolution 1848/49*, Berlin.

Gall, Lothar, 1974: *Fragen an die deutsche Geschichte. Ideen, Kräfte, Entscheidungen von 1800 bis zur Gegenwart*, Bonn.

Gemeinde Heldenberg (Hg.), 2000: *Der Heldenberg. Führer durch die Gedenkstätte in Kleinwetzdorf, Niederösterreich*, Großwetzdorf.

Gidal, Nachum Tim, 1997: *Die Juden in Deutschland*, Köln.

Giller, Joachim/ Mader, Huber/ Seidl, Christina, 1992: *Wo sind sie geblieben? Kriegsdenkmäler und Gefallenenehrung in Österreich*, Wien.

Goebel, Stefan, 2007: *The Great War and Medieval Memory. War, Remembrance and Medievalism in Britain and Germany, 1914–1940*, Cambridge.

Götz, Norbert (Hg.), 1999: *Friedensengel. Bausteine zum Verständnis eines Denkmals der Prinzregentenzeit*, München.

Götze, Heinz, 1998: *Castel del Monte. Geometric Marvel of the Middle Ages*, Munich/ New York.

Gretzschel, Matthias, 2004: *Als Dresden im Feuersturm versank*, Hamburg.

Große Deutsche Kunstausstellung 1937 im Haus der Deutschen Kunst zu München, 1937: *Offizieller Ausstellungskatalog*, München.

Gympel, Jan/ Wernicke, Ingolf, 1998: *Die Berliner Mauer*, Berlin.

Hagemann, Karen, 2002: *„Mannlicher Muth und Teutsche Ehre". Nation, Militär und Geschlecht zur Zeit der Antinapoleonischen Kriege Preußens*, Paderborn u.a.

Hansen, Reimer, 1990: Deutschlands Nordgrenze, in: Demandt, Alexander (Hg.), *Deutschlands Grenzen in der Geschichte*, München.

Hanske, Horst/ Traeger, Jörg, 1992: *Walhalla. Ruhmestempel an der Donau*, Regensburg.

Hartwig, Dieter/ Scheiblich, Reinhard, 2004: *„Für die Ewigkeit, zeitlos, klar...": Das Marine-Ehrenmal in Laboe*, Hamburg.

Haus der Wannsee-Konferenz (Hg.), 2006: *Wannsee-Konferenz und der Völkermord an den europäischen Juden. Katalog der ständigen Ausstellung*, Berlin.

Haus der Wannsee-Konferenz (Hg.), 2000: *Villenkolonien in Wannsee 1870–1945, Großbürgerliche Lebenswelt und Ort der Wannsee-Konferenz*, Berlin.

Hauser, Christoph, 1990: *Anfänge bürgerlicher Organisation. Philhellenismus und Frühliberalismus in Südwestdeutschland*, Göttingen

Hebecker, Michel, 1985: Bach-Ehrung im Bezirk Erfurt, in: *Beiträge zur Bachpflege der DDR*, 13.

Hedinger, Bärbel, 1979: *Ein Kriegsdenkmal in Hamburg*, Hamburg.

Heesch, Johannes/ Braun, Ulrike (Hg.), 2003: *Orte erinnern. Spuren des NS-Terrors in Berlin. Ein Wegweiser*, Berlin.

Heimrod, Ute (Hg), 1999: *Der Denkmalstreit- das Denkmal? Die Debatte um das „Denkmal für die ermordeten Juden Europas". Eine Dokumentation*, Berlin.

Heinen, Franz Albert, 2002: *Vogelsang. Von der NS-Ordensburg zum Truppenübungsplatz in der Eifel*, Aachen.

Heise-Schirdewan, Rosemarie, 1991: *Schloss Cecilienhof. Gedenkstätte*, Berlin.

Henningsen, Bernd/ Kliemann-Gesinger, Hendriette/ Troebst, Stefan (Hg.), 2009: *Transnationale Erinnerungsorte: Nord-und südeuropäische Perspektiven*, Berlin.

Herb, Guntram Henrik, 1997: *Under the Map of Germany. Nationalism and Propaganda 1918–1945*, London/ New York.
Herf, Jeffrey, 1997: *Divided Memory. The Nazi Past in the Two Germanys*, Cambridge MA (USA).
Hermand, Jost, 1988: *Adolph Menzel. Das Flötenkonzert in Sanssouci. Ein realistisch geträumtes Preußenbild*, Frankfurt a. M.
Hettling, Manfred, 1998: *Totenkult statt Revolution. 1848 und seine Opfer*, Frankfurt a. M.
Hettling, Manfred/ Echternkamp, Jörg (Hg.), 2008: *Bedingt erinnerungsbereit: Soldatengedenken in der Bundesrepublik*, Göttingen.
Hils-Brockhoff, Evelyn/ Hock, Sabine, 1998: *Die Paulskirche. Symbol demokratischer Freiheit und nationaler Einheit*, Frankfurt a. M.
Hobsbawm, Eric J., 1995: *Age of Extremes: The Short Twentieth Century, 1914–1991*, London.
Hoffmann, Hilmar, 1993: *Mythos Olympia. Autonomie und Unterwerfung von Sport und Kultur*, Berlin/ Weimar.
Hoffmann, Joachim, 2001: *Berlin-Friedrichsfelde. Ein deutscher Nationalfriedhof. Kulturhistorischer Reiseführer*, Berlin.
Holz, Donata/ Ganten, Hans, 2001, *Niedersachsenstein in Worpswede*, Worpswede.
Hübner, Holger, 1997: *Das Gedächtnis der Stadt. Gedenktafeln in Berlin*, Berlin.
Hürten, Heinz (Hg.), 1995: *Deutsche Geschichte in Quellen und Darstellung, Bd. 9 Weimarer Republik und Dritten Reich 1918–1945*, Stuttgart.
Hütt, Michael, 1990: Alfred Hrdlicka's Umgestaltung des Hamburger Denkmals für das Infanterieregiment Nr. 76, in: Hütt Michael, u.a. (Hg.), *Unglücklich das Land, das Helden nötig hat*, Marburg.
Hütt, Michael/ Kunst, Hans-Joachim/ Matzner, Florian/ Pabst, Ingeborg (Hg.), 1990: *Unglücklich das Land, das Helden nötig hat. Leiden und Sterben in den Kriegsdenkmälern des Ersten und Zweiten Weltkrieges*, Marburg.
Hutton, Patrick H., 1993: *History as an Art of Memory*, Hanover NH (USA).
Institut für Denkmalpflege in der DDR (Hg.), 1974: *Gedenkstätten. Arbeiterbewegung, Antifaschistischer Widerstand, Aufbau des Sozialismus*, Leipzig/ Jena/ Berlin.
Jeismann, Michael, 1992: *Das Vaterland der Feinde. Studien zum nationalen Feindbegriff und Selbstverständnis in Deutschland und Frankreich 1792–1918*, Stuttgart.
Jenni, Ulrike (Hg.), 1993: *Alfred Hrdlicka. Mahnmal gegen Krieg und Faschismus in Wien*, Graz.
Johler, Reinhard, 1995: Walter von der Vogelweide – Erinnerungskultur und bürgerliche Identität in Südtirol, in: Haas, Hanns (Hg.), *Bürgerliche Selbstdarstellung*, Wien/ Köln/ Weimar.
Jüdisches Museum Berlin (Hg.), 1999: *Jüdisches Museum Berlin*, Berlin.
Jüdisches Museum der Stadt Wien, 2000a: *Museum Judenplatz zum mittelalterlichen Judentum*, Wien.
Jüdisches Museum der Stadt Wien (Hg.), 2000b: *Judenplatz. Ort der Erinnerung*, Wien.
K.K. Militär-Witwen- und Waisenfond/ Hilfsaktion des Kriegsfürsorgesamtes vormals „Kälteschutz", 1916: *Lorbeer für unsere Helden 1914–1916. Denkschrift zur Enthüllung der Kränze am äussern Burgtor in Wien*, Wien.
Kapner, Gerhard, 1969: *Die Denkmäler der Wiener Ringstrasse*, Wien/ München.
Käthe Kollwitz Museum Köln (Hg.), 2002: *Die Pieta im Werk von Käthe Kollwitz. Von*

der privaten Trauerarbeit zum nationalen Denkmal (Einblicke 6), Köln.
Kaufmann, Günter (Hg.), 1938: *Langemarck. Das Opfer der Jugend an allen Fronten*, Stuttgart.
Keller, Katrin/ Schmid, Hans-Dieter (Hg.), 1995: *Vom Kult zur Kulisse. Das Völkerschlachtdenkmal als Gegenstand der Geschichtskultur*, Leipzig.
Kesting, Hermann, 1984: *Der Befreier Arminius. Im Licht der geschichtlichen Quellen und der wissenschaftlichen Forschung*, Detmold.
Kister, Cornelie, 2002: *Der Gendarmenmarkt*, Berlin.
Klause, Albrecht (Hg.), 1998, *Nationalität trennt, Freiheit verbindet*, Stuttgart.
Klein, Erich, 2004: *Denkwürdiges Wien. 3 Routen zu Mahnmalen, Gedenkstätten und Orten der Erinnerung der Ersten und Zweiten Republik*, Wien.
Klemm, Claudia, 2007: *Erinnert – umstritten – gefeiert. Die Revolution von 1848/49 in der deutschen Gedenkkultur*, Göttingen.
Klenke, Dietmar, 1998: *Der singende „Deutsche Mann". Gesangvereine und deutsches Nationalbewußtsein von Napoleon bis Hitler*, Münster.
Kluge, Volker, 1999: *Olympiastadion Berlin. Steine beginnen zu reden*, Berlin.
Koch, Hans Jürgen (Hg.), 1991: *Wallfahrtsstätten der Nation. Zwischen Brandenburg und Bayern*, Frankfurt a. M.
Köhler, Ursula, 1990: Die Friedland-Gedächtnisstätte. Ein Denkmal für den Frieden?, in: Hütt, Michael u.a. (Hg.), *Unglücklich das Land, das Helden nötig hat*, Marburg.
Kopleck, Maik, 2007: *Berlin 1933–1945. Past Finder. Stadtführer zu den Spuren der Vergangenheit*, Berlin.
Koselleck, Reinhart, 1993: Bilderverbot. Welches Totengedenken? in: *Frankfurter Allgemeine Zeitung vom 8.4 1993.* (in: Stölzl, Christoph (Hg.), *Die Neue Wache unter den Linden. Ein deutsches Denkmal im Wandel der Geschichte*, Berlin.)
Koselleck, Reinhart/ Jeismann, Michael (Hg.), 1994: *Der politische Totenkult. Kriegerdenkmäler in der Moderne*, München.
Kralik, Richard, 1913: *Die Befreiungskriege 1813. Festschrift zur Jahrhundertfeier. Von der Gemeinde Wien ihrer Jugend dargeboten*, Wien.
Krenzlin, Ulrike, 1991: *Johann Gottfried Schadow. Die Quadriga. Vom preußischen Symbol zum Denkmal der Nation*, Frankfurt a. M.
Kresse, Karl-Heinz 1985: Bach-Ehrung in Köthen, in: *Beiträge zur Bachpflege der DDR*, 13.
Kretzschmer, Ulrike, 2006: *Das Berliner Zeughaus*, München u.a.
Kriechbaumer, Robert, 2002: *Ein Vaterländisches Bilderbuch. Propaganda, Selbstinszenierung und Ästhetik der Vaterländischen Front 1933–1938*, Wien/ Köln/ Weimar.
Kunze-Ott, Hannelore/ Kluge, Andrea (Hg.), 1994: *150 Jahre Feldherrnhalle*, München
Kutz, Rüdiger, 1993: *Die Chronik der Rudelsburg und ihrer Denkmäler*, München.
Landesdenkmalamt Berlin (Hg.), 2001: *Ein Denkmal für König: Reiterstandbild Friedrich II. Unter den Linden in Berlin*, Berlin.
Landeszentrale für politische Bildungsarbeit Berlin (Hg.), 1995: *Gedenken und Lernen an historischen Orten. Ein Wegweiser zu Gedenkstätten für Opfer des Nationalsozialismus in Berlin*, Berlin.
Langewiesche, Dieter, 2000: *Nation, Nationalismus, Nationalstaat in Deutschland und Europa*, München.
Leipziger Geschichtsverein e.V. (Hg.), 1998: *Leipziger Denkmale*, Leipzig.

Leipziger Geschichtsverein e.V. (Hg.), 2009: *Leipziger Denkmale* Bd. 2, Leipzig.
Leitner, Friedrich Wilhelm, 1984: *Kärntner Abwehrkampf 1918/1919, Volksabstimmung am 10. Oktober 1920*, Klagenfurt.
Lepsius, M. Rainer, 1989: Das Erbe des Nationalsozialismus und die politische Kultur der Nachfolgestaaten des Großdeutschen Reichs, in: Haller, Max (Hg.), *Kultur und Gesellschaft. Verhandlungen des 24. Deutschen Soziologentags, des 11. Österreichischen Soziologentags und des 8. Kongresses der Schweizerischen Gesellschaft für Soziologie in Zürich 1988*, Frankfurt a. M./ New York.
Leutheußer-Holz, Sabine, 2002: Vier Stuttgarter Denkmäler: Idee und Wirkung, in: *Politik und Unterricht (Landeszentrale für politische Bildung Baden-Württemberg)*, 4/2002.
Lurz, Meinhold, 1985-87: *Kriegerdenkmäler in Deutschland*, 5 Bde., Heidelberg.
Lux-Althoff, Stefanie, 2001: *125 Jahre Hermannsdenkmal. Nationaldenkmale im historischen und politischen Kontext. Symposium zum 125-jährigen Jubiläum des Hermannsdenkmales am 18. August 2000 in Detmold-Hiddesen*, Lemgo.
Mai, Gunther, 1997: *Das Kyffhäuser-Denkmal 1896–1996. Ein nationales Monument im europäischen Kontext*, Wien.
Meden, Burkhard von der, 1985: Eine Gedenkstätte gegen Krieg. Zur Übergabe des 1. Teil des „Gegendenkmals“ zum Kriegerdenkmal am Dammtordamm in Hamburg, in: *Berichte und Dokumente Freie und Hansestadt Hamburg*, 765.
Mende, Hans-Jürgen, 2004: *Zentralfriedhof Friedrichsfelde. Ein Friedhofsführer*, Berlin.
Mikkelberg, Hattstedt, Schleswig und Südschleswigschen Museumsverein (Hg.), 1993: *Der Idstedt Löwe, Ein nationales Denkmal und sein Schicksal*, Herming.
Mikoletzky, Juliane, 1995: Bürgerliche Schillerrezeption im Wandel: Österreichische Schillerfeiern 1859–1905, in: Haas, Hanns (Hg.), *Bürgerliche Selbstdarstellung*, Wien/ Köln/ Weimar.
Milchram, Gerhard (Hg.), 2000: *Judenplatz. Ort der Erinnerung*, Wien.
Mittig, Hans-Ernst/ Plagemann, Volker (Hg.), 1972: *Denkmäler im 19. Jahrhundert. Deutung und Kritik*, München.
Mittig, Hans-Ernst, 1984: *Dürers Bauernsäule. Ein Monument des Widerspruch*, Frankfurt a. M.
Möller, Horst/ Dahm, Volker/ Mehringer, Hartmut (Hg.), 2002 (4. Aufl.): *Die tödliche Utopie. Bilder, Texte, Dokumente, Daten zum Dritten Reich*, München.
Moller, Sabine, 1998: *Die Entkonkretisierung der NS-Herrschaft in der Ära Kohl. Die Neue Wache, Das Denkmal für die ermordeten Juden Europas, Das Haus der Geschichte der Bundesrepublik Deutschland*, Hannover.
Mosse, George L, 1993: *Gefallen für das Vaterland. Nationales Heldentum und namenloses Streben*, Stuttgart.
Mückler, Jörg/ Hinderlich, Richard, 1997 (2. Aufl.): *Halbe. Bericht über einen Friedhof*, Woltersdorf Schleuse.
Münch, Reinhard, 2000: *Marksteine und Denkmale der Völkerschlacht in und um Leipzig*, Panitzsch bei Leipzig.
Munz, Eugen, 1976: *Dem Dichter ein Denkmal. Schillerverehrung in Marbach 1812-1876*, Marbach am Neckar.
Museum Berlin-Karlshorst e.V. (Hg.), 1997: *Erinnerung an einen Krieg*, Berlin.
Museum für deutsche Geschichte (Hg.), 1964: *120 Jahre deutsche Arbeiterbewegung*, Berlin.
Museum für deutsche Geschichte (Hg.), 1980–85: *Deutsche Geschichte. Ausstellungs-*

kataloge. 4 Bde., Berlin.

Nationale Mahn- und Gedenkstätte Buchenwald (Hg.), 1985: *Buchenwald 1945*, Buchenwald.

Nerdinger, Winfried (Hg.), 1993: *Bauen im Nationalsozialismus. Bayern 1933-1945*, München.

Neue Gesellschaft für Bildende Kunst e.V. (Hg.), 2002: *Stolpersteine*, Berlin.

Niedersächsische Landeszentrale für politische Bildung (Hg.), 1991: *Sowjetische Kriegsgefangene 1841-1945. Leiden und Sterben in der Lagern Bergen-Belsen, Fallingsbostel, Oervke, Wientzendorf*, Hannover.

Nipperdey, Thomas, 1968: Nationalidee und Nationaldenkmal in Deutschland im 19. Jahrhundert, in: *Historische Zeitschrift*, 206.

Nungesser, Michael, 1987: *Das Denkmal auf dem Kreuzberg von Karl Friedrich Schinkel*, Berlin.

Oefner, Claus, 1984: Die Musikfamilie Bach in Eisenach, in: *Eisenacher Schriften zur Heimatkunde*, 30.

Ogan, Bernd/ Weiß, Wolfgang W. (Hg.), 1992: *Faszination und Gewalt. Zur politischen Ästhetik des Nationalsozialismus*, Nürnberg.

Österreichs Schwarzes Kreuz. Kriegsgräberfürsorge (Hg.), 1987: *Österreichs Schwarzes Kreuz. Kriegsgräberfürsorge. Dokumentation*, Linz.

Ostwald, Jürgen (Hg.), 1994: *Der Knivsberg. 100 Jahre deutsche Versammlungsstätte in Nordschleswig*, Heide.

Otto, Ulrich/ König, Eginhard, 1999: *„Ich hatt' einen Kameraden...". Militär und Kriege in historisch-politischen Liedern in den Jahren von 1740 bis 1914*, Regensburg.

Pabst, Ingeborg, 1990: Das österreichische Heldendenkmal im äussern Burgtor in Wien, in: Hütt, Michael u.a. (Hg.), *Unglück das Land, das Helden nötig hat*, Marburg.

Piper, Ernst (Hg.), 1983: *Ernst Barlach und die nationalsozialistische Kunstpolitik. Eine dokumentarische Darstellung zur „entarteten Kunst"*, München.

Plagemann, Volker, 1986: *„Vaterstadt, Vaterland, schütz Dich Gott mit starker Hand". Denkmäler in Hamburg*, Hamburg.

Planert, Ute, 2007: *Der Mythos vom Befreiungskrieg. Frankreichs Kriege und der deutschen Süden. Alltag - Wahrnehmung - Deutung 1792-1841*, Paderborn.

Plessen, Marie-Louise von (Hg.), 1996: *Marianne und Germania 1789-1889. Frankreich und Deutschland: Zwei Welten - Eine Revue*, Berlin.

Plon, Eugene, 2006 (1874): *Thorvaldsen. His Life and Works*, Boston.

Porombka, Stephan/ Schmundt, Hilmar (Hg.), 2006: *Böse Orte. Stätte nationalsozialischer Selbstdarstellung heute*, Berlin.

Poser, Steffen, 2008: *Denkmale zur Völkerschlacht*, Leipzig.

Prieberg, Fred K., 1982: *Musik im NS-Staat*, Frankfurt a. M.

Qvortrup, Ulla/ Engelbrecht, Andres, 2008: *Den tapre Landsoldat. Fredericia 1858-2008*, Fredericia.

Rapopart, Natan, 2003: Zur Entstehungsgeschichte des Warschauer Ghetto-Denkmals, in: Young, James E. (Hg.), *Mahnmale der Holocaust. Motive, Rituale und Stätten des Gedenkens*, München/ New York.

Rathgeb, Sabine/ Schmidt, Annette/ Fischer, Fritz, 2005: *Schiller in Stuttgart*, Stuttgart.

Rausch, Helke, 2005: *Kultfigur und Nation. Öffentliche Denkmäler in Paris, Berlin und London 1848-1914*, München.

Rauchensteiner, Manfried/ Listcher, Manfred, 2000: *Das Heeresgeschichtliche Museum*

in Wien, Wien u.a.
Reichel, Peter, 1993: *Der schöne Schein des Dritten Reiches. Faszination und Gewalt des Faschismus*, Frankfurt a. M.
Reichel, Peter, 1995: *Politik mit der Erinnerung. Gedächtnisorte im Streit um die nationalsozialistische Vergangenheit*, München/ Wien.
Reichhardt, Hans J./ Schäche, Wolfgang, 1984: *Von Berlin nach Germania über die Zerstörungen der Reichshauptstadt durch Albert Speers Neugestaltungsplanungen*, Berlin.
Reimer, Erwin Heinrich, 1913: *Des deutschen Volkes Freiheitskampf 1806-1815*, Hamburg.
Reinartz, Dirk/ Krockow, Christian Graf von, 1991: *Bismarck. Vom Verrat der Denkmäler*. Göttingen.
Reinhard, Oliver/ Neunzner, Matthias/ Hesse, Wolfgang, 2005: *Das rote Leuchten. Dresden und der Bombenkrieg*, Dresden.
Rerup, Lorenz, 1982: *Slesvig og Holsten efter 1830*, Copenhagen.
Rommel, Ludwig, 1989: *Reise zu Münzer (Erinnerungsstätte in der DDR)*, Berlin/ Leipzig.
Rößling, Udo/ Ambros, Paul/ Brendler, Gerhard, 1988: *Reise zu Luther. Erinnerungsstätten in DDR*, Berlin/ Leipzig.
Rostock, Jürgen/ Zadnicek, Franz, 2006: *Paradiesruinen. Das KdF-Seebad der Zwanzigtausend auf Rügen*, Berlin.
Rothe, Hans-Joachim, 1977: Die Bachdenkmäler in Leipzig, in: *Beiträge zu Bachpflege der DDR*, 6.
Rother, Rainer (Hg.), 2006: *Geschichtsort Olympiagelände 1909-1936-2006*, Berlin.
Rudloff, Helmut, 1977: Die Bachdenkmäler in Eisenach, in: *Beiträge zu Bachpflege der DDR*, 6.
Rürup, Reinhard (Hg.), 1996: *1936. Die Olympischen Spiele und der Nationalsozialismus*, Berlin.
Schafft, Gretchen Engle/ Zeidler, Gerhard, 1996: *Die KZ - Mahn- und Gedenkstätten in Deutschland*, Berlin.
Scharf, Helmut, 1983a: *Historische Stätten in Deutschland und Österreich. Schauplätze, Gedenkstätten, Museen zur Geschichte und Politik im 19. und 20. Jahrhundert*, Düsseldorf.
Scharf, Helmut, 1983b: *Zum Stolze der Nation. Deutsche Denkmäler des 19. Jahrhunderts*, Dortmund.
Scharf, Helmut, 1984: *Kleine Kunstgeschichte des deutschen Denkmals*, Darmstadt.
Scheucher, Alois u.a. (Hg.), 1991: *Zeitbilder. Geschichte und Sozialkunde 7*, Wien.
Schiefer, Lothar, 1990: Das Schlageter-Denkmal. Vom Soldatengrab zum Forum, in: Hütt, Michael u.a. (Hg.), *Unglücklich das Land, das Helden nötig hat*, Marburg.
Schley, Jens, 1999: *Nachbar Buchenwald. Die Stadt Weimar und ihr Konzentrationslager 1937-1945*, Wien u.a.
Schlie, Ulrich, 2002: *Die Nation erinnert sich. Die Denkmäler der Deutschen*, München.
Schloßmuseum Arnstadt/ Stadtgeschichtsmuseum Arnstadt (Hg.), 2000: *Johann Sebastian Bach und seine Zeit in Arnstadt*, Rudolstadt/ Jena.
Schlutow, Martin, 2008: *Das Deutsche Auswandererhaus in Bremerhaven: Abenteuer und Erlebnis als geschichtskulturelles Programm*, Berlin/ Münster.
Schmidt, Alexander, 2002: *Geländebegehung. Das Reichsparteitagsgelände in Nürnberg*,

Nürnberg.

Schmidt, Brigitte, o.J.: *Das Brandenburger Tor. Berlin Information*, Berlin.

Schmidt, Rudolf, 1936: *Die Sechsundsiebziger und ihr Ehrenmal*, Hamburg.

Schulte, Jan E. (Hg.), 2009: *Die SS, Himmler und die Wewelsburg*, München/ Wien.

Schulz, Bernhard, 1993: Kein Konsens im Land der Menschenketten. Zur Vorgeschichte einer „Zentrale Gedenkstätte der Bundesrepublik Deutschland", in: Stölzl, Christoph (Hg.), *Die Neue Wache unter den Linden. Ein deutsches Denkmal im Wandel der Geschichte*, Berlin.

Schulz, Joachim/ Gräber, Werner, 1974: *Berlin. Hauptstadt der Deutschen Demokratischen Republik*, Berlin.

Schütz, Erhard/ Gruber, Eckhard (Hg.), 1996: *Mythos Reichsautobahn. Bau und Inszenierung der „Straßen des Führers" 1933–1941*, Berlin.

Seele, Sieglinde, 2005: *Lexikon der Bismarck-Denkmäler*, Petersberg.

Settele, Matthias, 1996: *Denkmal. Wiener Stadtgeschichten*, Wien.

Sheehan, James J., 1981: What is German History? Reflections on the Role of the Nation in German History and Historiography, in: *The Journal of Modern History*, 53-1.

Sieker, Hugo, 1970: Das Hamburger Ehrenmal im Wandel der Zeiten. Eine Dokumentation zu Barlachs Kunstauffassung im Widerstand, in: *Hamburger Mittel- und Ostdeutsche Forschungen*, 7.

Simon, Hermann/ Boberg, Jochen (Hg.), 1995: *„Tuet auf die Pforten." Die Neue Synagoge 1866–1995. Begleitbuch zur ständigen Ausstellung der Stiftung „Neue Synagoge Berlin. Centrum Judaicum"*, Berlin.

Stadt Wien/ Kunsthalle Wien (Hg.), 1996: *Judenplatz Wien 1996. Wettbewerb Mahnmal und Gedenkstätte für die jüdischen Opfer des Naziregimes in Österreich 1938–1945*, Wien/ Bozen.

Stadtgeschichtliches Museum Leipzig, 2003: *Völkerschlachtdenkmal*, Leipzig.

Steiger, Günter, 1991: *Urburschenschaft und Wartburgfest. Aufbruch nach Deutschland*, Leipzig.

Stiftung Frauenkirche Dresden, 2005: *Frauenkirche Dresden*, Leipzig

Stiftung Gedenkstätte Buchenwald und Mittelbau-Dora (Hg.), 2001: *Die Neukonzeption der Gedenkstätte Buchenwald*, Weimar.

Stiftung Haus der Geschichte der Bundesrepublik Deutschland, Zeitgeschichtliches Forum Leipzig (Hg.), 2001: *Einsichten. Diktatur und Widerstand in der DDR*, Leipzig.

Stiftung Haus der Geschichte der Bundesrepublik Deutschland (Hg.), 2003: *Erlebnis Geschichte*, Bergisch Gladbach.

Stiftung Schloss Neuhardenberg in Verbindung mit der Cité de la Musique Paris (Hg.), 2006: *Das "Dritte Reich" und die Musik*, Berlin.

Stiftung Topographie des Terrors (Hg.), 2010: *Topographie des Terrors. Gestapo, SS und Reichssicherheitshauptamt in der Wilhelm- und Prinz-Albrecht-Straße*, Berlin.

Stolz, Gerd/ Weitling, Günter, 1995: *Nordschleswig. Landschaft, Menschen, Kultur*, Husum.

Stolz, Gerd/ Wulf, Heyo, 2004: *Dänische, deutsche und österreichische Kriegsgräber von 1848–51 und 1864 in Schleswig-Holstein*, Husum.

Stolz, Gerd, 2010: *Das deutsch-dänische Schicksaljahr 1864. Ereignisse und Entwicklungen*, Husum.

Stölzl, Christoph (Hg.), 1988: *Deutsches Historisches Museum. Ideen- Kontroversen- Perspektiven*, Frankfurt a. M./ Berlin.

Stölzl, Christoph (Hg.), 1993: *Die Neue Wache unter den Linden. Ein deutsches Denkmal im Wandel der Geschichte*, Berlin.

Strohmeyer, Arn, 1993: *Der gebaute Mythos. Das Haus Atlantis in der Bremer Böttcherstraße. Ein deutsches Mißverständnis*, Bremen.

Tacke, Charlotte, 1995: *Denkmal im sozialen Raum. Nationale Symbole in Deutschland und Frankreich im 19. Jahrhundert*, Göttingen.

Taylor, A. J. P., 1976: *The Course of German History. A Survey of the Development of German History since 1815*, New York.

Teitge, Hans-Erich (Hg.), 1966: *Theodor Storms Briefwechsel mit Theodor Mommsen*, Weimar.

Tietz, Jürgen, 1999: *Das Tannenberg-Nationaldenkmal: Architektur, Geschichte, Kontext*, Berlin.

Tietz, Jürgen, 1993: Schinkels Neue Wache unter den Linden. Baugeschichte 1816–1993, in: Stölzl, Christoph (Hg.), *Die Neue Wache unter den Linden. Ein deutsches Denkmal im Wandel der Geschichte*, Berlin.

Tittel, Lutz, 1985: *Das Niederwald-Denkmal bei Rüdesheim am Rhein*, Friedrichshafen.

Traeger, Jörg, 1991: *Der Weg nach Walhalla. Denkmallandschaft und Bildungsreise im 19. Jahrhundert*, Regensburg.

Trugenberger, Volker, 2002: Die Burg Hohenzollern. Ein wichtiges geschichtliches und deutsch-nationales Denkmal, in: Haus der Geschichte Baden-Württemberg Stuttgart/ Landeshauptstadt Stuttgart (Hg.), *Vom Fels zum Meer. Preußen und Südwest-deutschland*, Tübingen.

Tuchel, Johannes, 1992: *Am Großen Wannsee 56-58. Von der Villa Minoux zum Haus der Wannsee-Konferenz*, Berlin.

Unverhau, Henning, 2000: *Gesang, Feste und Politik. Deutsche Liedertafeln, Sängerfeste, Volksfeste und Festmähler und ihre Bedeutung für das Entstehung eines nationalen und politischen Bewußtseins in Schleswig-Holstein 1840–1848*, Frankfurt a. M.

Tümmler, Hans, 1979: *„Deutschland, Deutschland über alles": Zur Geschichte und Problematik unserer Nationalhymne*, Köln/Wien.

Valentin, Veit, 1970 (1931): *Geschichte der deutschen Revolution von 1848-1849, Bd. 1, Bis zum Zusammentritt des Frankfurter Parlaments*, Köln/ Berlin.

Vasak, Alexandra, 2004: *Sichtbare Erinnerung. Der Umgang mit Denkmälern in Österreich*, Frankfurt a. M.

Verein Berliner Mauer-Gedenkstätte und Dokumentationszentrum (Hg.), 1999: *Berliner Mauer. Gedenkstätte und Dokumentationszentrum und Versöhnungskapelle in der Bernauer Straße*, Berlin.

Vereinigung zur Errichtung eines österreichischen Heldendenkmals Wien VII, Stiftskaserne, 1934: *Gedenkschrift anläßlich der Weihe des österreichischen Heldendenkmales am 9. September 1934*, Wien.

Vierneisel, Klaus/ Herzog, Hans Michael, 1991: *Der Königplatz 1812–1988. Eine Bild-Dokumentation zur Geschichte des Platzes in Zusammenarbeit mit dem Stadtarchiv München*, München.

Vilcina, Rita, 2005: Wie das Herder-Denkmal wiederhergestellt wurde. Erinnerungen, in: Šcegolihina, Ilze (Hg.), *Herders Riga*, Riga.

Völcker, Lars, 2000: *Tempel für die Großen der Nation. Das kollektive Nationaldenkmal in Deutschland, Frankreich und Großbritannien im 18. und 19. Jahrhundert*, Frankfurt a. M.

Volkert, Heinz Peter, 1991: *Das Kaiser-Wilhelm-Denkmal am Deutschen Eck in Koblenz*, Koblenz.

Volksbund Deutsche Kriegsgräberfürsorge e.V.: 1995: *8. 5. 1945 - Ende des Zweiten Weltkrieges in Europa*, Kassel.

Volksbund Deutsche Kriegsgräberfürsorge e.V. Landesverband Berlin/ Senatsverwaltung für Stadtentwicklung von Berlin (Hg.), 2000: *Für den Frieden. Gedenkstätten und Gräber der Opfer von Krieg und Gewaltherrschaft in Berlin*, Berlin.

Volksbund Deutsche Kriegsgräberfürsorge e.V. (Hg.), 2003 (7. Aufl.): *Schicksal in Zahlen*, Kassel.

Volksbund Deutsche Kriegsgräberfürsorge e.V. (Hg.), o.J.: *Am Rande der Straßen. Kriegsgräber in der Bundesrepublik Deutschland*, Kassel.

Vorholt, Hanna, 2001: *Die Neue Wache*, Berlin.

Warner, Marina, 2000 (1985): *Monuments and Maidens. Allegory of the Female Form*, Berkley/ Los Angeles.

Warsaw Rising Museum (Hg.) 2007: *Guidebook to the Warsaw Rising Museum*, Warsaw.

Weber, Wilhelm, 1972: Luther Denkmäler, in: Mittig, Hans-Ernst/ Plagemann, Volker (Hg.): *Das Denkmäler im 19. Jahrhundert. Deutung und Kritik*, München.

Wedewer, Rolf (Hg.), 1990: *Ludwig Gies*, Leverkusen.

Weidner, Thomas, 1996: *Das Siegestor und seine Fragmente*, München.

Weinert, Willi, 2004: *„Mich könnt ihr löschen, aber nicht das Feuer" : Ein Führer durch den Ehrenhain des Gruppe 40 an Wiener Zentralfriedhof für die hingerichteten WiederstandskämpferInnen*, Wien.

Weinland, Martlin/ Winkler, Kurt (Hg.), 1997: *Das jüdische Museum in Stadtmuseum Berlin. Eine Dokumentation*, Berlin.

Weitling, Günter, 1995: Julius Langbehn. Der Rembrandtdeutsche, in: Stolz, Gerd/ Weitling, Günter (Hg.), *Nordschleswig. Landschaft, Menschen, Kultur*, Husum.

Weschenfelder, Klaus, 1997: *„Ein Bild von Erz und Stein". Kaiser Wilhelm am Deutschen Eck und die Nationaldenkmäler*, Koblenz.

Wiesenthal, Simon (Hg.), 2000: *Projekt. Judenplatz Wien. Zur Konstruktion von Erinnerung*, Wien.

Wilhelm Lehmbruck Museum Duisburg (Hg.), 1992: *Moderne Kunst in Nationalsozialismus*, Duisburg.

Willms, Johannes (Hg.), 1994: *Der 9. November. Fünf Essays zur deutschen Geschichte*, München.

Winter, Jay, 1995: *Site of Memory, Site of Mourning. The Great War in European Cultural History*, Cambridge.

Winter, Jay/ Sivan, Emmanuel (Hg.), 2000. *War and Remembrance in the Twentieth Century*, Cambridge.

Wittas, Paul/ Wagner, Anton (Hg.), o.J.: *Das österreichische Heldendenkmal*, Wien.

Wollny, Peter (Hg.), 2004: *Ein Denkmal für den alten Prachtkerl. Felix Mendelssohn-Bartholdy und das alte Bach-Denkmal in Leipzig*, Leipzig.

Wübbena, Thorsten, 2001: *Das Volkshaus und die Skulpturen Bernhard Hoetgers*, Delmenhorst.

Wulf, Joseph (Hg.), 1983: *Musik im Dritten Reich*, Frankfurt a. M.

Young, James E., 1993: *The Texture of Memory. Holocaust, Memorials and Meaning*, New Haven/ London.

Zelnhefer, Siegfried, 2002: *Die Reichsparteitage der NSDAP in Nürnberg*, Nürnberg.
Bundesgesetzblatt, 1965 Nr. 29.
Reichsgesetzblatt, 1871 Nr. 26.
Reichsgesetzblatt, 1919 Nr. 190.
Reichsgesetzblatt, 1923 Nr. 2.
Süddeutsche Zeitung, 11. 12. 2009.
Tageszeitung, 14. 09. 2007.
Potsdamer Neueste Nachrichten, 26. 07. 2010.